JN161279

身体の知

湯浅哲学の継承と展開

【企画】人体科学会
【編集】黒木幹夫・鎌田東二・鮎澤 聡

BNP
ビイング・ネット・プレス

身体の知◉目次

執筆

黒木幹夫
倉澤幸久
鎌田東二
桑野 萌
杉本 耕一
奥井 遼
田中 彰吾
鮎澤 聡
村川治彦
渡辺 学
永沢 哲

第三章 人体科学の挑戦——身体の知を掘り起こす

【凡例】

・本文中の［ ］内の数字は『湯浅泰雄全集』（一―一二、一四巻、白亜書房、一三、一五―一七巻、ビイング・ネット・プレス、一九九九―二〇〇三）からの引用で、巻数と頁数を示す。［一七（巻数）：二一六（頁数）］

・引用文中の傍点は特に表記が無い限り原著者による。

まえがき

鎌田東二

まず、なぜ本書『身体の知――湯浅哲学の継承と展開』をまとめるに至ったのか、その経緯を説明しておきたい。

本書の直接のきっかけとなっているのは、二〇一四年一一月二九日・三〇日に行なった第二四回人体科学会大会であった。大会委員長を拝命したわたしは、大会のテーマを「身心変容と人体科学」とし、そこで二つのシンポジウムを企画し、司会を務めた。

一つは、「身心変容と脳科学」と題して大会初日に行なった。もう一つは、「湯浅泰雄の問いかけたもの」と題して大会二日目の最後に行なった。この二つのシンポジウムであった。

「身心変容と脳科学」では、趣旨説明のあと、「第一部　身心変容のフィールド学」として、シンポジストに永澤哲（京都文教大学総合社会学部准教授・宗教人類学）、倉島哲（関西学院大学社会学部教授・社会学）、藤守創（パリ第一大学科学史科学哲学研究所博士課程・統合医療）の三氏を招いて提起していただき、人体科学会理事のカール・ベッカー（京都大学こころの未来研究センター教授・倫理学）のコメントを得た。

続く「第二部　身心変容と脳科学」では司会を理事の松田和郎（京都大学学際融合教育研究推進センター健康長寿社会の総合医療開発ユニット特定講師・神経科学）が務め、シンポジストに河野貴美子（国際総合研究機構副理事長・脳生理学）、齋木潤（京都大学大学院人間・環境学研究科教授・認知神経科学）を招き、鮎澤聡（筑波技術大学保健学科准教授・脳科学）のコメントを得た。

大会最後に企画したシンポジウムは、若手パネル「湯浅泰雄の問いかけたもの」と題し、パネリストに本書の執筆者となった若手三氏の桑野萌（ラモン・リュリ大学哲学研究科研究員・哲学的人間学）、杉本耕一（愛媛大学法文学部准教授・日本思想）、奥井遼（京都大学こころの未来研究センター上廣こころ学研究部門特定研究員・教育学）を招き、西平直（京都大学大学院教育学研究科教授・教育人間学）のコメントを得た。この両シンポジウムはともに学会終了後、テープ起こしをしてシンポジウム報告書としてまとめている。

ラモン・リュリ大学で「湯浅泰雄の気の哲学」を博士論文に仕上げた桑野萌、京都大学で西田幾多郎の宗教哲学を博士論文にまとめた杉本耕一、同じく京都大学でメルロ＝ポンティの現象学的身体論に依りながら淡路島の人形浄瑠璃のフィールド研究で博士論文をまとめた奥井遼、この前途洋々たる若き研究者たちの自由闊達なる視点・論点・批判を通して、「湯浅泰雄が問いかけたもの」の問題射程の深みと真相に迫ってみたいと企画した若手パネルが本書の構想の種子となっている。本書「第二章　湯浅泰雄と現代思想――湯浅泰雄の問いを受けて」はこの時の発表原稿が元になって成立したものである。

そしてそれを挟み込む形で、「第一章　テオーリアの知とプラクシスの知の統合を求めて」と「第三章　人体科学の挑戦――身体の知を掘り起こす」を置き、湯浅的問題の根幹・骨格とその挑戦的可能性を問うた。それが本書の基本構想である。

湯浅泰雄は大正一四年（一九二五）、福岡県に生まれた。同年生まれには作家の三島由紀夫（～一九七〇）、哲学者の梅原猛や天文学者の海野和三郎がいる。特に三島由紀夫と海野和三郎はほぼ同時期に戦前の東京帝国大学と戦後の東京大学で学んでいる。東京大学文学部倫理学科と同大学経済学部を卒業し、経済学修士と文学博士の学位を持つ。山梨大学教授、大阪大学教授、筑波大学教授、桜美林大学教授（同大名誉教授）の他、インドネシア大学、北京外国語学院日本学センター客員教授を務めた。

主要著書としては、『近代日本の哲学と実存思想』(創文社)、『経済人のモラル』(塙書房)、『身体論』(講談社学術文庫)、『ユングとキリスト教』『ユングとヨーロッパ精神』『ユングと東洋』二巻(ともに、人文書院)、『日本人の宗教意識』『東洋文化の深層』『宗教経験と深層心理』(ともに、名著刊行会)、『和辻哲郎』(ミネルヴァ書房)、『気・修行・身体』(平河出版社)、『「気」とは何か』(NHKブックス)、『湯浅泰雄全集全一八巻』(白亜書房、ビイング・ネット・プレス)の他、英文の *The Body: Toward an Eastern Mind-body Theory*, New York State University Press、*Science and Comparative Philosophy*, J. E. Brill, Leiden など、多数の著作がある。

その湯浅泰雄の仕事は、『湯浅泰雄全集全一八巻』にほぼ網羅されているが、その内容は、経済倫理、倫理思想史、宗教哲学、宗教心理学、西洋精神史、東洋精神史、日本思想史、心身論、気の科学、ニューサイエンス論など多岐にわたる。東洋と西洋の精神史の両方に通暁し、精神と肉体の両方を大胆かつ丁寧につなぐ思考を展開したその仕事は壮大で挑戦的である。また、超心理学や心霊研究の分野においても、本山博とともに重要な仕事を成し遂げた。神秘的な体験も持っているが、広範な関心と体験に基づく学問的冒険が「人体科学会」の設立に結実した。

「人体科学会」については、オフィシャルサイト(http://smbs.gr.jp/main/modules/news/)に、「人間性の本質について学際的・総合的な視点から科学的に研究することを目的としています。現代の社会では科学技術や経済発展が顕著な反面、精神の不安、モラルの衰退、愛の喪失といった心理的危機が広がっているようです。私たちは東西の文明の古い英知を現代において問い直すという立場から、人体科学会を設立しました」と説明されているが、同学会は湯浅泰雄の学問的冒険とヴィジョンから生まれたと言っても過言ではない。一九七〇年代のニューサイエンス運動、現代科学の見直し、東洋の文化伝統の再発見、臨床心理分野における東洋諸宗教の瞑想法・身体技法を取り入れた新しい治療技術の開発の動き、医療分野での東洋医学や伝統医療の価値と意味の再検討と新しい統合医療とホリスティック医学の広がり、気の研究と実践、人間の潜在能力の研究や心身相関性についての新しい見方。これらの諸潮流を踏まえ、従来の学問分野の境界を越えて文科系から医療・体育系、理工系まで総合した人体科学会の生みの親が湯浅泰雄である。晩年に湯浅は、「今、しっかりと倫理を問わなければならない」と強調した。

私事になって恐縮だが、國學院大學学部時代のわたしの恩師は仏教学者の三枝充悳（一九二三―二〇一〇）であった。その三枝が東京大学で湯浅泰雄と同級生であると語っていた。後に二人とも筑波大学教授となっているので、東京大学の学生時代と筑波大学の教授時代の二度親しく交わる時と場所を持ったことになる。

その三枝からわたしは仏教の哲学や東洋思想を学んだ。その後しばらくして、三枝の学友である湯浅泰雄の著作を読むようになった。『神々の誕生』『身体』『ユングとキリスト教』『古代人の精神世界』『東洋文化の深層』『気・修行・身体』『「気」とは何か』『身体の宇宙性』などである。そのいずれも、該博な知識と明晰な思考に貫かれていて、問題の捉え方が大きく、深く、重要なところに届いていると思った。そしていつしか湯浅が提唱する「人体科学」の一隅に位置するようになった。

湯浅泰雄を「恩師」とする人たちからみると、接点が見出しにくいかもしれないが、三枝充悳と心霊研究者の畏友・故梅原伸太郎を仲立ちにして湯浅泰雄に触れたわたしには、湯浅の仕事は大変「理」と「道」に適ったものと思えたし、先見性のある挑戦的な探究に見えた。

その湯浅泰雄の仕事を仮に

①西洋哲学関係
②東洋思想関係
③日本思想関係
④身体論・修行論・気論
⑤心霊研究・超心理学研究
⑥宗教と科学との関係およびニューサイエンス

の六つに区分したとすれば、故梅原伸太郎は「湯浅学」における⑤心霊研究や超心理学研究の重要性を強調していた。倫理学・哲学・日本思想・身体論・気・ニューサイエンスから湯浅を取り上げ、論じる人は少なくない。しかし、本山キヌエや本山博との密接な関係を含めて、湯浅における心霊研究の重要性を指摘する人は極めて少ない。

いずれにせよ、湯浅泰雄の多様で膨大な仕事の全貌を未だ正確に捉えることはできていないのである。人体科学会では、何度か湯浅泰雄研究を問題にしてきた。一九八九年に設立された人体科学会は昨年二五周年を迎えたが、本年新たな一歩を歩み出すにあたって中央大学で本格的な湯浅泰雄シンポジウムを開催する。その前哨戦として、次代を担う三〇代の若手研究者が「湯浅泰雄が問いかけたもの」をどのように受け止め、批判し、自己の思索の糧にしていくか、忌憚ないところを問いかけ、そして、それを受けて先行世代のわたしたちが応答しつつ、湯浅の問いを次代に繋いでみたい。それが本書企画の背景であった。

人体科学会の立ち上げ時、わたしは門脇佳吉初代会長や湯浅泰雄副会長（二代会長）や先輩諸氏と共に人体科学会の理事を拝命し、今日に及ぶ。だが、その後、門脇初代会長や湯浅二代会長によって深く大きく提起された「人体科学」の問題にどこまで応え切れたか心もとない。湯浅や門脇の主導した「人体科学」がどのような総合的挑戦性をもってこの時代に登場してきたか。その時代の課題や学問的要請に応え切れていない。

そのような忸怩たる思いに駆られながら、第二四回大会実行委員長を引き受け、自分なりに両会長の投げかけに正面から向き合いたいと思うと同時に、次代にきちんとリレーしておかなければ申し訳が立たないと思った。それが人体科学の原点としての湯浅泰雄の「知」に正面から向き合う本書『身体の知――湯浅哲学の継承と展開』となった。そして新たな門出を迎えた「人体科学会」の原点確認と可能性の探究が更なる未来の学問的進化につながることを心から願っている。

二〇一五年一〇月

第一章　テオーリアの知とプラクシスの知の統合を求めて

「知のあり方」と哲学のありよう

黒木幹夫

はじめに

「〝哲学〟が終る時代の知」と題された退官講義[1]（筑波大学）において、湯浅泰雄はそれまでの自分の仕事を総括しつつ、「哲学研究者としての立場から」、自分が「生きてきた現代という時代について」［一七：二一六］思いを巡らしている。その結果、「現代は、哲学をもたない文明の時代に入って」［一七：二三二］おり、「〝哲学〟が終る時代の新しい知のあり方をさぐるのは、これからのわれわれの仕事」［一七：二三二］であることが指摘される。「われわれの仕事」が、湯浅および、湯浅の後に続く者に与えられた課題を意味するなら、湯浅自身がこの課題にどう応じたのかを見極め、それをどう受けとめてゆくかが、「湯浅哲学」を批判的に継承する者の努めということになろう。ここでは、湯浅にとっての「哲学」の意義を、それが根ざす「知のあり方」に求め、「知のあり方」と哲学のありように焦点を絞りつつ、湯浅の仕事を確認するとともに批判的な考察を加えることを通して、課題である「新しい知のあり方」を筆者なりにさぐっておきたい。

一　テオーリアの知とプラクシスの知

退官講義がなされたのは一九八九年、およそ四半世紀前である。[2] そこで指摘された「現代という時代」が抱える諸問題は、そのまま現在に適用されうる。湯浅は常に「現代」を基点としつつ、その現代をもたらした一連の過去を一定の方向性をもつ時代の流れとして把握していた。過去が現代にどのようにつながるのか、時代の流れを図式化する手腕は、「思想史」[3] に携わってきた湯浅の面目躍如たるものがある。彼にとって思想史とは、現代的な問題意識から人類の過去の思考を再発見する営みであった。過去の「思考の中には、現代的観点からあらためてその意味を考えてみる価値のある問題がいろいろ見出される」[4]［一五：三八四］。「現代的観点」というのは、「思想史の研究にとって最も大事なことは、たえず自分の足許を見るという作業」［八：一五二］以外にはないからである。

湯浅は「哲学研究者」として、自分が「生きてきた現代という時代について」、リチャード・ローティの所説に依拠しつつ「現代はポスト・フィロソフィー、つまり〝哲学〟という学問が完全に終った文明の時代に入っている」［一七：二二一］ことを指摘する。また「〝哲学〟の時代が終ったということは、私たちの身のまわりを見てもわかること」であるとして、次の二つを挙げる。一つは、「現代の大学のキャンパスの中で哲学科が占めているスペースはほんのわずかで、大部分は科学的テクノロジーの分野で占領されて」いること。いま一つは、「哲学者の社会的発言力や、哲学に対する社会の需要という点からみても、現代の社会は従来のタイプの哲学に対しては何も求めていない」ことである。当時も四半世紀後の今も、湯浅が指摘した事情は基本的に変わっていない。

哲学（フィロソフィー）はもともと西洋で誕生し、日本の大学等で研究されている哲学は、明治になって西洋から輸入された舶来品に等しい。そのような状況において、哲学研究者の研究対象は西洋における過去の哲学者ないしは哲学の傾向に向かい、自分が「生きてきた現代という時代について」語るなどということは、余技とみなされる。しかし湯浅にとって、自分が「生きてきた現代という時代について」考えることこそが、哲学研究者としてなすべき使命であったのである。それを裏付けるのは、湯浅は過去のいかなる哲学者ないし哲学の傾向における専門家でもなかった。湯浅はいわゆる輸入された西洋哲学の中で育成された哲学研究者ではなく、それゆえに西洋哲学を相対化しえたし、その終焉を見通すこともできた。そのような湯浅を支えたのが、まさに思想史研究にほかならない。哲学研究者としての湯浅の基盤を形成したのは、師である和辻哲郎の倫理学であり、その和辻から影響を受けた思想史研究であった。[5] それらをよりどころとして、湯浅は輸入品としての西洋哲学を学び、その思考様式を自家薬籠中の物とすることができた。その上で、ユングの深層心理学にふれたことによって東洋的な思考の意義を再発見し、それを視野に収めることを通して、西洋的な思考様式を相対化する手がかりを得たのである。

「哲学研究者」として湯浅が、西洋に由来する哲学の終焉にこだわる点については、彼が「哲学の知」［一七：二二三］あるいは「テオーリアの知としての〝哲学〟」［一七：二二八］を問題にしていることに注意しなければならない。「知のあり方」［一七：二二三］の一つとして哲学があり、どのような「知のあり方」がとられるかによって、その哲学のありようも異なってくる。「知のあり方」がそのまま、哲学ないしそれに基づく文明のありように連動するわけである。その「知のあり方」は、「ギリシア以来の西洋の知の伝統」［一七：二二七］に基づき「テオーリアの知」と「プラクシスの知」に大別されるが、さしあたり「知」の両面としての〈理論的な知〉と〈実践的な知〉として理解される。「知の伝統」にかかわる思想史研究によれば、西洋は「テオーリアの知とプラクシスの知を区別して、テオーリアの知をより価値あるものとみる態度」［一七：二二七］を形成してきた。いわゆる哲学とは、そのような「テオーリアの知」を主体とするものにほかならない。しかし湯浅は、「このような考え方は、西洋以外の他の文明圏では決して起らなかったもの」であると言う。「『哲学』という学問あるいは知の形態は、西洋の歴史を貫く文化伝統と運命を共にする学問、あるいは知であった」[一七：二二七]からである。「他の文化圏」については、湯浅の視野はユングに導かれつつ東洋にまで及ぶが、東洋にはもともと「知のあり方」の区別などは存在しない。「東洋における知の伝統は、テオーリアとプラクシスを分離しない知、あるいは、実践を通じて自分の心そのものを変容させる体験知としての一種の技術を示して」おり、「それはいわば、プラクシスを通じて得られる高次のテオーリアの知を目指すもの」[一七：二三〇]であった。

「〝哲学〟が終る時代の知」には、実は二つのことが含意されている。一つは「現代という時代」が、「テオーリアの知としての〝哲学〟」およびそれに基づく文明の終りを告げていること。いま一つは、〝哲学〟が終る時代であっても、人間には本能的に「知への要求」[一七：二三二]があり、「現代という時代」にふさわしい「新しい知のあり方」が求められていることである。言いかえれば、「一つの文明の終りと共に、哲学そのものが生まれ変らなくてはならない」[一七：二三二]。すなわち、「哲学の再生」である。「〝哲学〟が終る時代の知」は、その四年後に刊行された『宗教と科学の間』の序章として再録されるにあたり、「哲学の再生」と改題される。そのことは、湯浅の関心がもともと哲学の〈死と再生〉にあったことをうかがわせる。〈死〉とはすなわち〝哲学〟の終焉、〈再生〉とはその〈死〉を通して「哲学」が新しくよみがえることを意味する。この場合、〝哲学〟と「哲学」とは、異なった「知のあり方」に基づく別の哲学のありようを示す。このような哲学のありようへの問題意識が湯浅を「哲学研究者」として自覚せしめたがゆえに、湯浅の仕事はまさに「湯浅哲学」とみなされうるものであろう。

湯浅自身は、「哲学の再生」に応じる手がかりとして「東洋の知の伝統について考え直すこと」[一七：二三二]を挙げ、「新しい知のあり方」をさぐる方向性を示す。「東洋の知の伝統」には「テオーリアとプラクシスを分離する考え方」はない、というのがその基本である。「東洋の知の伝統は、実際、殊に心の内面的体験の世界に対する実践的認識を通じてのみ到達できる高いテオーリアを目指している」〔一七：二三二〕。「実践的認識」とは、西洋が「物質の世界に関する普遍的な知と技術」を追求してきたのに対し、東洋は「そのような普遍的な知と技術」を一貫して心の内面的体験の世界に体認してきたことにかかわる。

二　「湯浅哲学」と「哲学の再生」

退官講義の五年後に刊行された『身体の宇宙性』においても、湯浅の問題意識そのものは変わらない。「東西の思想をとりあげる場合、私は今日的な関心から出発している。言いかえれば、現代的な問題意識に立って過去の思想に含まれている意味や価値を再発見し、現代の諸問題を考える役に立てたいと思った」〔一五：二一六〕と記される。しかし問題提起の仕方には、大きな変化が認められる。退官講義によれば、「哲学の再生」を導く「新しい知のあり方」は、「東洋の知の伝統について考え直すこと」によってさぐられる。「知のあり方」の一つとして哲学が存在し、「知のあり方」が哲学のありようを決定するならば、「東洋の知の伝統」に基づく別の哲学のありようを構想することも可能だからである。その際に決定的な役割を果たすのが、「心の内面的体験の世界に対する実践的認識」にほかならない。「実践的認識」とはさしあたり、西洋哲学をリードしてきたテオーリアの知に対する「プラクシスの知」に該当するものである。したがって、その「実践的認識」を理解するには、テオーリアに対するプラクシスの意義を明らかにしておく必要がある。

その意義はしかし、両者がどのような関係において、またいかなる意味において区別されるのか、ということが前提とされる。テオーリアとプラクシスの関係は、思想史的には、ほぼ三段階を経て展開してきたと言える。湯浅の立論においては、この三段階が必ずしも明確には分けられていないゆえに、湯浅の仕事を批判的に継承する立場からは見過ごすことのできない問題をはらんでいる。ここで、展開の三段階を簡単に整理しておこう。その始まりは、ギリシアにおけるテオーリア〈観想〉とプラクシス〈実践〉の関係である。これについては、湯浅自身が次のように定義している。「テオーリアとは、現実世界をこえた神のような位置から世界を眺めることであり、真理を見ようとする人は、感覚される物質から成る現実世界をこえた立場に身をおく必要」［一七：二三二］がある。テオーリアとは要するに、「神の位置から世界を眺める」［一七：二二九］ことである。「これに対して、プラクシスは、現実世界の内部で身体を使って物質にかかわる行為を意味する」［一七：二三一］。この定義に従えば、テオーリアとプラクシスは、「現実世界」を基準として「現実世界をこえた立場」と「現実世界の内部」というように区別される。その上で優位にあったのが、「物質に充たされた現実世界をこえた彼岸」にある「イデアの世界」［一七：二三〇］をみるテオーリアにほかならない。次は、「人間が理性によって考える」［一七：二二七］ことが重視される中世後半における、テオーリア〈理論〉とプラクシス〈実践〉の関係である。ここでは、「神の位置から世界を眺める」ことに代わり、人間が生きるこの世界を具体的に知ることが重んじられ、「現実世界の内部」が理性によってさまざまに解明されてゆく。この場合、テオーリアとプラクシスの区別は、同じ「現実世界」における対立となるが、テオーリアの優位は保たれたままである。いわゆる〈理論と実践の対立〉という問題は、ここに起因する。[6] そして最後が、中世から近代にかけて科学技術が成立する頃における、テオーリア〈観察〉とプラクシス〈実践〉の関係である。展開としては、プラクシスが〈実践〉のままであるのに対して、テオーリアの内実は〈観想〉→〈理論〉→〈観察〉と変化してきている。

　注目すべきは、この最後の段階に関して湯浅が、「テオーリア〈観察〉の知がプラクシス〈実践〉の知に敗北」［一七：二二五］したと指摘している点である。その根拠として、「科学と技術の関係」において「科学が逆に技術に従属する時代になった」［一七：二二六］という事実が挙げられる。生活に役立つ〈技術〉が〈観察〉に基づく〈科学〉を凌駕するようになったのである。そうであるなら、湯浅は「プラクシス〈実践〉」を〈技術〉として理解していることになる。ここでさしあたり筆者の見解をさしはさめば、〈技術〉と結びついたのはむしろ「テオーリア〈観察〉の知」にかかわる〈科学〉であって、プラクシス〈実践〉は一貫してテオーリアの対抗概念にすぎなかった。「テオーリア〈観察〉の知」が敗北したのは事実であるが、しかしそれは〈科学〉が〈技術〉と一体になり科学技術が成立したからであり、決して「プラクシス〈実践〉の知」の問題ではなかった。ただし、湯浅の解釈が的はずれというわけでもない。プラクシス〈実践〉自体の意義が問われてこなかったからこそ、逆にさまざまなレベルで解釈が可能になるからである。しかも湯浅の場合は、すでに「東洋の知の伝統」が視野に入っており、そこでは実践がまさに〈技術〉のレベルで理解されていた。

湯浅の立論にもどれば、「東洋の知の伝統」における「実践的認識」に着目する湯浅にとって、重要なのはあくまでも展開における最後の段階である。ここにおいて、テオーリアに対するプラクシスの意義が〈技術〉としてあらわになるからである。一方で湯浅は、そのような〈技術〉としてのプラクシスに対応するものを「東洋の知の伝統」に見出す。その際に導きとなったのが、実践〈プラクシス〉の基盤にある、現実世界で機能している行為主体としての〈身体〉である。この流れに沿って、同じ実践〈プラクシス〉が一方で〈技術〉のレベルで、他方で〈身体〉の問題として解釈されることになる。また『身体の宇宙性』においては、「実践的認識」が「テオーリアの知」の対抗概念という位相を離れ、実践の「知」それ自体を示すものとして「実践的体験知」［二五：三四二］という表現に改められる。主題となる「東洋的思考」にあっては、テオーリアの知とプラクシスの知という対比自体がそもそも意味をもたないからである。また、実践的「認識」が実践的「体験知」と改められるのは、実践において肝要なのが、〈身〉をもって〈体験〉することにほかならないからである。その意味では、「実践的体験知」は「身体の知」とみなされるべきであろう。

ところで、湯浅は、これまで自身が研究してきた「諸分野は、従来の学界の常識からみれば異端的な研究というべきであろうが、そのためにかえって、そこに新しい重要な着眼を見出すことができる」［二五：二一七］と記している。「哲学の再生」に必要不可欠な「新しい重要な着眼」は、「従来の学界の常識」からは「異端的な研究」とみなされるものにこそ見出される。「学界の常識」とはいわゆるアカデミズムを指すが、従来のアカデミズムは「哲学の再生」にとって何の役にも立たない。それは、とりわけ日本のアカデミズムが西洋の学問をモデルとしており、西洋の学問の基礎にはまさしく〝哲学〟があって、その〝哲学〟自体がすでに終焉を告げられているからである。このことから、湯浅にとって「哲学の再生」は、単に哲学だけの問題ではなく、学問の再生をも視野に入れたものであることが理解される。このような湯浅の覚悟を見据えつつ、「湯浅哲学」の意義は評価されるべきである。

三　湯浅泰雄における「思想史」研究と「実践」の問題

「哲学の再生」を意図する湯浅にとって、再生されるべき「哲学」の中核になるのが「実践的体験知」にほかならない。「実践的体験知」とはさしあたり、「実践的体験」によってもたらされる「知」を意味する。「実践的体験」とは、具体的には「心身関係についての実践的体験」［一五：二二八］としての「修行」を指す。また修行とは、「東洋的思考」に即せば、「アジア諸宗教の修行法の基礎に共通して見出される心身訓練の方法」としての「瞑想」［一五：三四一］を意味する。さらに「瞑想」とは、その実質は「心を対象にした一種の技術 technique」である。したがって、瞑想という技術がもたらす「知」が、「実践的体験知」の内実ということになる。しかもこのような「実践的体験知」が、「東洋の伝統的な知」においては「普遍的な知」とみなされるが、しかしそれは決して、心の世界にかかわる瞑想という技術から切り離されえない。実践的な「体験知」と呼ばれるゆえんである。西洋は「物質の世界に関する普遍的な知と技術」［一七：一二三］を展開してきたが、東洋は一貫して〈心の世界に関する普遍的な知と技術〉を体認してきた。両者の「決定的なちがい」［一五：三四二］は、次の点にある。すなわち、「物質的技術」が「客体としての自然界の対象に対して変化を加えることを目的としている」のに対して、「瞑想の技術」は、「それが対象としている自己の内なる心、つまり自己自身を変化させ、変容させることを目的」としている。

瞑想については、再生されるべき「哲学」のありようと密接にかかわるので、まずは湯浅の語りに耳を傾けてみよう。「わかりやすく言えば、それは日常ふつうの状態にある自己の心のあり方を変化させ、新しい自己へと生れ変ろうとする努力である。その努力を通して、われわれは心の世界の深さと広がりを体験する。その実践的体験知は、自己の人間としてのかくれた本質を知り、それを現実のものとすることである。それは、たえず新しく生れ変る自己変容と自己実現の道である」［一五：三四二］。瞑想は基本的に「新しい自己へと生れ変ろうとする」自己変容の「努力」であり、その努力を通して心の世界が「ふつうの状態」ではなく、「深さと広がり」を有するものとして「体験」される。しかしここまでは分かるが、必ずしも「わかりやすく」ないのは、そのような「体験」が、直ちに「その実践的体験知は」と続けられている点である。なぜ「努力」という実践的な「体験」が、そのまま「実践的体験知」になるのか。「体験」自体が一定の「知」を内包するのであろうか。しかし「知」を内包するのは、むしろ「実践」ではないのか。退官講義では、「プラクシス（実践）の知」と言われていた。その「実践」がここではあくまでも「実践的」であって、「体験」を形容する働きしかしていない。このようになるのはおそらく、自己の変容が自己の再生にほかならず、その自己の再生が「哲学の再生」と重ね合わされているからであろう。そのことを証しするかのように、「哲学の問題はここから始まる」［一五：三四二］と続けられる。

湯浅が意図する、再生されるべき「哲学」のありようがここに示されている。「自己を変容させるということは、人間としての自己の本質を実践的体験を通して主体的に問い、それをみずから明らかにしてゆくことを意味する。それはいわば、人間としての「汝自身を知る」企てである」［一五：三四二］。ソクラテスを引き合いに出すまでもなく、哲学の原点は自己自身を知ることにある。しかも湯浅にとっては、それこそが「実践的体験知」にほかならない。そうであるなら、実践的な「体験知」とは、自己自身に対する「知」を本質とするものでしかないことになる。しかしそこにおいて、「実践的」とは何を意味するのか。湯浅は、プラクシス（実践）を「現実世界の内部で身体を使って物質にかかわる行為」と定義していた。この定義における「実践」と、『身体の宇宙性』において頻繁に使用される「実践的」とは、いったいどのような関係にあるのか。実は退官講義においても、「テオーリア（観察）の知がプラクシス（実践）の知に敗北したこと」が指摘されながら、「プラクシス（実践）の知」自体についてはほとんど論じられていない。例外は「知は力なり」で有名なベーコンであるが、しかしこのベーコンは、「錬金術以来の技術的自然観、つまりプラクシスの知を代表している」［一七：二二七］とされる。ここでは、「技術的自然観」が「プラクシスの知」と同等のものとされているのである。しかも「知は力なり」という言葉は、「知識というものは本来、経験を通じて得られる力、つまり技術と分けられないということを意味」［一七：二二六］する。ここに典型的なように、湯浅は「プラクシスの知」における「プラクシス」を、「実践」ではなく〈技術〉として理解している。〈技術〉となれば、それは〈観察〉としてのテオーリアに対し有効な対抗概念になりうる。技術は、眼に見える形で、現実的な効果を発揮しうるものだからである。それを裏づけるかのように、「哲学の時代を終らせた根本原因は、技術の発達だった」［一七：二二六］と述べられる。

湯浅は、〈理論と実践の対立〉を受けて、テオーリアとプラクシスの対比を理論的な〈観察〉と実践的な〈技術〉の対比として理解している。その流れで『身体の宇宙性』においても、「実践的」と言われるばかりで、プラクシスすなわち「実践」それ自体の意義は何ら問われていない。その理由については、以下の三つの問題から考えることができる。まず、湯浅が「実践」という概念をどのように理解していたかという問題であるが、これについては「実践」にかかわる湯浅の定義がすでに答えを示唆している。すなわち「身体を使って物質にかかわる行為」という定義において、湯浅の関心は「行為」にはなく、むしろ「身体」のほうにあった。「身体」がなければ、「行為」

自体が成立しえないからである。したがって湯浅が「実践的」と言うとき、そこには必ず「身体」がかかわっている。その典型が、「実践的体験」と言われる場合である。次に、思想史において「実践」概念がどのように機能してきたかという問題であるが、これについては、西洋の思想史自体が一貫してプラクシスに対するテオーリアの優位を体現してきたゆえに、「実践」そのものの意義が問われる余地などなかった。さらに、湯浅が思想史をどう構想していたかという問題であるが、湯浅は「〝哲学〟の終り」［一七：二二六］をきっかけとして、プラクシスの復権を目指し新たな思想史を構想する。ところが、「実践」それ自体の意義が歴史的に問われてこなかったために、湯浅自身も何か「実践的」なものから始めざるをえず、またそこにとどまらざるをえない。湯浅をして「実践的」という概念を多用せしめ、「実践」そのものの意義に至らしめなかった理由がここにある。しかも思想史研究の結果、「実践」の理解が東西において大きく異なることを、湯浅は無視できなくなった。西洋がそれを外的な世界にかかわる「技術」のレベルで理解してきたのに対し、東洋はそれを内的な世界にかかわる「体験」のレベルでとらえていたからである。

このままではしかし、東西の思想史は平行現象に終り、思考様式の対比における有機的な連関が失われてしまう。湯浅の問題意識は、ここにおいて「技術」の問題に収斂し、西洋における「物の世界に関する技術」に対する、東洋における「心の世界に関する技術」として、「実践」とは何かが「技術」の概念に集約されることになる。「西洋の伝統的な知」にあっては、物の世界を変容する「技術」は、人間がそれを実践する限りにおいてこそ意味があり、その点で「技術」と「実践」は一体化される。それに対し「東洋の伝統的な思考形態」においては、変容されるべきは心の世界であって、まずはその心の世界が体験されなければならない。その「体験」がすなわち「実践」になるが、一方でそれは「技術」として理解される。体験としての「実践」は、「実践を通じて自分の心そのものを変容させる体験知としての一種の技術を示している」［一七：二七〇］からである。「技術」の主体が人間であるかぎり、「実践」を「技術」に集約する手法は、思想史研究としては意義深いものがある。

問題はしかし、そのことによって逆に、「実践」それ自体が有する意義からは遊離してしまうのではないのか、ということである。「生きた現実とふれあうこともなければ、実践することもない知」〔一七：二二三〕として〝哲学〟の「知」が批判されるとき、現実とふれあうべき「実践」が、「技術」の問題に収斂されてしまってよいのであろうか。「哲学の再生」に必要なのはむしろ、〝哲学〟ないし「テオーリア」はプラクシスにまさるというギリシア以来の価値観」〔一七：二三二〕がそもそもどのように確立されてきたのか、それを歴史的に直視することにあるのではないか。湯浅はプラトンを継承したアリストテレスの名を挙げているが、アリストテレス自身は決して「プラクシス（実践）」を「技術」と同一視してはいなかった。

四　湯浅泰雄の「仕事」を批判的に継承するために

「〝哲学〟が終る時代の新しい知のあり方をさぐるのは、これからのわれわれの仕事」であるとして、湯浅はその手がかりとして「東洋の知の伝統について考え直すこと」を実行したが、その手がかりが基礎づけられると共に、身体の宇宙性を基盤にどのように考えるべきかが示されただけで、「新しい知のあり方」については具体的に何かが示されているわけではない。そもそも『身体の宇宙性』においては、思考様式に基づく思想のありようが主題となり、「知のあり方」そのものは思考様式のうちに解消されてしまっている。そうであるなら、「新しい知のあり方」をさぐるのは湯浅の後に続く者に委ねられた課題とみなされるべきである。最後に、筆者なりに「新しい知のありかた」をさぐっておきたい。

見てきたように、「哲学の再生」（退官講義）から『身体の宇宙性』へ至る過程であらわになるのは、「プラクシス（実践）の知」と言われながら、「実践」それ自体が有する意義については何らふれられていない、ということであった。

思考様式の図式化が計られるあまり、思考の具体性が抽象されてしまったようである。しかしそこにこそ、実は「新しい知のあり方」をさぐるヒントが隠されている。何かを批判的に継承するとは、批判されるべき点にこそ新たな可能性が秘められていることを、まさに身をもって体験することにほかならない。〝哲学〟の終焉を論じながら、思想史研究に基づき「哲学」の再生を目指した湯浅は、再生されるべき「哲学」のありようを「東洋における知の伝統」の再評価に求めた。その意義を充分に評価しつつも、筆者は「哲学の再生」はむしろ、終焉を告げられた西洋の哲学、ひいては「西洋の知の伝統」にこそ探られるべきであると考える。「哲学の再生」は本来、〝哲学〟の〈死と再生〉においてこそ可能なのである。西洋に〝哲学〟が誕生したということは、さまざまにある「知のあり方」のうちで、いわゆる〝哲学〟に導かれる「知のあり方」が選択されたということにほかならない。したがって問題はむしろ、東洋と西洋という「哲学」のありようにではなく、「知のあり方」自体にあると見るべきであろう。[7]

湯浅の指摘どおり、「テオーリアの知がプラクシスの知にまさるという価値観」は、プラトンを継承したアリストテレスによって確立されたものである。しかしその「価値観」自体は、思想史的には、二つのことが前提になっている。一つは、テオーリアとプラクシスが区別されて認識されたということ。いま一つは、その認識において、テオーリアが優位に立ったということである。まず区別のほうであるが、テオーリアと区別されるのは、実はプラクシスだけではない。アリストテレスはこの点に関して、知的活動を三つに分類する。すなわちテオーリア（観想）、ポイエーシス（制作）、そしてプラクシス（実践）である。これによれば、テオーリアとプラクシスの関係は本来、ポイエーシスを交えたいわば三項対立においてあることになる。またこの三つの知的活動は、認識手段たる三つの「知のあり方」に基づく。すなわちエピステーメー（学知）、テクネー（技術知）、そしてフロネーシス（知慮）の三つであり、それぞれ、エピステーメーがテオーリアを、テクネーがポイエーシスを、そしてフロネーシスがプラクシスを支えている。

(1) 湯浅とアリストテレス：見方の違い

湯浅…「知のあり方」が哲学のありようを決定；

西洋 「知のあり方」を区別 ➡ テオーリアとプラクシス

東洋 「知のあり方」を区別しない ➡ 「知」＝実践的「体験知」

⇒（2）を参照

アリストテレス…「知のあり方」と、それに基づく知的活動とを分類

⇒（3）を参照

(2) テオーリアとプラクシス（実践）の関係：西洋と東洋

西洋 テオーリアとプラクシスを区別した上でテオーリア優位

- テオーリアの内実の変遷／観想（古代）➡ 理論（～近世）➡ 観察（近代）
- しかし、プラクシス（実践）の意義は問われないまま

東洋 テオーリアとプラクシスの区別は存在しない

- 内面的体験（実践）に基づく「知」の尊重

(3)「知のあり方」に支えられる知的活動：アリストテレスの分類

知的活動：	テオーリア、	ポイエーシス、	プラクシス
↑	↑	↑	↑
「知のあり方」：	エピステーメー、	テクネー、	フロネーシス

以上をふまえた上で、湯浅が「実践」を「技術」のレベルで理解し、「実践」それ自体の意義を問うことがなかったことを振り返り、アリストテレスの議論と対比させるかたちでその妥当性を吟味しておこう。アリストテレスが言わんとしたのは、次の二点である。一つは、「技術」（テクネー）が支える「制作」（ポイエーシス）は、「実践」（プラクシス）とは異なるものであり、両者を同一視することはできないということ。いま一つは、「技術」と同一視されえない「実践」の意義は、その実践を支える「知慮」（フロネーシス）をとらえないかぎり理解しえない、ということである。「知慮」（フロネーシス）とは要するに、「よく生きる」（エウ・ゼーン）［二九二］ことにかかわる「知

のあり方」にほかならない。[8] ここに明らかなように、湯浅の立論は、テオーリアの知とプラクシスの知の対比がアリストテレスに基づくとしながら、結果的にはアリストテレスにおける議論の文脈をふまえてはいない。しかしそうであるからこそ湯浅は、「実践」を「技術」として理解することを通して〝哲学〟の終焉を具体的に指摘しえたし、後に続く者の眼を「東洋の知の伝統」へと向かわせることになった。この場合、確認しておかなければならないのは、湯浅が西洋の思想史を誤解していたわけではない、ということである。西洋における思想の歴史自体が、結局はアリストテレスの議論を無視する方向へと展開していったからである。

その問題に入る前に、いま少し西洋の思想史自体が抱える問題点を、アリストテレスに即して明らかにしておかなければならない。すなわちどのような経緯を経て、テオーリアがプラクシスに対して優位に立つに至ったかという問題である。これについては、アリストテレスがプラトンを継承したということが、思想史的には決定的な出来事を意味していた。プラトンが学園「アカデメイア」において〈哲学（フィロソフィア）〉を教授し始めた頃、アテナイにはすでにイソクラテスによって創設された修辞学にかかわる教育機関が存在しており、そこではプラトンとは別の〈哲学（フィロソフィア）〉が伝えられていた。両者の哲学観の基本的な違いは、前者がテオーリアを支えるエピステーメーを評価しつつドクサ（臆見）を蔑視したのに対し、後者がプラクシスを支えるフロネーシスに重きをおきつつドクサの意義を認めていた点にある。[9] そのような状況にあってプラトンが継承されたということは、イソクラテスと共にフロネーシスおよびドクサが思想史の低層へと追いやられ、結局はプラクシスの意義がおとしめられたことを意味する。テオーリアがプラクシスに対して優位に立つ、その思想史的な淵源がここにある。さらに、このテオーリアの優位が思想的に何を意味しているのかについては、「知のあり方」としての三項対立が、一方にエピステーメー（学）、他方にテクネー（技術）およびフロネーシス（知慮）という対比構造になっていることに注意するべきである。すなわち、エピステーメーが「それ以外の仕方においてあることのできないもの」であるのに対して、テクネーおよびフロネーシスは「それ以外の仕方においてあることので

（4）「知のあり方」における三項対立：『ニコマコス倫理学』

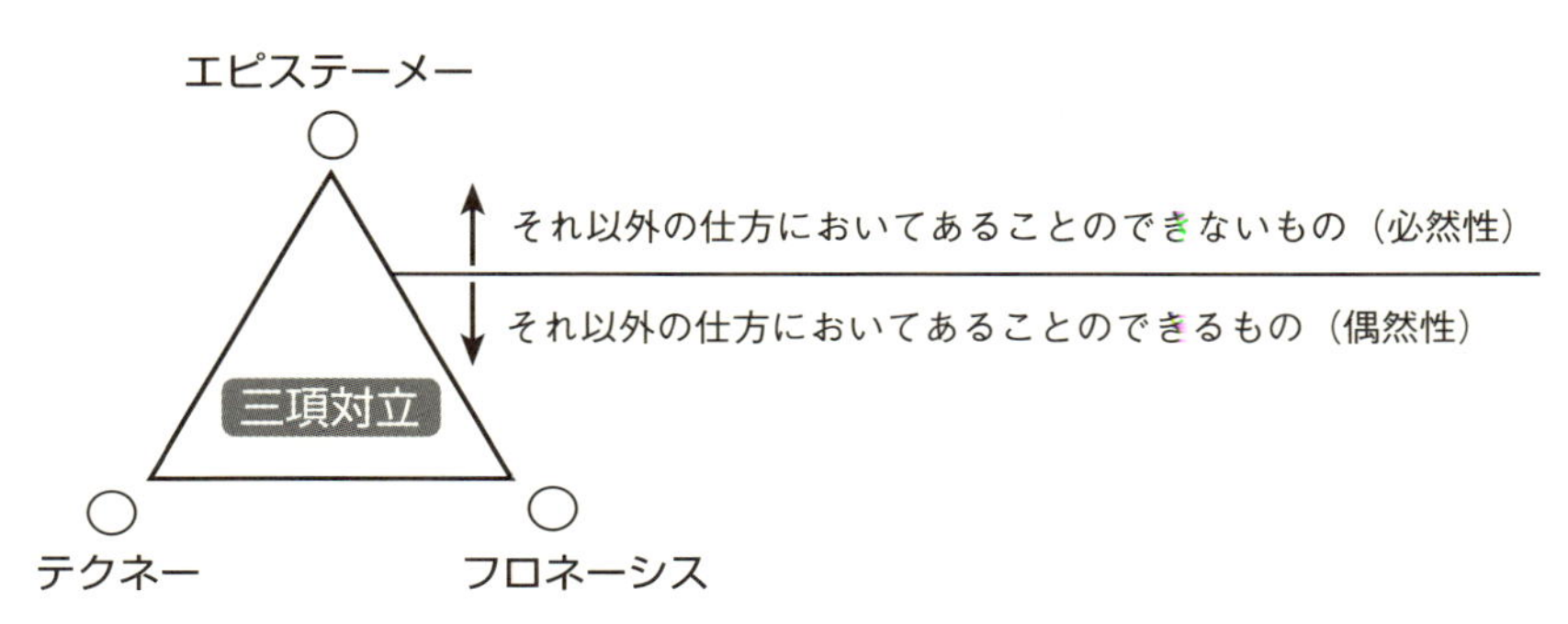

きるもの」［一一八六］とされる。言いかえれば、前者が〈変化しえないもの〉にかかわるのに対して、後者は〈変化しうるもの〉と結びつく。その上で、〈変化しえないもの〉にかかわれば、必然性ないし普遍性が課題になり、逆に〈変化しうるもの〉と結びつけば、偶然性ないし個別性が問題になる。したがって、アリストテレスの議論におけるテオーリアの優位は、エピステーメーが有する必然性ないしは普遍性に対する強いこだわりを意味していることになる。

ところが、このようなアリストテレスの議論に、中世から近代にかけて変更が加えられ、テオーリア優位の考え方ないしは価値観がさらに徹底することになる。エピステーメー（学）とテクネー（技術）という、一方は必然性、他方は偶然性として差のあるものが、湯浅も引用していたベーコンの「知は力なり」等の考え方を通して、強引に結合されたのである。この事態は思想史的には、いわゆる科学技術の成立として位置づけられるが、アリストテレスの議論からは予想もつかない結果をもたらすことになる。その強引さゆえに、「知のあり方」におけるバランスが崩れてしまったからである。フロネーシス（知慮）は三項対立というよりどころを失い、そのフロネーシスに基盤がおかれるプラクシス（実践）もまたその実体を見失い、科学技術のうちに取りこまれてしまった。それどころか、人間はそれ以降、「よく生きる」ことの意味が分からなくなってしまった。

科学技術の成立とは、「学（知）」と「技術（知）」が融合することによって自然科学が台頭したことを意味するが、それにふさわしくテオーリアもまた「観察」という意味に限定されることになる。またそれと連動して、人間が生きてゆく上で「知慮」が果たすべき役割が薄れ、「実践（プラクシス）」それ自体の意義が問われないままに、「実践」という言葉だけが一人歩きするようになる。湯浅の言う「物質の世界に関する普遍的な知と技術」が成立したのはまさにこの時点であり、終焉を迎えるべき〝哲学〟は、そのような「普遍的な知」をこそ「知」の本質とみなすものであった。このような状況において湯浅は、「心の世界についても、そのような普遍的知と技術の可能性を考えることができる」［一七：一二三］とし、「東洋の知の伝統がすでにそれを実現していることを指摘した。東洋は、宗教等において「実践」を瞑想の「技術」にかかわらせて理解し、「心の内面的体験の世界に対する実践的認識を通じてのみ到達できる高いテオーリアを目指して」いたわけである。

おわりに

湯浅によれば、これまでの〝哲学〟は、「生きた現実とふれあうこともなければ、実践することもない知」に基づいていた。そのような〝哲学〟が終る「時代の新しい知」は、「実践する知」として「生きた現実」とふれ合わなければならない。しかし湯浅の言う「プラクシスを通じて得られる高次のテオーリアの知」が、果たしてそれにこたえうるであろうか。プラクシスを経ているとはいえ「テオーリア」でしかないものが、いかにして「生きた現実」における具体的な「行為」を基礎づけることができるのか。「生きた現実」が常に偶然をはらみ、「それ以外の仕方においてあることのできるもの」であるにもかかわらず、これまでの〝哲学〟は一貫して、「それ以外の仕方においてあることのできないもの」にかかわるエピステーメーないしはテオーリアに依存してきた。

そのような〝哲学〟が「死と再生」を体験するには、手立ては一つしかない。アリストテレス以降の哲学の歴史のなかで、常に低層に追いやられてきたフロネーシスを表層へとひきあげることである。「実践（プラクシス）」として言えば、湯浅はプラクシスを「現実世界の内部で身体を使って物質にかかわる行為」と定義しながら、「行為」よりも「身体」の宇宙性にこだわるあまり、「東洋の知の伝統」に向かいつつも、結局は「実践」それ自体の意義を問うことはなかった。しかし「西洋の知の伝統」には、たとえその低層においてではあっても、フロネーシスという「為す知」のあり方を通して「実践」を問う、思想的な流れが存在していたわけである。その点からしても、「実践する知」の復活は、フロネーシスを発掘することによってしかありえない。

以上をまとめれば、「〝哲学〟が終る時代の新しい知」は、具体的な行為にかかわるフロネーシスとしての「知」以外にはない、というのが筆者の見解である。その「知」はしかし、行為が身体を通して成立するものであるかぎり、「身体の知」とみなされて然るべきである。また、そのようなフロネーシスに基づいてこそ、プラクシスとテオーリアのあるべき関係を、われわれは改めて問うことができるようになるであろう。

注

1　退官講義は『日本学』第一三号（名著刊行会、一九八九年）に掲載されるが、のちに「哲学の再生」と改題され、『宗教と科学の間』（名著刊行会、一九九三年）の序章として再録された。以下、退官講義（「哲学の再生」）からの引用は『湯浅泰雄全集』第一七巻（ビイング・ネット・プレス、二〇一二年）による。

2　一九八九年は、湯浅を中心に人体科学会が設立された年でもある。

3　湯浅の思想史家としての本領が発揮されているのは『日本古代の精神世界』（名著刊行会、一九九〇年）であるが、これは旧著の『古代国家の倫理思想』（理想社、一九六六年）と『古代人の精神世界』（ミネルヴァ書房、一九八〇年）を一つにまとめたものである。以下、『日本古代の精神世界』からの引用は『湯浅泰雄全集』第八巻（白亜書房、二〇〇〇年）による。

4　退官講義と密接に関連する『身体の宇宙性』（岩波書店、一九九四年）からの引用である。以下、同著からの引用は『湯浅泰雄全集』第一五巻（ビイング・ネット・プレス、二〇一二年）による。

5　湯浅と和辻哲郎の関係については、『湯浅泰雄全集』第一三巻（ビイング・ネット・プレス、二〇〇八年）における、筆者による解説「湯浅泰雄における「和辻研究」の意味」を参照。

6　理論と訳される英語のセオリー（theory）は、ギリシア語のテオーリアに由来するものである。

7　以下、ギリシアにさかのぼった議論を展開せざるをえないが、本論はそのこと自体が目的ではなく、また紙数の関係上、アリストテレス等のギリシアの哲学者については、筆者なりの解釈を加えたかたちで分かりやすく日本語に置き換えることを試みた。

8　三つの「知のあり方」に基づく三つの知的活動については、具体的には、アリストテレスの『ニコマコス倫理学』第六巻に展開されている。アリストテレス著『ニコマコス倫理学』上（高田三郎訳、岩波書店、一九七一年）を参照。なお、重要な概念の訳語も基本的には同書による。引用に際しては、本文にその頁数のみを記してある。例：［二九一（頁数）］

9　プラトンに対するイソクラテスの位相については、廣川洋一著『ギリシア人の教育』（岩波書店、一九九〇年）を参照。

湯浅泰雄『身体論』を巡って

倉澤幸久

一　『身体論』の成立

『身体論』の刊行

湯浅泰雄著『身体論——東洋的心身論と現代』（講談社学術文庫、一九九〇年）の原著は、「叢書身体の思想」第四巻として刊行された『身体——東洋的身心論の試み』（創文社、一九七七年）である。あとがきによれば、その五年以上前に出版社に日本思想についてのシリーズの企画を湯浅が問われ、「身体」というテーマを提案し、それが編集者の手で全一〇巻の叢書に具体化され、その叢書の一冊として構想・執筆に数年をかけ成ったとのことである。

またそのあとがきによれば、そもそも「身体」というテーマを湯浅が考えるようになったのは、同じ出版社から出版された『近代日本の哲学と実存思想』（創文社、一九七〇年）の材料になった研究を通じてであった。それによって近代日本の哲学者たちの考え方の中に独特な身体観があることを発見し、そしてそれが西洋哲学に由来するものではなく、日本思想史、ひろくいえば東洋の思想的伝統のはるかな歴史的鉱脈につながるものであることに気づいたとのことである。[1]

原著出版から一〇年後（一九八七年）に英訳され、*The Body : Toward an Eastern Mind-Body Theory* としてニューヨーク州立大学出版局より出版された。訳者はトマス・P・カスリス（オハイオ州立大学教授）と長友繁法（テンプル大学教授）の両氏であった。その際、序説は書き改められ、新たに結論が付された。本論（第一章から第三章まで）は変わっていない。英訳されることによりYuasaの名は世界に紹介され、その後世界各地から手紙や訪問を受けることになった。

さらにその三年後（一九九〇年）、講談社学術文庫に収められた。内容は英語版により、副題は「東洋的心身論と現代」となり、巻末にカスリス教授による解説が付されている。

さらに一九九九年一〇月刊行が始まった『湯浅泰雄全集』第一四巻（白亜書房）に収められ、第七巻とともに第一回目に配本された。全集は途中でビイング・ネット・プレスに出版元を変え、一七巻と補巻一巻、全一八巻が刊行され二〇一三年完結した。

『身体論』の広がり、人体科学会設立

さて本書が最初に出版された一九七七年の二年前、市川浩『精神としての身体』（勁草書房、一九七五年）が刊行された。現代哲学が「身体」を問題にする状況があり、日本思想史研究から発した湯浅の「身体」のテーマは、はからずも現代哲学の課題に答え、世界に向けて「東洋的身心論」を明確にして提示するという試みをパイオニアとしておこなうことになったのである。

本書は二つの課題を追究した。一つは、東洋的身心論の歴史的源流を探究することであり、もう一つは東洋的身心論の伝統について現代的観点から再検討を加えることであった。副題の「東洋的身心論の試み」は、その意

味で、東洋的身心論の伝統がいかなるものであるかを歴史的に明らかにし提示する試みであるとともに、それを現代の問題意識で照らし出し、東洋的身心論が現代においていかなる意義をもっているかを明らかにし、世界に向けて提示する試みであることを意味していたと言えよう。

創文社版『身体』は哲学、日本思想の研究者だけではなく、著者の予想を超えて体育・武道・東洋医学・気功などの関係者によく読まれ、多大の反響があり、その方面の人々との関係が発展していくことになったとのことである。

その後湯浅が中心となり、一九八四年フランス国営文化放送・筑波大学共催シンポジウム「科学技術と精神世界」が開催された。ニューサイエンスと「気」がテーマとなり、新体道の青木宏之氏の遠当て（体に触れないで気合いで相手を投げ飛ばす）の演武が出席者に衝撃を与えた。

一九八七年、湯浅は北京の日本学センターで日本思想の講義をするために半年間北京に滞在した。その間、当時結成されたばかりの中国人体科学学会から日中間の気功交流に協力を求められた。一九八八年十数名の代表団を東京に招き、日中シンポジウム「気と人間科学」が開催された。

日中の長期的交流のために日本にも学会組織が必要となり、一九八九年、湯浅が中心となって人体科学会が設立され、一九九一年には第一回大会が昭和女子大学で開かれた。

その間、湯浅の「身体論」に関わる著書として、『気・修行・身体』（平河出版社、一九八六年）、次いで『気とは何か』（NHKブックス、一九九一年）が出版され、この両著から選んで編集した、二冊目の英訳著書 *The Body, Self-Cultivation, and Ki-Energy* が長友繁法とモンティ・S・ハル両氏の翻訳により同じニューヨーク州立大学出版局から一九九三年に刊行された。またその後『身体の宇宙性』（岩波書店、一九九四年）、『宗教経験と身体』（叢書現代の宗教四、岩波書店、一九九七年）が出版された。以上の「身体論」に関わる単行本・論文は、全集第一四巻『心身論Ⅰ』（一九九九年）、第一五巻『心身論Ⅱ』（二〇一三年）に収録されている。

二　『近代日本の哲学と実存思想』における身体の発見

さて筆者はすでに『身体論』について二篇の論考を発表している。[2] 本稿においては、それらを踏まえ、それらにおいて十分考察できなかった問題について考えてみたい。

まず湯浅にとって身体の問題がどのような意味をもって現れたのか、この点を『近代日本の哲学と実存思想』において確認しよう。近代日本の哲学として考察の対象となったのは、西田幾多郎、田辺元、波多野精一、和辻哲郎、三木清の五人である。和辻哲郎は東京大学文学部倫理学科における湯浅の師であり、その他の人々も湯浅より一世代ないし二世代先輩の同時代人であり、湯浅は彼らと問題を共有していた。この書の研究は、湯浅自身の生きる意味の探究を直ぐ上の世代の思想の研究を通して問おうとしたものである。この書における考察について、湯浅は「アカデミックな学問的関心よりも、私自身の非学問的な、よくいえば主体的な関心にしたがって考えてみたい」[3]と序章に記している。明治以降西欧諸国の強い圧力の下で一足とびの近代化を強いられてきた、近代日本人の自我意識に見られる一種の屈折、不安感、焦燥感が問題になる。すでに西欧の哲学、思想の伝統を学び、近代的自我の確立を目指して努力している日本人にとって、その西洋思想と長らく自らの拠り所であった我が内なる東洋、日本の思想、宗教の伝統とのあつれきにより引き起こされる屈折は、内なる問題として引き受けざるを得ない問題であった。このような問題をかかえて、近代日本の哲学は西欧の実存思想に微妙な親近感をもって接近する。この場合の実存思想とは広い意味でのそれであり、ハイデガーらの実存哲学だけでなく、ディルタイやベルクソンらの生の哲学、フッサールの現象学などの近代の合理主義哲学に対して批判的な思想を含めて考えられている。一方でカントやヘーゲルの西洋近代の合理主義哲学を学びながら、それらに違和感を抱き、実存的な関心をもって展開されたのが日本近代哲学であり、湯浅は彼らの思索の根底に東洋思想の伝統、とりわけ伝統的身体論があったことを発見する。

西田幾多郎の身体論

まず湯浅は、西田哲学における自我の基本構造として、「自我の背進的没入を通じての受動的無限拡大」という構造を見出し、これが他の人々にも共通する日本の近代的自我意識の根本的特徴であると論ずる。それは日常的世界の中で存在するものと共に現に〈今—ここ〉にある自己のあり方を否定し、自我意識が自己の内に退き、自己自身の底に没入することを通じて自己が無としての自己に変容して、この〈客体的世界〉をつつむ大いなる場所（一般者）に成長する道である。これは、西洋近代の自我意識の、自我の前進的超越によって客体的世界をつつむ能動的無限拡大の姿勢とは正反対のあり方であるとされる。[4]

湯浅は、西田の「背進的没入」は禅体験をふまえて得られたとする。打坐は、日常的現象的な〈自己の—世界についての—意識〉の立場を捨てるための身証であり、その心身脱落の努力を通じて、自己は物事のありのままの真実を見得る〈自己なき—世界についての—意識〉に生まれ変わる。それは、無限拡大への意志が一たん自我の背後へ没入してから、逆に外へ向かってより大きな新しい自我に生まれ変わって顕現してくることとされる。[5]ここにまず「身証」「心身脱落」という身体の修行（道元禅師に拠る）が結びつけられる。

さらに、この構造は後期西田哲学において身体における「行為的直観」として説かれる。この行為的直観論を、湯浅は西田哲学の諸概念の中で最も示唆に富む思想だとする。湯浅は、西田の説明が不明瞭であるため弟子の間でも解釈が分かれ混乱があるとして、行為的直観を通常の意味でのそれと通常の理解を逆転した用法とを区別すべきであるとする。通常の、受動的な直観に基づいて能動的な行為がなされる、あるいは能動的な行為において受動的な直観が得られるというあり方に対して、その底に、より根源的あり方として、我が行為において世界に没入し物となり無となり受動的に場所的自己に至り、そこから反転して場所的自己の能動的前進作用として能動的に世界を直観し照らし出すという、より根源的な能動と受動の逆転したあり方が見出される。この場所的自己としての一般者は「真の思惟」「真の理性」「真の自己」「歴史的生命」とも呼ばれ、そこからこの世界が秩序をもった真のあるべき世界として成立してくるとされる。[6]

身体はまず西田において重要な意味をもって登場したのである。西田によれば、身体は、我としての主体と物としての客体的世界の両方に属するという二重性格をもっている。身体という一つのものの両端として理性（主体）と感性（感性に捉えられる物の客体世界）とが考えられるべきである。[7] 身体はまず、主体と客体の分離対立以前の共通基盤として、近代の主観―客観図式を超える手がかりとなるのである。

さらに身体は、「自我の背進的没入を通じての受動的無限拡大」、あるいは「行為的直観」として、行為において世界に没入し真の自己に至り、自己の底から働き出てくる創造的作用を受けて能動的に世界を直観し照らし出す、という根源的あり方を実現することができる。それによって、世界を真実に見ることができ、真実に生きることができる。その生きる＝行為することは明らかに直観しつつその践むべき道を明らかにたどる。

以上のように、西田の身体論を見出すことにより、湯浅の身体論が出発した。さらに西田の拠って立つ伝統を探り、芸道論、歌論、能楽論、そして根源としての平安密教の修行論の系譜がたどられている。道元、和辻哲郎の身体論を含め、『身体論』第一章及び第二章の構想はすでにこの書においてできあがっていた。

湯浅にとって、身体を問題にすることは、まず自身の生きる意味の探究の結果であり、また師和辻哲郎や西田幾多郎らの近代日本の哲学者の問題を引き継ぐことであった。それは、近代化＝西洋化の状況の中で西洋近代哲学と苦闘する中で発見された、日本、東洋の思想的伝統の意味を明らかにし、現代的課題に応えることであった。

身体において生きることを離れない

『近代日本の哲学と実存思想』の西田論で次に注目したいのは、身体を問題にすることはこの世界の中で生きることを離れないで問題を立てるという点である。身体とは、〈今―ここ〉にあるこの私の身体として存在しているかぎり、永遠の生の世界も、また純粋物質のみが存在する永遠の死の世界も、それ自体として経験することはできない。〈今―ここ〉だけが、この私の身体をもって体験できる直接の事実である、とされるような身体である。[8] 身体なくして自己というものはない、とされ、〈今―ここ〉においてこの私の身体をもって体験できる直接の事実に生きる自己が問題となる。

その身体をもって生きる自己のあり方は以下のように様々に説かれる。超越的次元から内在してくる「生命のはたらき」を受けて、〈今―ここ〉に「瞬間的限定の尖端」において創造的要素として「働くもの」であるとか、歴史的生命が我々の身体を通じて創造的に自己形成することであり、それが真に理性的に生きることであるとか、背進的に世界に没入するとき世界はわれの身体と化して、そのような世界をわが身体と化するわれが創造的な「真の自覚」であるとか、である。[9] ここには、身体をもって今ここに生きていることから始めて、結局最終的にも今ここに身体をもって生きていることに帰着してくる、現世主義がある。今ここに身体をもって生きていることの意味を問い、そこに意義を見出す生き方である。

このような、我々は〈今―ここ〉にあるこの私の身体として存在していることから離れることはない、という論は、西田自身の「歴史的実在の世界」論に由るであろう。西田が問題とするのが、この世界を歴史的実在の世界として捉えること、歴史的生命そのものの世界から離れないで考えることであった。そもそも西田が行為的直観論として展開した思索は、人間が他の人間と関わり世界の物と関わり行為しつつ直観し直観しつつ行為してこの世界の中で生きているという人間の営みをすべて説明する理論としてであった。科学が対象とする客観的物質世界、その果ての機械的世界は身体が物化した果てである意味で身体は失われているが、その抽象的な客観的物質世界を考えている身体存在は依然として失われていないとか、その対極として身体を離れた意識我という抽象的主観世界が考えられるが、同じく依然として身体存在がその抽象的世界を考えているのであるとか、これらの世界はすべてこの身体における行為的直観に成立している。我々の自己はどこまでも身体的である。我々は世界の外に出ることはできない。身体がなくなるということではない、それが深くなることである、身体の底に徹底することである、ということが繰り返し強調される。[10]

さて以上の西田の論はこの世界における人間のあらゆる営みが行為的直観によって成り立っていることを述べている。日常的世界のあり方から「身心脱落」に得られる根源的あり方までが身体における行為的直観として説かれる。[11]

西田の「身心脱落」論

ここで、「身心脱落」について、西田自身が説いている箇所を検討しておきたい。

　然るに我々の身体は働くものであると共に見るものである。見るものとなるといふことは、創造的となることである、創造的世界に於ての創造的要素となることである。而してそれは従来、人の考へる様に、身体がなくなるとか、自己がなくなるとか云ふことではなくして、却つて真の生命が自己に漲ることでなければならない。身心脱落といふことは、単に空となることではない。創造的要素として身体的に見る私に対しては、世界は表現的となる。物は生命の表現として現れる。表現が我を動かすと云ふのは、かかる立場に於て云ひ得るのである。見るといふのは、身体を以て見るのである。身体なくして見るといふことは考へられない。[12]

「身心脱落」という語は道元に由来する言葉であるが、身体における行為的直観に成り立つこととして、「創造的要素として身体的に見る」ことと説かれている。「我々は我々の自己の底に、我々の歴史的生命の底に、無限に深い創造的なるものに接する」[13]存在であるが、私は無限に深い創造的なるものの創造的要素として身体的に見る、行為的直観する、それが「身心脱落」である。その時世界は表現的になり、世界の物は生命の表現として現れ、我を動かす。それは道元が『弁道話』で描く光景である。道元に拠れば、人が坐禅をすれば「諸法みな正覚を証会し、万物ともに仏身を使用して、すみやかに証会の辺際を一超して、覚樹王に端座し、一時に無等々の大法輪を転じ、究竟無為の深般若を開演す」「十方法界の土地草木、牆壁瓦礫みな仏事をなすをもて、そのおこすところの風水の利益にあづかるともがら、みな甚妙不可思議の仏化に冥資せられて、ちかきさとりをあらはす」[14]。西田によれば、「身心脱落」とは、よく人が考えるように身体がなくなるとか自己がなくなるとかということではない。かえって真の生命が自己にみなぎることであり、単に空となることではない、とされる。「身心脱落」も身体がなくなることではなく、身体によって見る、身体における行為的直観である。

「身心脱落」は「自我の背進的没入を通じての受動的無限拡大」として得られる特別な体験であるが、身体を離れない。身体における探究は無限に深い領域をどこまでも身体において探究し続けることになる。このような身体において生きる次元は形而下の次元であり、形而上の次元ではない。身体における行為的直観は形而下の次元を離れないで直観し、見る。「身心脱落」に得られる直観、見ることは、日常的次元からは隠されていた世界の真実を見ることである限り、形而上的次元の消息を伝えるものである。湯浅が『身体論』において、「東洋的形而上学の伝統的思考様式においては、形而上的次元と形而下的次元は明確に断絶したものではない。両者は連続的に相互浸透し合った二つの領域である。修行は自己の魂が形而下的次元から形而上的次元へと次第に進んでゆく過程である」（講談社学術文庫、三〇一頁、以下『身体論』講談社学術文庫からの引用は頁数のみを記す）と説くのはこの点に関しているだろう。

この形而上的次元と形而下的次元の連続というあり方は、テオーリアとプラクシスを切り離さないで連続的に捉える態度となる。身体における行為的直観、すなわち修行（プラクシス）において得られる直観、見ること（テオーリア）はプラクシスと連続的である。それに対し、西洋の文化の伝統においては、テオーリアは神の領域、形而上的次元に属し、プラクシスは人間の実践の領域、形而下的次元に属し、両者は隔絶した次元を異にするあり方として切り離される。そしてテオーリアがプラクシスに優位である。『近代日本の哲学と実存思想』では、近代日本哲学の思考様式ではプラクシスからテオーリアへの移行という方向をとること、それは主体的〈真実〉から観照的〈真理〉への移行と捉えられることを述べている。[15]

三　現代社会の課題に応える

テオーリアの知とプラクシスの知の問題

次に東洋の知の伝統と西洋のそれを比較し、テオーリアの知とプラクシスの知の問題をさらに考えておきたい。身体論を現代世界の課題に応えるという観点から考える時、身体の知がプラクシスの知であること、さらにはプラクシスを通じて高次のテオーリアの知を実現することが重要な論点となる。[16]テオーリアとは「見る」ことであり、通常「観想」と訳される。「セオリー（理論）」はこのテオーリアによって見られたものである。プラクシスとは「おこなう」ことであり、「実践」と訳される。湯浅は、ポイエーシス（作る、制作）を含めて広い意味でプラクシスとしている。

まず、現代は古代ギリシアの哲学の成立以来現在に至るまで二五〇〇年にわたって西洋思想を支配してきたテオーリアの知の優位がくずれ、プラクシスの知が優位に立ち、支配的になった時代と規定される。それは「哲学の終わり」（リチャード・ローティ）の時代である。この場合の「哲学」は古代ギリシアに発し、諸学の母として様々な科学を生み出し、西洋にのみ近代をもたらし、デカルトとカントによって代表される近代哲学として展開し、今まで知の世界を支配してきた哲学である。それは精神と物質を二元的に切り離し、この物質的な自然の世界を超えて自由に飛翔する精神の探究によって理性的に論理的にこの世界を知る。それは自然学（フィジックス）を超えた学、形而上学（メタフィジックス）としてこの世界の物質的な制約を離れた純粋な観想（テオーリア）の知、神に迫る神的な知を獲得するとされる。近代哲学は、カント、新カント派、分析哲学等のように、諸科学を基礎づける、より根本的な学とされ、哲学と科学は次元を異にするものとなり、対立し、近代科学がめざましい成果を上げるにつれて哲学はその領域を縮小してきた。しかし、哲学も科学もテオーリアの知であることは共通であった。ところが近代科学は本来プラクシスの知であった技術と結びつき、近代科学技術として変質し、プラクシスの知となった。プラクシスは、現実世界の内部で身体を使って物質に関わる行為を意味し、プラクシスの知は技術の知であり、かつては一段低い、「わざ」の習得にもとづいて得られる体験知であった。その意味で技術というものは元来人間の身体と切り離せないものであった。ところが近代技術は道具から機械を作り出した。機械は人間から独立した形で物質を加工する手段であり、物質と精神を二分して物質だけに関わる機能を持っているものであり、そのため技術は精神の問題と無関係になり、物質の世界だけに限定されることになった。物質の世界は世界共通であり、物質に関する科学の知と技術の知は人類全体にとって普遍的なものとして全世界がそれを受け容れるものとなった。結局巨大な近代科学技術は物質の世界で物とエネルギーをより豊富に作り出し、人間の精神、文化はその前で「哲学の終わり」を迎える。精神と物質を二分して切り離し、精神の優位の伝統が物質の優位により逆転される。

以上のような現代の状況の中で、東洋の知の伝統があらためて意味をもって見直される。ユング心理学が東洋の伝統的な知を高く評価することが支えとなる。そして東洋の知の伝統において、精神と物質を切り離さない態度、心身相関、身体論、身体の知が問題となる。身体におけるプラクシスは東洋においては修行と呼ばれるが、その修行において得られる知は、まずはプラクシスの知、身体の知である。しかし、それはさらにプラクシスを通じてのみ得られる高度なテオーリアの知を獲得することでなければならない。仏陀の修行について言えば、戒と定のプラクシスを通じて慧という体験知、高度なテオーリアが得られた。仏陀とは「目覚めた人（覚者）」という意味であるが、悟りの智慧を得た仏陀は、この世界の真相を明らかに見ることができる。世界の真相を明らかに観想する知（テオーリアの知）が得られている。それはプラクシスの知と切り離された次元を異とするテオーリアの知ではなく、プラクシスを通じて達成されるテオーリアの知である。東洋において、プラクシスとテオーリアは切り離されない。身体のプラクシスは明浄なる心のテオーリアと切り離されない。

身体論か心身相関論か

ここで一つ注意しておきたいことは、身体論か心身相関論（あるいは心身一体論）か、プラクシスの知かプラクシスに得られるテオーリアの知か、という問題である。『身体論』の副題は、最初に述べたように、「東洋的心身論と現代」であり、東洋における身体論はすでに身体と心が切り離せないものである限り、心身論である。身体の知には、身体の訓練によって身体が練られ、わざを身につけることとともに、身体の訓練を通して「身心妙浄」となり、「得道明心」[17]する（道元『弁道話』）ことが説かれる。身体の訓練、身心の訓練は、身心を妙浄にし、道（菩提、悟りの智慧）を得て心を明らかにする。東洋においてプラクシスの知とテオーリアの知は切り離されず、プラクシスを通じて高次のテオーリアの知を達成することが目標となる。そして得道明心し高次のテオーリアの知を得た人は、より高い徳を身につけた優れた人格となり得ているとされ、そこに生きることの意味が見出されることになる。身体論は心論であり、精神論でもある。

このような東洋の伝統的な知、身体の知、心身の知は、身体と心を結びつけ、物質と精神を切り離さず、プラクシスとテオーリアを連続して捉え、人間存在の身心に即して明かな智慧の心を得、よりよき生を生きることを目指す。現代の世界の状況が近代技術に主導された近代科学技術のプラクシスの知の発展により、強力な機械により物質世界の富を豊かに獲得する世界であるとすれば、すでにプラクシスと切り離されたテオーリアの知ではその圧倒的な力に対抗できないとしたら、改めて身体のプラクシスを通して実現される高次のテオーリアの東洋の伝統が、身心の技術の知、プラクシスの知が求められなければならない。近代科学技術の普遍的かつ圧倒的な力をもつ物質界におけるプラクシスの知に対抗できるのは、身体をもったテオーリアの知であろう。湯浅の『身体論』の現代という時代における意味はここに見出される。

哲学と科学の総合　宗教と科学の総合

心と身を切り離すところにテオーリアとプラクシスの分離が生まれ、西洋の形而上学（メタフィジックス）が生まれた。それが西洋二五〇〇年の伝統となり、近代世界を生み出し、現代の科学技術のプラクシスの知の支配にまで至っている。そこには精神が物質世界を支配し、その豊かな富、エネルギーを効率的に利用するために有効な抽象性が備わっていたと言ってよいだろう。しかし、今「第二の枢軸時代」（カール・ヤスパース）に、人類の精神の歴史はもう一度転回を求められる。東洋的身体論、東洋的心身論はプラクシスを通して得られたテオーリアの知、身体をもったテオーリアの知として、この課題のために働くことができるであろう。

新しい哲学、新しい科学が求められ、近代哲学と近代科学が次元を異にして対立していたのに対し、両者は融合して新しい哲学＝科学にならなければならないとされる。さらに新しい哲学は宗教と科学の総合としても説かれている。『身体論』の最後の結論部分で論じられるこの点をさらに考えておこう。

ユング心理学の知の探究とユング自身が参照した東洋思想の知の探究がモデルとされる。ユングの深層心理学は本来、心的エネルギーの法則について研究する一種の自然科学である。ただしそれは現在の自然科学とはちがって、哲学・歴史・文学などと協力する必要がある。また深層心理学は宗教・芸術・人文社会科学などに広い学問的影響をもつことができるという点で、哲学の性格を合わせもっている、とされる（三三四頁）。

ユングにおける科学と哲学

さらに『身体論』にユング自身の言葉が引用されており、心理療法は哲学であり、発生状態の宗教である、と言われる（九七頁）。このユングの引用をもう少し詳しく検討しておきたい。これは「心理療法と世界観」(Psychotherapie und Weltanschauung)と題された講演であるが、英語版ではWeltanschauungがa philosophy of life(人が生きることをどのようなこととして捉えるかの哲学)と訳されている。philosophy of lifeはLebensphilosophie(生の哲学）の訳語でもある。この講演で以下のことが説かれている。要点のみを取り出してみよう。

心理療法は魂（the psyche）を対象とするが、それはその人とその人が生きることの全体に触れざるを得ない。それは、病気の身体を治療するとき、その身体の諸機能の全体的あり方、というよりむしろ病気の人自身の全体的あり方を顧慮しなければならないことと同様である。ある症状が、心理的であるという性格を強めると、その症状はますます絡み合った複雑なあり方を示し、人生全体に関わるものとなる。

魂の宇宙（cosmos秩序と調和のある完全な体系）は、一方の極として生理学的要因をもち、他方の極として、合理的であったり、倫理的であったり、美的であったり、宗教的であったり、その他様々な伝統的な諸観念をもつ。心理療法は反対しあっているものの対立の問題に立ち向かわなくてはならない。その問題は魂に深く根ざしている。魂の構造は非常に矛盾対立的で、対位法的である。そこから現れる、道徳的、倫理的、哲学的、宗教的対立は想像を絶する事実として現れ、誰もそれを捉えられない。

心理療法家は実際上、哲学者ないし哲学的医師であるべきであり、あるいは我々はすでにそうであるのだという事実を否定できない。我々は心理療法を発生状態の宗教とよんでもよいであろう。というのは、人生の絡まり合う根の部分を支配している広大な混乱においては、哲学と宗教の間に境界線はないからである。

心理療法家は患者が囚われている無意識の力と対面し、自身の意識の均衡を崩しかねないことがある。教科書の哲学ではなくて賢い自己制限、神学論文ではなくて命が危機に瀕したときの絶叫的な祈り、これらは宗教的かつ哲学的な態度から生まれてきた結果であり、生命の力の容赦のない作用には適切な態度である。

患者の危機が既成の宗教や哲学によって解決されるならばよいが、そうでない場合、療法家は自分自身の信念を捨て、患者に寄り添って、患者の情動的状態に最もよく呼応する宗教的で哲学的な諸観念を一緒に探さなければならない。これらの諸観念は元型的な形をとって母なる大地から新しく生み出されてくる。あらゆる宗教と哲学の体系はもともとそこから現れてきたのである。

本能は精神と切り離されてあるのではない。本能は精神的な性格をもつ元型的内容を常にその働きの一連の結果としてもたらす。その元型的内容はその本能を生み出す基盤でありかつ同時にそれを制限するものである。言い換えれば、ある一つの本能は常に必然的に一つの生の哲学のようなものと結びつき一対をなしている。それが哲学とも言えない古拙な、不明瞭な、もうろうとしたものであったとしても。本能は考えることを刺激し、人を強制的に考えさせることがある。なぜなら、魂の二つの極、生理学的なるものと心的なるものとは分けがたく結びついているからである。両者は切り離されず、この理由によって、本能は精神が解放されない限り解放されることはなく、精神は本能から切り離されると無価値なものと責められることになる。精神と本能の間のつながりは必ずしも調和的なものではなく、反対にそれは争いに満ちており苦悩を意味する。だから心理療法の主たる目標は、患者を実現不可能な幸福な状態に連れて行くことではなく、苦悩に直面して動じないあり方、哲学的忍耐を獲得することを助けることにある。

最も治療効果があり、心理的に最も必然的と感じられる体験は、「手に入れるのが難しい宝物」であり、それを獲得することは普通を超えた何ものかを普通の人に要求することになる。この普通を超えた何ものかは、患者と共に実際に治療をしているときにはよくわかることだが、元型的内容の侵入であることが明らかである。これらの内容が消化されて自分のものとなるためには、現行の哲学的、宗教的な諸観念を利用するだけでは不十分である。我々はキリスト教以前そして非キリスト教的な諸概念に遡ることを強いられることになる。中世の医者たちは、神の啓示の光の他に、自然の光を「神の照明」の第二の独立した源泉と認めた。教会から手渡された真理が何らかの理由で自分自身にも患者にも効力がないと明らかになったときには、医者はその第二の光に向かうことができた。これらの遠い過去の医学的哲学者に学ぶ価値がある。その時はいまだ身体と心が別々の機能にばらばらにねじ曲げられていなかった。我々は専門家ではあるが、我々の専門領域は、奇妙なことに、我々を諸学に通じた多方面性そして専門家的態度の完全な克服へと追い立てる。もし身体と心の全体性ということが単に言葉だけのことでないとしたら。神経症はそれだけで離れてあるものではなく、病的に乱された魂の全体である。重要なことは、神経症ではなく、神経症を抱えているその人である。我々はその人間に働きかけなければならない。そして我々は人間としての公正をその人に対して示すことができなければならない。

心理療法の目標は、生理学的な要因と精神的な要因に等しい注意を払うことである。心理療法は自然科学に発して、その客観的、経験的方法を心の現象学（the phenomenology of the mind、原文は die Phänomenologie des Geistes であり、ヘーゲルの『精神現象学』を連想させる）に応用している。これはまだ一つの試みに過ぎないとしても、試みがなされたという事実に計り知れない意義がある。[18]

以上のユングの論を参照することにより、湯浅の説く哲学と科学の総合の問題がより鮮明になると思われる。心理療法は「魂の宇宙」を探究する。その魂の世界は一方の極に生理学的、身体的要因と他方の極に精神的要因を有していて、両者は切り離されない一体的あり方をしている。魂の領域、集合的無意識の領域は身体と心が切り離されないで一体的にある世界である。この魂の世界に発動する本能（生のエネルギー、リビドー）は元型的内容をもって精神を刺激し精神的内容を生み出す。宗教と哲学は無意識の奥にある母なる大地から元型的内容として生み出されてくる。この元型的内容は生のエネルギーを生み出す基盤になるとともにそれを制限するものにもなる。生をのばすのが善であり生を制限するのが悪であるとすれば、善でもあり悪でもある反対対立するものが争い渦巻く世界として元型の世界がある。心理療法は魂の世界に沈潜していって身体と精神を連動して正していくことになる。生の心身エネルギーを客観的、実証的、科学的に研究していくことと、宗教・哲学をその心身エネルギーの底から改めて捉え直すことが一つの領域で行われているのがユングの心理療法であり、湯浅のモデルとなっている。

四　『身体論』からさらに

超常現象・宗教的奇蹟の問題

『身体論』で最後に残る問題が、修行によって得られる神秘体験あるいは超常現象の問題である。西田の行為的直観をもとに湯浅が論じる「場所的自己における行為的直観」、道元の「身心脱落」、空海の「即身成仏」、インドのヨーガの瞑想修行、中国とインドの伝統的な医学、ユングの超感覚的直観、ラインの超心理学等が取り上げられている。

これらの超常現象については、湯浅は以下のように評価する。これらの超心理的能力の問題は東洋の心身論の伝統では修行論の重要な一部として取り上げられ、修行の完成の結果と結びつけられてきた。このような能力は潜在的にすべての人に備わっているものであって、瞑想修行によって魂の深層領域を探求してゆけば、おのずと経験される普遍的な現象であるとみなされてきた。ユングは超心理的現象を無意識の深層領域から発現する「直観」の一種であるとみなしたが、このような考え方が認められるとすれば、超心理学的研究を一つの手がかりとして、人間本性の中にひそむ秘密を探求してゆく可能性も与えられるのではないか。過去の宗教において様々の形で説かれてきた奇蹟についても、冷静な学問的検討をする手段が提供されるであろう、と述べられる（三二五頁）。そして、その項の最後に明恵上人のエピソードが付け加えられる。明恵がよく透視能力を示すので、弟子たちが仏の化身ではないかと噂した。明恵は涙を流し、諫めた。修行すれば誰でもできるようになる。これは大事なことではない。自ずからそうなっているだけだ（三二六頁）。これらの宗教的神秘経験を超えたあり方として宗教の究極の本質はあるということが、最後に示唆されている。

湯浅自身若い頃からヨーガを実修し、ラインの超心理学に関心を寄せ、後にはユングの「共時性」に超常現象発生のメカニズムを考察している。湯浅自身に宗教的奇蹟に示されるような「人間本性の中にひそむ秘密」を探究したいという思いは人一倍強かった。

さて、西田幾多郎の最後の論文「場所的論理と宗教的世界観」に、以下の言葉がある。「宗教は心霊上の事実である。哲学者が自己の体系の上から宗教を捏造すべきではない。哲学者はこの心霊上の事実を説明せなければならない[19]」。先に見たように、湯浅は、西田の「背進的没入」は禅体験をふまえて得られたとする。ところで、湯浅が『近代日本の哲学と実存思想』で西田を論じている箇所に、既に見たが、以下のように説かれる。「人間は常に〈今―ここ〉にあるこの私の身体として存在しているかぎり、永遠の生の世界も、また純粋物質のみが存在する永遠の死の世界も、それ自体として経験することはできないわけである。〈今―ここ〉だけが、この私の身体をもって体験できる直接の事実である[20]」。また、先に西田の「身心脱落」論を検討したが、「身心脱落」も身体における行為的直観であり、身体を離れず、身体における探究は無限に深い領域をどこまでも身体において探究し続けることであった。これは、湯浅が『身体論』において説く、形而上的次元と形而下的次元の連続というあり方であると考えられた。

このように見てくると、身体においてこの世界の中で我々が生きることは常に身体を離れない。身体という形而下的次元を離れないで得られた宗教的体験は形而下的次元を離れず形而上的次元をかいま見る。宗教的体験はこの世の中のものである。この世を超えることはあり得ない。身体における探究は無限に深い領域をどこまでも身体において探究することであった。ユングにおいても無意識の時空を超えた広大な無限に深い領域を心身未分において探究することが説かれていた。この世のものである宗教体験は科学的に研究できるであろう。

日常的世界の解明か非日常的世界の高みの達成か

さて湯浅は、西田幾多郎と和辻哲郎はその思考様式において対照的な、相補う位置にある、と述べている。[21] 和辻の思考は常に日常性の次元において展開しており、これに対して西田の思考は常に自我の存在の見えざる「根拠」の世界を求めてゆこうとする。

和辻には東洋の伝統的自然観が見られ、「（自然と人間の関係について）自然空間の生命の鼓動に包まれて、動物と植物を含むすべての生命あるもの（仏教的にいえば「衆生」「有情」sattva）と共にあるということが、人間の生の本質的運命である」（四三頁）と捉えている。また古代日本人の生の捉え方に心＝身体＝自然が不可分の一体性において存在していることを見出し、このような見方を一般化して『風土』における自然と人間の関係の捉え方を生み出した（四五頁）。風土は「生活世界的空間としてとらえられた自然」（三二頁）であり、「生ける自然」（三二頁）とされる。和辻の倫理学における「間柄」は、生活世界の意味連関において日常経験され見出されている間主体的空間の中に存在するあり方である（三三頁）。このように和辻の思考は常に日常性の次元において展開しているとされる。

それに対し、西田は湯浅の言う「場所的自己における行為的直観」において、行為において世界に没入し真の自己に至り、自己の底から働き出てくる創造的作用を受けて能動的に世界を直観し照らし出す、という根源的あり方を探究したとされる。確かにその通りなのだが、先に見たように、西田の身体論は人がこの世界に生きることの全ての局面を身体における行為的直観として捉えることであった。日々の日常の中で世界の物や他の人間と関わり生きていること、この世界を科学が対象とする客観的物質世界として抽象的に捉えること、その対極としての意識我という抽象的主観世界を考えること、宗教的修行に身心脱落すること、これらすべてを同等に身体における行為的直観において成立することと捉えたのである。西田においては「身心脱落」も日々の日常を生きることもこの世に身体をもって生きていることとしては等しく、その時その時の出来事であった。西田は若き日に坐禅修行をし見性体験もあったことが日記に窺われるが、禅はまた「青青翠竹尽是真如、鬱鬱黄花無非般若」（『碧巌録』第九七則）の世界であり、目前の翠竹、黄花がそのまま仏の真実の顕現であった。

和辻哲郎と西田幾多郎の対照は、道元と空海、禅宗と密教、中国的とインド的のそれぞれの対照としても考えられる。仏教は日本で本覚思想の性格を強め、「煩悩即菩提」「生死即涅槃」「衆生本来仏なり」が説かれ、「草木国土悉皆成仏」の世界となった。

この現実肯定的あり方に歯止めをかけるのは、罪悪深重煩悩熾盛なる凡夫の自覚（親鸞）であろうか。親鸞に深い共感を寄せた三木清に「パトス的身体」があり、西田幾多郎に「ロゴス的身体」の語がある。三木には身体と結びついた情念の問題があり、身体は全き受動性のパトスにおいて内なる自然の闇の無により打たれる。[22]西田には身体は本来理法を体現した自然の秩序を備えたものであり、自然の本来を取り戻せば根源的な生命的な力があるべきように現れる。[23]湯浅の『身体論』には「パトス的身体」の語が用いられるが、「ロゴス的身体」の語は用いられない。

菩薩道の問題

『近代日本の哲学と実存思想』において、大乗仏教の菩薩道について以下のように述べられる。

仏教的思考様式の基本的特徴は、(中略) 認識と実践の区別がないというところにある。現世拒否的な「悟り」の追求と、現世肯定的な「慈悲」の志向を実践において統一してゆくこと、つまり現世をこえた境地において現世の中に生きることが、大乗仏教の菩薩道の理想である。菩薩道は「上求菩提、下化衆生」という言葉に象徴されるように、自己の内に向かって「悟り」を求めると共に、外に向かっては社会的な利他行の実践を強調する。悟りの境地を得て空を体現している理想的人格が現実社会の中に生きるとき、その活動が慈悲の実践となる。内向的実践と外向的実践の統一という思考様式は、もともと大乗仏教から来ている。[24]

現世を超越して悟り(テオーリア)を求めることと現世において慈悲を実践(プラクシス)することとの間に区別がない。それは現世をこえた「眼」をもって現世の中に生きることである。我々は身体をもって今ここに生きていることを離れない。身体的存在としての自分自身を見つめ、身体に備わる光と闇を明らかにし、身体を知り、身体が知る、認識即実践に生きることを湯浅の『身体論』は示してくれている。

注

1 湯浅泰雄『身体──東洋的身心論の試み』創文社、一九七七年、三三一頁。
2 倉澤幸久「「生ける自然」を巡って」『人体科学』第一七巻第一号、二〇〇八年。
倉澤幸久「湯浅泰雄「身体論─東洋的心身論と現代─」再考」『人体科学』第二〇巻第一号、二〇一一年。
3 湯浅泰雄『近代日本の哲学と実存思想』創文社、一九七〇年、八頁。
4 同書、二八頁、一五〇頁。
5 同書、三〇頁。
6 同書、四八─五一頁、五五頁。

7　同書、四七頁。
8　同書、四二頁。
9　同書、四〇頁、四二頁、五〇―五二頁。
10　西田幾多郎「論理と生命」『西田幾多郎全集』第八巻、岩波書店、一九七九年、三三三頁、三〇五頁、三〇六頁、三一三頁、三二五頁。
11　湯浅は行為的直観を通常の意味でのそれと通常の理解を逆転した用法とに区別し、さらに『身体論』において、「日常的自己の行為的直観」と「場所的自己における行為的直観」（講談社学術文庫、六二頁）と明確に区別するが、西田の側から考えるとここには問題がある。
12　西田、前掲書、三四五―三四六頁。
13　同書、三二七頁。
14　道元「弁道話」『正法眼蔵（一）』岩波文庫、一九九一年、一六頁。
15　湯浅、前掲書3、一七一頁。
16　湯浅泰雄「序章　哲学の再生」『宗教と科学の間』『湯浅泰雄全集』第一七巻、ビイング・ネット・プレス、二〇一二年、二二五頁以下。湯浅泰雄「現代科学のゆらぎと東洋の知」同全集第一七巻、三九五頁。
17　道元、前掲書、一六頁、二二頁。
18　C. G. Jung, "Psychotherapy and a Philosophy of Life," *CW.* 16, pp. 76-83.　以下の独語版も参照した。C. G. Jung, "Psychotherapie und Weltanschauung," *GW.* 16, S.86-93.
19　西田幾多郎「場所的論理と宗教的世界観」『西田幾多郎全集』第一一巻、岩波書店、一九七九年、三七一頁。
20　湯浅、前掲書3、四二頁。
21　同書、一二八頁。
22　同書、一五二頁、一七六頁。
23　西田においても、身体がデモーニッシュであり、エロス的と捉えられ、また自己自身の無の根柢、罪悪の本源の徹見が説かれるが、最後まで「ロゴス的身体」の語が用いられる。『西田幾多郎全集』第一〇巻、一三三頁、第一一巻、三一一頁、四一一頁参照。
24　湯浅、前掲書3、一七八頁。

湯浅泰雄におけるテオーリアの知とプラクシスの知の統合

――日本思想研究の観点から

鎌田東二

はじめに

湯浅泰雄の思想研究の文脈で言えば、「テオーリアの知とプラクシスの知の統合」とは、ギリシャ―西欧的知と東洋的知の統合ということになる。湯浅は「テオーリアの知」を「テオーリアは元来、イデアの世界を観察する知を意味した。イデア界は存在の「かたち」だけが存在して物質的素材を欠いた世界である」［九：五三七］と説明し、それに対して、「プラクシス（実践）とテクネー（技）が一体になった形が東洋哲学の根本におかれている」［一〇：五六四］と対比的に捉えている。言い換えると、「世界はどのようにあるのか」［一〇：五六四］というテオーリア（理論）の問いに対して、「東洋の哲学の伝統では、「人生をどのように生きるべきか」という倫理的問いがまずその出発点におかれている。この問いに答えるための道程となり方法となるのが修行である」［一〇：五六四］ということになる。そこで、湯浅的問題とは、観察知・理論知と実践知・修行知・身体知の統合が課題であるということができよう。

だが、このような対比に留保をつけておかなければならないのは、西欧的知においてもユダヤ教カバラやキリスト教神秘主義やイスラームスーフィズムなどの伝統と流れにおいては「プラクシスの知」のかたちがあったと言えるし、また東洋的知においても、インド六派哲学のニヤーヤ学派などの論理学や仏教の唯識派を含めて精密な認識論の体系があったことも忘れてはならないだろう。それゆえ、湯浅の二分法には若干のコメントと留保が必要である。

ところで、なぜ湯浅がそのような問題意識を持つに到ったのか、湯浅の学問的関心と探究の過程を簡潔にトレースして見ることにしよう。最初、学生時代に湯浅が関心を持って読んでいたのは、日本神話であった。一九四五年の敗戦時、湯浅は東京帝国大学文学部国史学科に在籍していた。学徒出陣から戻って来た時、軍隊から返送されてきたのが『古事記』『日本書紀』『万葉集』の三冊だけであった。そこで毎夜、この三冊を繰り返し読んでいた。

ある日、いつものように『古事記』の神話を読んでいると、すでに何度も読んでいた天孫降臨の場面で次のようなビジョンが見えた。「天孫ニニギノミコトが山上から海を眺めていると、海上に御殿を建て、さわやかに光る腕輪をゆらせながら機織り(はた)をしている美しい少女が見える。これがコノハナサクヤヒメである。このくだりを読んでいるとき、私は「これは火山だ……」と感じた。推理したわけではなく、ただそう直感したというより外ない感覚であった」［九：五九七］

この「直感」を元に湯浅は「火や山に関する神話伝承を調べ始めた」［九：五九七］。一年ほど、当時としてはまったく反時代的な研究を続け、数冊の大学ノートの覚書ができあがったが、しかし精神状態は「慢性的な鬱状態」のようなもので、「主観的幻想の世界にとらえられていた」ことに気づき、国史学科を止めて、和辻哲郎が主任教授をしていた倫理学科に転科した。「そのころの私は、哲学とは自分が人生を生きてゆくための思想を求める学問のように感じていた」［九：五九八］のである。

そして倫理学や日本倫理思想史を専攻し、倫理学教室の助手を務めてから中学・高校の教員となった。研究分野は主として「古代日本思想の研究」であったが、助手時代からヨーガや瞑想や修行法を学びつつ、それらを心理学の立場から考察しているユングの研究に向った。「フロイトやユングの心理学は神話研究と深く結びついて発展してきたものである」から、その結びつきは湯浅にとって思想的必然と思われた。こうして、一九六六年、湯浅は『古代国家の倫理思想』を上梓する。その著作の第一部の論文のアイディアを拡張し、神話学や古代史学や考古学の成果を踏まえて展開したのが一九七二年に刊行した『神々の誕生』である。

このような研究の出発点を持つ湯浅泰雄の研究領域を次の四つに大別することができるだろう。

①神話・日本研究
②哲学・思想研究
③身体論・修行（気）論
④科学（超心理学・ユング心理学・ニューサイエンス・人体科学を含む）研究

これを思想や課題の領域や分野から、西洋哲学関係、東洋思想関係、日本思想関係、身体論・修行論・気論、心霊研究・超心理学研究、宗教と科学との関係およびニューサイエンスなどと分けることもできるだろう。

その分類法はともかくとして、いずれの領域・分野でも湯浅は創造的かつ体系的で創見に溢れた仕事を展開しているが、湯浅の②~④の研究分野については本書中で他の論者がそれぞれのアプローチによって迫っているので、小論では特に①の「神話・日本研究」に焦点を当てつつ、湯浅における「テオーリアの知とプラクシスの知の統合」の日本事例ないしモデルを中心に考察してみたい。

一　日本神話および神道研究から

湯浅による日本神話研究の眼目の一つは、古代のある時点で神観が変化したという論点である。湯浅は言う。「私は、日本の原始信仰の本質的特徴を成すものは、さまざまの形で人間に災厄を与える神のたたりに対する畏怖の信仰であったと考えている」［一〇：二四七］と述べているが、これがある時期に大きく転換するのだ。それを湯浅は「畏怖の信仰」から「加護の信仰」への思想史的変化として捉えている。前掲『神々の誕生』の中で、湯浅は、「人格神観念が確立する以前のアニミズム時代における神話のあり方」を考察し、古代史に現われる著名な神社類型を「三輪型」と「春日型」に二分類している。

第一の型の「三輪型」とは、奈良県桜井市の三輪山を神体山として崇拝する大神神社を典型事例とするもので、「自然発生型」とも呼ばれている。それは、「神社の建立の起源が確認しがたい古い時代にまでさかのぼるものであり、また、その神の性格が古いアニミズム的神観の残映を止めている神社である」［九：一二二］とされる。これを、湯浅は別のところで、「日本人の伝統的エートス」として捉え、本居宣長の「玉鉾百首」の中の次の歌を取り上げて示している。「いやしけど雷（イカヅチ）・木霊（コダマ）・狐（キツネ）・虎（トラ）・龍（タツ）の類いも神の片端」［一〇：四八六］

それに対して、第二の型の「春日型」とは、奈良県奈良市の春日山（御蓋山）の麓に鎮座する春日大社を典型事例とするもので、「勧請型」とも呼ばれている。それは、「歴史時代に入ってから、氏族の祖先神ないし守護神として、一定の土地に創建された神社である」［九：一二三］とされる。

前者の始まりには「たたり」の信仰と観念があり、後者の始まりには「加護」や「守護」の信仰と観念があると湯浅は捉える。三輪山の神大物主神は「「人民（たみ）死にて尽きむ」とするまで疫病を起して祭りを要求するたたり神」

［九：一二六］である。湯浅はその「三輪型＝自然発生型」を次のように説明する。

三輪型の信仰の元来の形では、神は異形の動物の形に憑依したり、巨石・山・谷・島などの一定の聖域に来臨し現前すると信じられていたが、明確な人格的表象を伴わず、また人間に対して災厄を与える存在として畏怖されていた。祭りの目的はしたがって、神のたたりを鎮め、その怒りをやわらげる目的をもつものであった。こういう信仰をわれわれは「畏怖の信仰」と名づけることができようが、その背景には、未開社会の人間の自然に対する恐れの心情がよみとれる。ただし現存の伝承では、古い神の姿がそのまま現われている場合は少ない。比較的古い形がよく見られるのは、いわゆる「荒ぶる神」すなわち邪神・悪神とされている神々の場合である。ヤマトタケルの東国征伐の物語は、この点からみて興味深い。タケルの遠征は「山河の荒ぶる神、また伏(まつろ)はぬ人等(ども)を言向け和平(やは)す」と形容されている。「山河の荒ぶる神々」とは、畏怖の対象とされた自然神にほかならない」［九：一二七］

これに関連して、湯浅は、スサノヲには自然神的な「荒ぶる神」の性格があり、それに対して姉の天照大神には「人間的共同体の平和を念じる神」としての「加護」する神の観念が見られると指摘し、「出雲神話が古い時期の信仰型態を反映し、高天原神話が国家形成期の政治的状況を反映している」［九：一三〇］と見る。そしてそれを比較神話学的な観点から、「古代ユダヤ民族は、旧約の「妬む神・怒る神・審きの神」ヤハウェから、新約の「愛の神・救いの神」を生み出した。わが古代人は、ささやかながら、世界宗教的思惟のミニチュアを作り上げたのである」［九：一三〇］と見るのである。

つまり、神観念と信仰が「自然神」への畏怖から「祖先神・人格神」の加護・守護に転換したことが、ユダヤ教（旧約聖書・律法）の「妬み審く神」からキリスト教（新約聖書・福音）の「愛と救いの神」への転換に重ね合わされ、日本の神観念の推移に「世界宗教的思惟のミニチュア」があると洞察するのだ。

もちろん、多神教の神観念の中での転換と一神教の神観念の中での転換とでは質的な違いがあることは事実であるが、湯浅の洞察は「たたり―加護」と「妬み・審き―愛・救い」のメタフォリカルな関係を見てとることで、日本宗教史と世界宗教史の中にはたらく神観念のダイナミックな転換と変容の過程と構造を大局的に見通すものであった。これは常に西洋思想史と東洋―日本思想史を対置的に考察してきた湯浅ならではの観点であり指摘であろう。

第二に、湯浅ならではの観点は、「畏怖の信仰」の内実に「光への畏怖」を見てとっていることである。これは、ユングやガストン・バシュラールなどの神話心理学的考察を通して湯浅が日本神話の中から独自の観点として摑み取ったもので、湯浅は「三つの光」を指摘している。

①土器の火のゆらめき

②螢火

③星のまたたき

の三つの光である。そしてこの光がユングの言う「太古的人間（アルカイック・マン）」の心を捉え、畏怖と魅惑を感じさせたと指摘する。「荒ぶる自然神」の代表と言える火神カグツチ、国譲り交渉を成功させたタケミカヅチとフツヌシの二神に反抗した「悪神」の天津甕星（あまつみかほし）＝天香香背男（あめのかかせを）、これらの自然神格に対する畏怖の感情を湯浅は見逃さない。そして次のように解釈する。

古墳時代以前の日本の大地は、至るとこ鬱蒼たる原始林に覆われていた。人間はまだ、自然の支配者ではなかった。そういう圧倒的な大自然への畏怖を、かれらに最もつよく感じさせたのは、野獣や野鳥が叫びうごめく夜の闇であったにちがいない。そこに、彼らは「草木ことごとくよくものいふ」世界を感じた。ゆらめく火の動きの素早さに魅せられていたかれらの背後には、太古の自然の底しれぬ神秘な闇黒がひろがっていたのである」［九：一三二］

湯浅の日本神話や日本思想に対する直観と想像と解釈は深く適確である。西洋哲学や倫理学のみならず、心霊研究や超心理学やユング心理学に強い関心を持ちながら日本神話や日本思想を読み解いていく湯浅の眼力は畏怖する「太古的人間」の心性にダイナミックに肉薄していく。こうして湯浅は、「古墳時代後期から明確になってくる祖先崇拝の習俗や神の人格的表象の背後には、古いアニミズム時代の神観念が埋もれている。またその信仰の基本性格は、祖先信仰時代の人間的親愛の情にもとづく「加護の信仰」とはちがって、自然の神秘に対する「畏怖の信仰」である」［九：一四四］と総括する。湯浅は、「山河の荒ぶる神々」や「邪神・悪神」や「火神・武神」や「スサノヲのごとき神たち」を手掛かりにしながら、「埋もれた自然信仰の時代」の痕跡を残す神々の残響を聴き取るのである。

次に、湯浅はこのような日本神話研究を基盤として、仏教が伝来してきた後の日本思想の基本骨格を「神仏習合」と「平安仏教」に見てとる。

湯浅は「新しい日本学のために」の中で、「神道の元来の本質は、世界宗教に対する民族宗教と規定するよりも、文明宗教に対する原始宗教 Primitive religion、もっと厳密にいえば、〝文明社会の中に生きつづけている未開宗教〟と規定した方が適切なのではないかと思う」［一二：一五八］と述べている。その「原始宗教 Primitive religion」としての「神道の元来の本質」とは、先に述べた「自然神」に対する「畏怖の信仰」であった。

だが、そのような自然信仰と祖先・人間信仰や天皇崇拝を核とした「国家神道」とは、「宗教としての神道の本質」とレベルが異なっていることを湯浅は次のように述べている。「明治以後起ってきた国家神道の考え方は、この点ではむしろ、宗教としての神道の本質を見誤ったものであるといわなくてはならない。国家神道は、神道を世界宗教としての仏教から切り離し、それを日本人だけが信仰する閉鎖的な民族宗教にしてしまった。それればかりでなく、民族宗教としての国家神道に世界宗教以上の価値を与え、それをすべての日本人――および日本の支配下におかれた異民族――に強制するという誤りを犯した。こういう国家神道的発想の起源となったのは、江戸時代の国学者たち（宣長、篤胤ら）の考え方である」[1]［一二：一五八］と。そして、あくまでも「神道の本質」は「畏怖の信仰」、つまり「未開宗教」にあると断言する。次のように。

神道の本質は「文明社会の中に生きつづけている未開宗教」と規定するのが妥当であろう、というのが私の考えである。古代以来の伝統をもつ日本各地の古い神社の起源は、少なくとも弥生時代ないしそれ以前にさかのぼるものである。言いかえれば神道の歴史的起源は、大和朝廷と律令体制によってつくり出された日本国家の体制よりも、はるかに古い伝統をもっているのである。このことは、宗教としての神道の本質が、もともと国家や政治体制とは次元の異なる場面（具体的にいえば日常的生活世界に根拠をもつ地域共同体の習俗と信仰）に求められる、ということを意味している」［一二：一五九］。

このような「神道」理解に基づいて、「宗教思想の面からみた日本文化の伝統」を「神仏習合思想」［一二：一六二］にあると見るのである。

二　修行と仏教研究から

では次に、その「神道」が「仏教」とどのように結びつくかを検討し、そこから生まれてくる山岳修行のありようを見ていこう。

まず湯浅は、上記「神仏習合思想」理解を次のように示す。

私は、宗教思想の面からみた日本文化の伝統は、神仏習合思想に求められると考えている。また、日本文化の伝統的特質の原型が確立したのは、平安初期の密教によってであると考えている。今かりに、後代まで持続的影響力をもつような民族の文化的伝統の原型 prototype、あるいは文化意識の基本的パターンが確立した時代を「古典古代」とよぶとすれば、日本文化史における古典古代は、平安初期の密教文化に求められる。平安の密教は、国家以前の伝統をもつ神話時代の信仰習俗を母胎にして、その上に世界宗教としての仏教を土着させる役割を果した。日本民族はこれによって未開から文明の世界にみちびかれ、日本の文化は歴史上はじめて人類文化の潮流に参加するに至った。言いかえれば、日本文化が世界文化の中に一つの位置を占める出発点は、密教によっておかれたのである。文学や美術の面からみると、後代まで日本人の美意識につよい影響力を及ぼしたのは、古今集から始まる平安朝の和歌である。「花鳥風月」という言葉に代表される自然との心情的交流や、春夏秋冬の四季の変化に対する感受性などは、日本の文学史では古今集においてはじめて明確な形をとったものである。古今集の時代（九―一〇世紀）は、密教が日本仏教の主流となり、神仏習合的習俗の基礎がおかれた時代である。このような点からみて、日本文化の伝統的特質について考える場合、密教について理解することが決定的な重要性をもってくると思う。［一二：一六二］

湯浅は神仏関係の展開を「密教」に焦点を当てつつ次のように描く。

①神観念の面から見て、密教は大乗仏教の民衆化形態として「汎神論的多神教」の特性を最も強く示している。

②こうして、「日本の密教は、山岳信仰と結びつき「修行の伝統」を定着させた。東大寺に代表される奈良仏教

が「都の仏教」であるのに対して、比叡山や高野山に代表される平安仏教は「山の仏教」の性格をつよく示している。この背景には、密教が神話時代以来の山岳信仰と結びつき、山岳修行の習慣を育てた歴史がある」〔一二：一六二〕。そしてこれを「神仏習合的エートス」と湯浅は捉える。

③さらにこの、「密教によってつちかわれた神仏習合的エートスが、日本の民衆の宗教的感受性や生活習慣に深く根を下したことを示している」〔一二：一六二〕と見、一般化し定着していく過程を考える。

④このような「神仏習合的エートス」の形成過程で、「体得する」、つまり、「身体で会得する」とか「身体で覚える」とかといった〝身体知〟の文化が幅広く、底深く構築されていき、「全人格的に、自己の心身の全体でとらえるといった態度」が重んじられてくる。湯浅によれば、「たとえば禅問答」もそうした「態度」と身体会得文化の重要な一様式である。

⑤この時同時に、「修行や実践による人格形成を重んじる態度」〔一二：一六三〕が生まれ、日本的な倫理性が醸成されることになる。

ここで、日本文化論や日本思想論として、「修行」や「体得・会得」などの身体知文化の問題に直面するのだが、先に出てきた「神仏習合的エートス」を「日本的エートス」とも言い換えながら、この点を敷衍している。湯浅は「日本的人間観の特質」の中で、「日本的エートス」を「価値対象に対する献身における心情的純粋性」〔一二：一一二〕と述べ、さらに、「具体的にいえばそれは、底辺のマナイズム的神道習俗と仏教、特に密教の多神教的かつ汎仏論的世界観の融合の上に成り立ったエートスである」〔一二：一一二〕と説明している。

このような湯浅の理解においては、「日本的エートス」を作り上げた根幹は、神道の「畏怖の信仰」であり、また「山岳仏教」である「平安仏教」の密教的汎神・汎仏論である。湯浅はこのような「日本的エートス」の次元においては、「修行」とは、「自己をすてて母なる自然の生命に融合し一体化する」ことであると言う。つまり、「荒ぶる山河の神々」への畏怖が仏の和らぎの中に溶け込んでいく過程である。そこにおいて、空海の即身成仏思想や最澄が最重視した『法華経』の「久遠実成の本仏」（「如来寿量品」）という思想は、神仏関係の総合化にきわめて重要な思想基盤と枠組みを提供したと言えよう。

湯浅は、「自然は一種の神性の体現者であり、そのかぎりにおいて「大いなる主体」を象徴している。生ける自然の造化のはたらきは、形而上的（霊的）次元に存在する人格的存在としての神仏のはたらきの具体的表現である。その多様な神仏のはたらきの究極には、ひとつの「大いなる主体」としての「母なるもの」が活動している。従って人間は、客体としてみられた世界に相対立する主体的自己であることを止め、自己自身の魂の内に向って人間性の本質を追究してゆけば、言いかえれば「大いなる主体」のはたらきに同化しきった道具、すなわち一つの客体になり切って、いわば「物となって物につき当たる」（西田幾多郎）ときに、自然の生命の根源である神性の次元にはいってゆく。そこに自己と他者が区別と対立をこえた生命的一体性において生きる世界がひらける。大乗仏教における涅槃（悟り）と慈悲の精神は、日本ではおおむねこのような立場からとらえられてきた。習俗儀礼はこのような生き方を民衆の生活様式に即して表現したものである。この場合は、死者（特に祖先）の霊魂への崇拝と自然信仰が融合し、神仏と死者が連続的にとらえられていることが注意される。いわば、祖先崇拝と自然崇拝を介して生死二つの世界が感応し合う魂のつながりに生きるのが、民衆的次元における生命的自然との一体化の生活であった。ここに日本的人間観の伝統の原型がある」［一二：一一二―一一三］と記している。

「日本的エートス」と言うのも、「神仏習合的エートス」と言うのも、「日本的人間観の伝統の原型」と言うのも、そう大きな違いはない。要するに、「生命的一体性において生きる世界」の確立、これが根幹であり核心なのである。これが日本文化と日本思想の原質であると湯浅は考えた。この時注意すべきは、その「生命的一体性」が「ひとつの「大いなる主体」としての「母なるもの」」によって支えられているという点だ。古語において「おや（親・祖）」という語は基本的に母親を意味するが、この〝原母〟的な生命観が海にも山にも向けられていて、それが時代が下って、いつしか龍宮の乙姫様や山姥の伝承になるのではないだろうか？

ともあれ、上記のような湯浅の神道論は適切であると思うし、その日本思想理解も大局的にバランスが取れていると思う。湯浅の言う「神仏習合的エートス」にとって、「平安仏教」と「修験道」は決定的に重要な意味を持っている。なぜなら、その主導者である最澄と空海の思想的導きによって、湯浅の言う「都の仏教」に対する日本独自の「山の仏教」が形成され、より具体的かつダイナミックに吉野熊野や比叡山や高野山の土着の神々と仏教的尊格とが共存・融合していくことになったからである。

湯浅は「かたち」と題する論考の中で次のように述べている。

> 奈良時代の仏教は、次の二つの流れに大別してみることができる。一つは「都の仏教」ともよぶべきもので、首都平城京を中心につくられた多くの大寺院に代表される。日本各地の国府に併設された国分寺はその末端組織である。それは、国家の財政的援助にもとづいて、中国の高度文明を受けいれる社会的文化的機能を果たした。今一つの流れは、筆者が「山の仏教」とよんでいるものである。奈良時代には、仏教の思想的影響を受けた多くの修行者たちが、日本各地の山々に入りこんで、仏教の修行法を実践し始めた。当時輸入された仏典の中には、アランニャ（人里離れた未開の地）に入って修行することをすすめた仏陀の教えがさまざまに説かれていたからである。（アランニャは山に限られるわけではないが、日本の地理的環境から、多くの場合、山々が修行の場としてえらばれた。）彼らは、僧侶の場合もあれば、俗人の場合もあった。この「山の仏教」の歴史的先駆者として、後世日本の庶民から崇拝されるようになった役小角（えんのおづぬ）は、当時の国家権力から迫害を受けた俗人修行者である。平安時代には、自然信仰特に山岳信仰と結びついた修験道が生まれるが、この宗派は役小角を開祖として崇拝している。その信仰は、神道的アニミズムと仏教的観念が結びついたものであって、霊的多神論ないし汎神論ともいうべき性格をそなえている。［九：五三八―五三九］

「都の仏教」に対して「山の仏教」の確立。その先駆者が役行者小角で、「神道的アニミズムと仏教的観念」を結びつけた。それが最澄と空海によってさらに体系的に、つまり思想的（教相的）にも実践的（事相的）にも大きく展開されたのである。

同様の指摘を、湯浅は「歴史と親和の心理学」と題した論考の中で、「古代神道の荒ぶる神々は、山野河海の至るところに住んでいる存在であったが、その伝統が最もつよく生きつづけていったのは山岳信仰の世界である。仏教と土着信仰の交流は、奈良朝の前後から活発になり、平安密教の神仏習合の習俗に受けつがれてゆくが、神仏習合的傾向が最もつよくあらわれているのは、いわゆる修験道である。修験道は古い山岳信仰と密教の融合から生まれた日本独特の神道的仏教ともいうべき宗派である。（宗派としての修験道は、密教と不即不離の関係にあったが、教団史的にみると両者は完全に一体化しているわけではない。しかし日本の密教はもともと「山の宗教」として発展し、山岳信仰と重層しながら形成されてきたものである。したがって修験道は後世、密教教団の中の特殊な一分派としてあつかわれるようになる）。そこで、神話的宇宙観と仏教の関係をみるには、山岳仏教としての密教や修験道の心理世界に立ち入ってみるのが適切であろう」［九：四五四―四五五］と書き記している。

これらの論点を踏まえて、湯浅は平安山岳仏教の比叡山モデルを生み出した最澄が必死になって作ろうとした大乗戒壇について次のように指摘している。

> 「戒」の元来の歴史的意味は僧侶の共同体であるサンガに入団を許される儀式にあるが、最澄は、戒の本質はサンガによる承認であるよりも前に、超越的次元に住む仏陀たちとの間で交わされるたましいの契約でなくてはならないと解する。（中略）
>
> 戒壇は元来、戒律を守る僧侶の人間的共同体であるサンガを象徴する設備であった。最澄はこれを、超越的な天上の仏陀とたましいの交流を結ぶ修行の場としてとらえ直したのである。彼は比叡山に戒壇を作った

とき、仏たちばかりでなく、比叡山に住む山の神々や精霊を祭り、また歴代の天皇たちの霊をも祭って、新しく建設される神聖な道場を守護してくれるようにと祈っている。ここには、霊的信仰を通じて古代神道と仏教的観念が融合し、また死者（祖先）の霊と現世の人びとが交流する心理的場がひらかれている。［九：五四〇］

このように最澄においても空海においても「霊的信仰を通じて古代神道と仏教的観念が融合」する過程と事例があったと湯浅は指摘する。そしてこの「霊的多神論ないし汎神論」を「仏教的観念」と明確に結びつけたのが曼荼羅の思想と図像であった。それが日本型多神多仏を生み出す揺籃となった。

湯浅は、「中国仏教」と「日本仏教」との違い、あるいは仏教の「中国化」と「日本化」の差異を、「中国仏教はいわば「禅化」することによって「中国化」したのであるが、日本仏教は「密教化」することによって「日本化」している。その一つの理由は、密教特有のマンダラに端的に示されているように、密教が仏教各派の中でも多神教の最も代表的な形態を示していたからであろう。神道は俗に「八百万神」とよばれるように、典型的な多神教である」［一〇：三二六―三二七］と述べている。つまり、「禅化」と「密教化」の違いが、「中国化」と「日本化」の違いであるという見方である。

より詳細に見れば、空海は唐で恵果阿闍梨から密教を継承したので、その当時は密教も隆盛していたが、その後、中国仏教は「禅化」が進み、朝鮮仏教もその点ではほぼ共通している。だが、日本ではその前に「密教化」が著しく進んだ。そこに、役小角、最澄、空海の存在があった。そして最澄門下の円仁や円珍と天台千日回峰行の祖とされる相応の存在があった。これによって、日本型「修行」の原基が形作られることになった。日本の神道と日本の密教との親和性は非常に強かったということになる。

湯浅は、「東洋の哲学の伝統では、「人生をどのように生きるべきか」という倫理的問いがまずその出発点におかれている。この問いに答えるための道程となり方法となるのが修行である」［一〇：五六四］と述べているが、これはブッダにおいても老子や孔子においても共通の「問い」であったと言える。だからこそ、生き方、倫理、修行や修養が不可分のものとして結びつき、それが「言語道断」の「体得・会得・体現」の重視となり、人格形成や倫理的行動との不分離が起ったのである。

湯浅はまた『身体論』「第二章　修行と身体」の中で、「修行の問題は、東洋の身心論の考察にとって重要な意義をもっている。しばらく常識的な理解に頼っていえば、修行とは、自己の精神あるいは人格の向上と発展を目指すための実践的訓練を意味する。ところが東洋思想の伝統では、――前章の考察からもその一端がうかがわれるように――身体と心を一体不可分のものとしてとらえる傾向が見出される。したがって修行は、身体の訓練を通じて精神の訓練と人格の向上を目指す実践的な企て、という意味を帯びてくる」［一四：二〇〇］とも、「修行とは、世俗的な日常経験の場における生活規範より以上のきびしい拘束を自己の心身に対して課することである。そしてそれによって、社会の平均的人間が送っている生き方より以上の「生」Leben mehr als に至ろうとすることである。「人格の向上」とか「人間形成」とよばれるものは、具体的には、このような意味の実践的訓練の過程を意味する」［一四：二一五］とも、「修行の究極の目的は「慧」、すなわち「無我」において存在の真相を見ることである」［一四：二一六］とも述べている。

このような「東洋の身心論」における「修行の問題」の考察を通して、湯浅は「メタフィジク」（物理の彼岸）を探究する西洋哲学と「メタサイキックス」（たましいの彼岸）あるいは「メタプシキカ」を探究する東洋哲学の出会いと接続によって「新しい哲学への道をひらき、また宗教と科学を調和する地平」［九：三七〇］へと導くことを企図したのである。これこそが湯浅にとっての「テオーリアの知とプラクシスの知の統合」の道であった。

この湯浅の探究は、一九八九年の「人体科学会」という総合的かつ学際的な学問的探究の地平を切り拓きはしたものの、まだまだ「宗教と科学を調和」させるまでには至っていない。そもそもはたして「宗教と科学を調和」

させることが可能なのかについても、さまざまに異なった議論があるだろう。
だがわたしたちは、この湯浅が切り拓いた学問的地平を吟味しつつさらに先まで果敢に辿ってみたいと思う。

おわりに

冒頭でも少し触れたが、湯浅泰雄は一九五〇年代から本山博の指導でクンダリーニ・ヨーガを実修していた。当時湯浅は、倫理学と日本思想史を専攻し、東京大学文学部倫理学科で助手を務めていた。ヨーガを始めた動機は「最初はともかく瞑想をやって悟りを得たいというような、非常に個人的な動機」（『科学とスピリチュアリティの時代』）であったという。哲学、倫理学、日本思想史を専攻し、特に実存主義や近代の哲学に関心を抱いて煩悶していた青年時代の湯浅泰雄にとって、これが「人体科学的関心」の幕開けであったと言えるだろう。

湯浅の思想関心のドライビングにおいて、ヨーガの実修から身体と修行と東洋思想の研究に赴き、それらが超心理学やユング心理学やニューエイジサイエンスの潮流を含む現代諸科学と合流しながら「人体科学」に行き着いたのは一つの必然であった。

ダライ・ラマ一四世は、仏教には宗教としての仏教と哲学としての仏教と科学としての仏教の三つの次元があると語っているが、それは「東洋思想」の多くに潜在している三つの次元である。わたし自身は神道においてすら、宗教的次元と哲学的次元と科学的次元があると思っているが、そのような三層性をほとんどすべての「東洋思想」が内在させている。その根本理由は、「東洋思想」が身体と場所あるいは関係性を思索と探究の出発点としているからであろう。身体を軸に探究を始める時、身体と心との関係、そしてそれらと霊性の関係を突き付けられるからである。つまり、心も魂もすべてが身体に集約され媒介されるということである。湯浅泰雄の関心もこの関係性と全体像にあった。

そのような湯浅の探究を意識し、引き継ぎながら、二〇〇六年から始めた科学研究費補助金「モノ学の構築——もののあはれから貫流する日本文明のモノ的創造力と感覚価値を検証する」（基盤B、二〇一〇年三月まで）も、二〇一一年から始めた科学研究費補助金「身心変容技法の比較宗教学——心と体とモノをつなぐワザの総合的研究」（基盤A、二〇一五年三月まで）もわたしなりの「人体科学」的問題の探究であった。人体科学が、「深層心理学・心身医学・精神医学・生命科学・物理科学・東洋医学・東洋宗教・気・霊性・超心理現象・健康・スポーツ・芸術・教育・文化・物心二元論の克服・人類の宗教意識活動・東洋と西洋の人間観・世界観の統合」を研究課題にしているとするならば、わたしも一貫してその課題を追求してきた。その過程で、『神界のフィールドワーク——霊学と民俗学の生成』（一九八五年）、『人体科学事始め——気を科学する』（一九九三年）、『宗教と霊性』（一九九五年）、『呪殺・魔境論』（二〇〇四年）、『霊性の文学誌』（二〇〇五年）、『講座スピリチュアル学第一巻　スピリチュアルケア』『第二巻　スピリチュアリティと医療・健康』（二〇一四年）などの著作を上梓してきたが、それらのテーマはみな人体科学会の探究課題であった。

思えば、湯浅泰雄・門脇佳吉両会長の放った問題提起は、実に大きく深く本質的であった。前掲科研「身心変容技法の比較宗教学——心と体とモノをつなぐワザの総合的研究」が本年三月に終わって、新たにこの四月から「身心変容技法と霊的暴力——宗教経験における負の感情の浄化のワザに関する総合的研究」（二〇一五年度—二〇一八年度、基盤A）をスタートさせた。これらの三つの科研のいずれもわたしが研究代表を務めている。わたしにとって、この「身心変容技法」研究が初期人体科学の創設者の湯浅泰雄と門脇佳吉の哲学的思想的科学的探究の継承となる。

この人体科学会設立者の両雄には、密教の教相と事相の如く、深く強靭な身体哲学の理論と実践があるが、その流れを次にどのような形で展開できるかが大きな課題となっている。

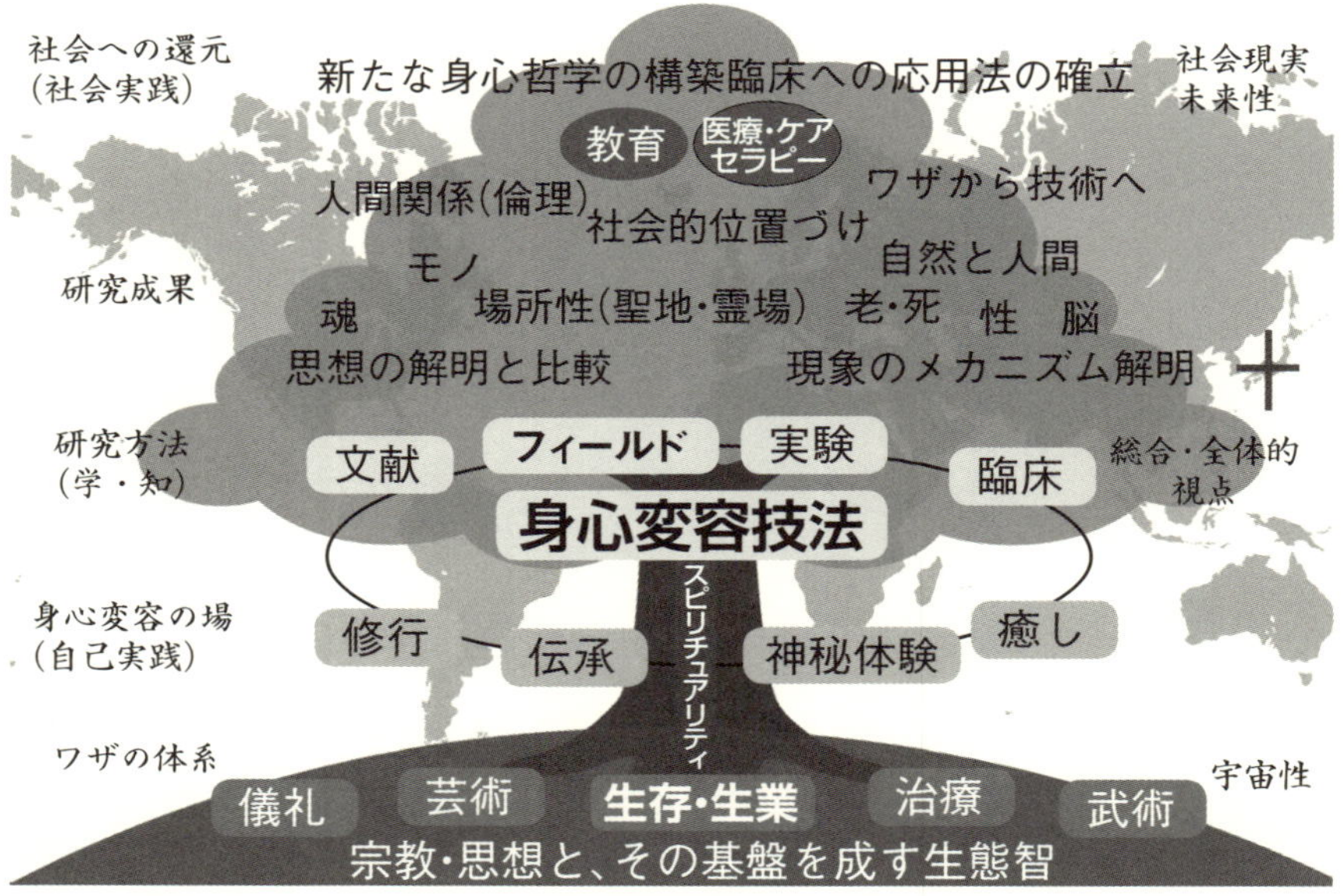

身心変容技法概念図
小西賢吾＋鎌田東二＋鶴岡賀雄＋津城寛文他作成

二〇世紀末の一九九〇年代、二一世紀は「心の世紀」になると期待された。だが現実には、未来社会へのグランドデザインは描けず、「心の荒廃」が社会問題となった。このような時代状況下、「心の荒廃」から抜け出ていくための宗教的リソースないしワザ（技術と知恵）として、「身心変容技法」に着目し、「心直し」と「世直し」に寄与しようと考えたのがわたしたちの「身心変容技法研究」の始まりである。

二一世紀を逞しく生き抜き、新文明を創造していくためには、新しい人間認識と身体論と感覚論が必要である。「身心変容技法」を通して人間の幸福と平和に結びつくワザを再認識し、各個の生の活力に目覚め、新しい大胆な価値の創造と表現ないし実践に取り組む必要を感じていたが、これは湯浅倫理学や湯浅人体科学の探究の延長線上にある。

わたしたちは、湯浅を念頭に置きつつも、そこにおいて、神秘思想における観想、仏教における止観や禅や密教の瞑想、修験道の奥駆けや峰入り、滝行、合気道や気功や太極拳などの各種武道・芸道等々、さまざまな「身心変容技法」の諸相（特色）と構造（文法）と可能性（応用性）を、文献研究・フィールド研究・実験研究・臨床研究の手法により総合的に解明し、現代を生きる個人が自分に合ったワザを見出し、活力を掘り起こしながらリアルな社会的現実を生き抜いていくことに資する研究成果を社会発信することを試み、原理的かつ事例的に創造力開発・研究とその実践ないし表現・制作に寄与することを目的として研究活動を実施し、その成果を研究年報『身心変容技法研究』（第一号―第四号、二〇一二年―二〇一五年）にまとめた。

そして、「身心変容技法」の理論的かつ実践的事例的研究に基づいて、二一世紀を生き抜く身心の活力と新文明創造に向けて、新しい人間認識と身体論と感覚論の深化と再編集を図った。研究領域としては、宗教学・美学・芸術学・比較文化論・比較文明論・脳科学・認知科学の観点と研究成果を取り入れて学際的に研究し議論し、方法論としては、文献・思想研究、フィールド研究、臨床研究、実験研究・表現研究を交錯させつつ、議論する手法を取ったが、これもまたこの二五年間の人体科学会の研究成果をわたしなりに継承したものである。

この探究をさらに日本の地から地道にまた過激に発信していきたい。

注

1　わたし自身は、湯浅泰雄とは若干異なった見方を拙著『神道とは何か――自然の霊性を感じて生きる』（ＰＨＰ新書、一九九〇年）や『神道のスピリチュアリティ』（作品社、二〇〇四年）や『神と仏の出逢う国』（角川選書、二〇〇九年）などで論じた。平田神道はいわゆる「国家神道」に流れ込むだけでなく、大本教のような「民衆神道」や「霊学」や「民俗学」にも流れ込んでいる。

参考文献

湯浅泰雄『神々の誕生――日本神話の思想史的研究』以文社、一九七二年。

湯浅泰雄『身体――東洋的身心論の試み』創文社、一九七七年。

湯浅泰雄『ユングとキリスト教』人文書院、一九七八年。

湯浅泰雄『ユングとヨーロッパ精神』人文書院、一九七九年。

湯浅泰雄『古代人の精神世界』ミネルヴァ書房、一九八〇年。

湯浅泰雄『東洋文化の深層――心理学と倫理学の間』名著刊行会、一九八二年。

湯浅泰雄『気・修行・身体』平河出版社、一九八六年。

湯浅泰雄『宗教経験と深層心理――自我・こころ・魂のエコロジー』名著刊行会、一九八九年。

湯浅泰雄『ユングと東洋』人文書院、一九八九年。

湯浅泰雄『「気」とは何か――人体が発するエネルギー』日本放送出版協会、一九九一年。

湯浅泰雄『身体の宇宙性――東洋と西洋』岩波書店、一九九四年。

湯浅泰雄『湯浅泰雄全集』全一八巻、白亜書房、ビイング・ネット・プレス、二〇〇三―二〇〇七年。

門脇佳吉『道の形而上学』岩波書店、一九八八年。

鎌田東二『人体科学事始め――気を科学する』読売新聞社、一九九三年。

鎌田東二『神界のフィールドワーク――霊学と民俗学の生成』創林社、一九八五年、青弓社、一九八七年。

鎌田東二『宗教と霊性』角川選書、一九九五年。

鎌田東二『呪殺・魔境論』集英社、二〇〇四年。（『「呪い」を解く』と改題して二〇一三年に文春文庫・文藝春秋社より再版）

鎌田東二『霊性の文学誌』作品社、二〇〇五年。（『霊性の文学　言霊の力』『霊性の文学　霊的人間』と改題して角川ソフィア文庫・KADOKAWAより再版）

鎌田東二企画・編『講座スピリチュアル学第一巻　スピリチュアルケア』『第二巻　スピリチュアリティと医療・健康』ビイング・ネット・プレス、二〇一四年。

第二章　湯浅泰雄と現代思想——湯浅泰雄の問いを受けて

湯浅泰雄の修行論と身体の知をめぐって

桑野　萌

はじめに

湯浅哲学はわたしたちに何を問いかけているか。また、現代を生きるわたしたちにとってどのような意味があるか。湯浅の哲学研究の中心的な課題の一つは、二元論の克服である。言い換えると、湯浅が生涯をかけて探究したのは、彼自身の生き方における哲学的思索と実践の一致であったといえる。すなわち、湯浅の学問研究を動機付けていたのは、自分はどのように大宇宙の意思に従って自然と調和しながら生きることができるかという問いにあったのではないかということである。この問いを出発点に湯浅は、心身二元論、物心二元論、理論（テオーリア）と実践（プラクシス）の分離を克服するための一つの手がかりとして身体論、心身関係論の問題を位置付け、東洋の知の伝統である修行法に着目した。

従って本論では、湯浅哲学の現代における意義について、身体の知と心身二元論克服の観点から述べたい。

湯浅哲学の特徴は、ある特定の専門領域を深めることよりも、自らの主体的な関心に従って、様々な専門領域と対話していく態度に特徴づけられる。この主体的な関心の核心は、「人生をいかに生きていったらよいか」という倫理的問いである。この倫理的な問いから出発して、湯浅の哲学研究は、エートスへの問いへと向けられていく。エートスへの問いとは、自己への問い、自分の根ざしている伝統文化への問いという、内なる自然、すなわち自己の本性への問いを指す。[1] 従って、湯浅にとって哲学を営むこととは、アカデミックな学問研究である以前に、主体的な関心に従って、様々な分野の思想家の思想を契機に、自らの問いを追求していくことであるといえる。

一　湯浅哲学における二元論克服と修行論

湯浅が提唱する二元論克服の道は、西洋の知の伝統の中に多くみられるように、二元論の対立概念としての唯物的一元論を打ち立て、心身は本来一元的か二元的か、と論じることを意味するのではない。中国や日本などの東洋の伝統文化思想においては、心身について論じるとき、このような二元対立を前提にしておらず、我々が日常的に体験している心身の二元性をどのようにして克服していくか、という実践的課題が問いの中心に据えられているという。この心身の二元性をいかに克服するかという実践的問いに対して自ずと浮き彫りになってくるのが、「修行の問題」である。つまり、東洋の知の伝統において理想とされている心身の一体化への道は、日常的な理解を修行や稽古を通しての実践的認識によってのみ到達することが可能になるのである。

二　湯浅にとって修行とは何だったのか

湯浅にとって修行とは何だったのか。あるいは、湯浅自身は修行をどのように捉えていたのか。湯浅の修行論の特徴は、修行という実践が人格変容あるいは倫理的に述べるなら人間形成、また心理学的に述べるなら自らのアイデンティティの問題と深く関係している点にあるといえる。ただしここで述べておかなければならないのは、湯浅の修行論は、仏教や密教などある特定の戒律における修行についての理論的考察ではない。むしろ、これらの修行の考え方を踏まえて、自らの修行論を構築したというべきであろう。さらにいうならば、湯浅の全生涯をかけての哲学的思索そのものが修行の道であったといえるのではないか、と筆者は考える。

湯浅は、修行について次のように述べている。

「修行とは、世俗的な日常経験の場における生活規範より以上のきびしい拘束を自己の心身に対して課することである。そしてそれによって、社会の平均的人間が送っている生き方より以上の「生」Leben mehr als に至ろうとすることである」[一四:二一五]。「社会の平均的人間が送っている生き方より以上の生に至ろうとすること」とは「人格の向上」を指すが湯浅がここで述べている「人格の向上」とは一体どのようなことだろうか。

別の箇所において湯浅は次のように述べている。

> (東洋の修行論においては)心身諸能力の訓練と向上は、どのような道を通って行われようとも、結局はすべて、一つの共通な中心である人格の核心にみちびいてゆかなくてはならない。[一四:三三三]

湯浅にとって「人格の核心に導いていくこと」とは、自分が本来の自分になっていくことを意味している。すなわち個としての自分が確立していくことである。このことは、生活規範より厳しい拘束を心身に対して課す、という実践を通して、人間の内面性の奥底にある「真の自己」を発見していく試みであるといえる。湯浅によると、東洋の知の伝統の特質の一つは、個の修行体験が哲学的思索の基礎に位置づけられていることであると述べている。このため湯浅の展開する倫理の問題は、常に心の内面的浄化と人格変容の現実的な体験を重要視すると同時に、超越の次元とも深く関係しているのである。

三　湯浅の修行論と身体技法論への歩み

湯浅の修行論を理解するためには、湯浅がどのような背景から論を展開したのかについて触れる必要がある。従ってここでは湯浅の生涯中、彼が修行と身体技法に関心をもつようになった契機と考えられる二つの出来事について取り上げたい。

まず一つ目は、ひとのみち教団との関係である。湯浅泰雄の父、真生は、ひとのみち教団の准教祖であり、湯浅泰雄は幼いとき、教団の方針により、寄宿舎で両親と離れて生活していた。この体験によって湯浅は信仰の問題や宗教に関心を抱くようになったという。もう一つは、一九五〇年代、東京大学文学部の倫理学助手に就任したころ、玉光教教祖の本山キヌエと本山博に出会ったことである。当時湯浅は、超心理学者であり、神道系教団の玉光神社宮司である本山博のもとでヨーガの瞑想法を学び、修行生活を送った。この修行生活の体験から、修行法や瞑想法などの心身訓練の技法についての研究をはじめ、同時に精神医学への関心をもつようになった。この頃から湯浅は、心理療法と東洋伝統における修行法の密接な関係に着目し、瞑想体験を心理療法と精神医学の観点から探求する中でユングの思想に関心をもったようである。湯浅の修行研究の中心的課題は、現代におけるその意味を問うところにある。この課題を実現するために湯浅は、精神医学や心理療法、ユングの思想を学ぶようになり、その一方で心身医学や東洋医学など身体をめぐる問題に関心をもつようになった。この時代の湯浅の修行という実践を通した自己の探究とそこから生じた学術的関心が、後に身体論、修行論へと結実し、気の科学の探究へと発展するのである。

このように、湯浅の主体的関心に従った学術研究の歩みの原点には自己への問いが見いだされる。自己への問いとは、真の自己を求めること、つまり「霊性（スピリチュアリティ）について問うこと」にほかならないのである。

四　身体の知と自己への問い

湯浅の実践知に基づいた学術研究の核となっていた「自己への問い」とはどのようなことを意味するのか。このことは、湯浅が哲学をどのように定義しているか、という問題と関わってくる。湯浅によると、哲学は、人間にとっての普遍的真理の追求を意味している。しかし、普遍的真理の探究は湯浅が著作『近代日本の哲学と実存思想』で指摘しているように、常に自己の属する現状に制約された状況、伝統文化の歴史性に支配されている中で行われるということも避けられない、と述べている。この意味で伝統文化、風土、言語などの探求は、世界における自分の立ち位置を発見していく営みである、といえる。

湯浅にとって哲学とは、「永遠を目指す思索の営みではあるが、同時に、常に現代の状況の中で行なわれるバベルの塔の石積みに似た哀しきくり返し」［一一：一三九］である。

湯浅は、哲学者の態度として、思索を通して普遍的真理を目指すという営みを肯定しながらも、普遍的真理への思索は常に自己反省的姿勢を経ることによって実現可能であるとしている。すなわち湯浅の日本思想史、東洋、西洋思想史、伝統文化の探求はまさに普遍的真理の探究に至るための「現代の状況の中で行われるバベルの塔の石積み」だったといえる。[2]

湯浅の「自己への問い」を出発点とした哲学的思索について、(1)彼の近代日本哲学論の中の和辻哲郎、西田幾多郎の思想　(2)湯浅における近代日本の哲学の継承と自己への問い　(3)湯浅哲学とスペイン哲学との関係から論じてみたい。

(1)　近代日本哲学論

湯浅の身体論、修行論を中心とする哲学的思考法は、近代日本哲学、とりわけ湯浅の師であった和辻哲郎と、西田幾多郎の思想に影響を受けている。湯浅によると和辻も西田も、西洋という異質な伝統文化との出会いを自らの問題として捉え、異文化との内的出会いを通して、日本哲学とは何かということについて探究した人物である。湯浅が近代日本哲学研究の中心的課題として関心を示していたのは、異質なものとの出会いを通して自らの伝統文化思想や宗教的次元を顧みる両者の思考様式を、どのように受け止め、継承していくかという点であった。この西田、和辻をはじめとした近代日本哲学論の中心テーマである「自己への問い」は湯浅の身体論の基盤となった。では和辻や西田の影響下において湯浅はどのように自己への問いを掘り下げていったのか。

まず自己への問いをめぐる、和辻の哲学的思考態度と、湯浅哲学の関係から見てみたい。

湯浅における「自己反省的姿勢」すなわち自らの属する伝統文化思想、風土への問いという現象学的アプローチを通して、自己を問う姿勢には和辻からの影響が見いだされる。湯浅も和辻同様、人間とは何かという問いの出発点として倫理学を据えている。ただし、湯浅の倫理学が和辻の倫理学と異なる点は、和辻が人間の探究をめぐって、伝統文化思想と風土という時空に根差した人間の日常性の次元、あるいは間柄を基盤とした人間社会という日常的事実の解釈学的理解に留まっているのに対して、湯浅はそこを超えた人間の深みの次元に到達しようと試みた点である。つまり、湯浅は「自分は人生をいかに生きるべきか」という実践的問いを通して、人間存在の究極の根拠、宗教の次元に至ろうとしたのである。湯浅にとって倫理学は、日常性を超えた宗教への問いと一体不可分の関係にある。では、その日常性を超えた、人間存在の究極の根拠へはどのように接近することが可能なのか。このことについて湯浅は、「みずから実存的に問うてゆくこと」[3]［一一：二五四］によってしか捉えることはできない、と述べている。

次に西田の哲学的思考態度との関係だが、この超越の次元への実存的問いに関して湯浅は、西田の哲学的思考態度を取り入れている。湯浅によると、西田は自らの参禅体験に基づいて、独自の形而上学の樹立を目指し、それによって西洋哲学をも乗り越えようとした人物である。西田の主要な功績は、西洋哲学の方法論を用いて、独自の東洋哲学体系の構築と展開を目指したところにある。具体的に述べると、西田は、日常的意識の次元の根底に見いだされる人間存在の根拠、（西田用語でいう「無の場所」）の探究を西洋哲学の体系、ことに西田の生きていた当時、哲学界に大きな影響を及ぼしていたカント主義の用語を用いて記述しようとしたのである。湯浅は、自己への問いをめぐって、とりわけこの西田の哲学的思考態度に着目した。それは、自己を能動的な主体としての自我ではなく、心身の内面の奥底に埋もれている受動的な自己と捉える立場である。この場合、人間存在の根拠である宗教的次元への探究は、人間の世界の外側に向かうのではなく、身体として存在する自己の内面へと向かう。すなわち湯浅は、和辻や西田が代表する近代日本哲学の思考法に、超越と内在との一体不可分性を見いだした。そしてこの超越と内在を媒介するのが身体であり、修行を中心とした実践は、ここに深く関わってくるのである。

(2)　湯浅における自己への問い

湯浅哲学において見いだされる近代日本哲学の遺産の一つとして取り上げられるのは、身体の問題である。湯浅は近代日本哲学者たちの思想を研究する中で、彼らの思考様式の根底に身体への着眼があることに注目した。この点に関して①日常的意識の次元の現実世界とその根底にある人間存在の根拠である超越的世界を媒介する身体と、②理論（テオーリア）と実践（プラクシス）の二元性克服のカギとしての身体、③現代においてその身体知をどのように継承し、表現していくか、という三つの側面から考察してみたい。[4]

①日常的意識の次元の現実世界とその根底にある人間存在の根拠である超越的世界を媒介する身体

和辻や、西田などの近代日本の哲学者たちの哲学的問いの土台となっているのは、実存思想、すなわち自己への問いである。湯浅によるとこの自己への問いの根底には、人間存在の根拠への問い、本来的自己への問いが見いだされる。例えば、西田における「無の場所」は「人間の日常的経験の世界そのものを成り立たせている根拠」［一四：一七二］を指す。[5] 西田は、人間主体としての自我意識である日常的自己を否定し、脱することによって、本来の生、ありのままの実在が立ち現れてくると考えていた。人間の日常経験の現実とそれを支えている根拠の超越的次元を媒介するものは何か。身体の問題はこの点に深く関わってくるのである。

②理論（テオーリア）と実践（プラクシス）の二元性の克服のカギとしての身体

次にテオーリアの知とプラクシスの知の関係から身体の知について見てみたい。湯浅によると、身体の知は、このテオーリアの知とプラクシスの知の関係を考えるにおいて核となる問題である。なお、ここでいうテオーリアとは西洋の伝統的存在論や形而上学に代表される理論的知であり、プラクシスとは、現実世界において、正しい行為や生き方をさぐる人間学としての倫理学を指している。ギリシア・キリスト教を中心とした西洋の文化伝統においては、テオーリアの知をプラクシスの知よりも優位に置く考え方が強い。この考え方は、特に西洋近代において、テオーリアの知とプラクシスの知の分離をもたらした。これに対して、和辻や西田の哲学的思索の基盤となっている東洋思想には、テオーリアとプラクシスの一致が見いだされる。また、湯浅にとって倫理学は、形而上学の問題と一体不可分の関係にある。湯浅は、倫理的実践の立ち位置が、この両者の関係を問い直すカギとなるのではないか、と考えた。湯浅によると西洋伝統思想におけるテオーリアとプラクシスの区分は、現象学や実存哲学の展開とともに、その伝統的区分が崩れ始めたという。これらの流れの中では、人間存在への問いとは、人間の現実存在の実存的問いから生じ、現実を通して展開すると考えるのである。つまり、現象学や実存哲学の考え方においては、人間本性の基盤をプラクシスとテオーリアの両者によって問う、ということになる。湯浅によるとこのことは、両者の区別が成立する前の根源的領域に立ち返ろうとしている傾向を示している。そしてこの両者の根源的一致の探究のための手掛かりとして身体に着目した。身体の知については認識論などの西洋近代思想以降、ほとんど注目されることがなかった。しかし、湯浅によると身体の問題は、テオーリアとプラクシスの一体化のカギとなるだけでなく、主観と客観の対立の克服へと導いてくれるという。なぜならば、わたしたちは身体において主観と客観の一体性を日常的に経験しているからである。湯浅の哲学的課題は、この日常的に経験されている身体を主体と客体の双方において経験している際の意味内容を明らかにしていくところからはじまっている。このことを今改めて問い直す時期にきているのではないだろうか。ことに湯浅が著書『宗教と科学の間』の序章「哲学の再生」で指摘しているように、一九七〇年代以降顕著となってきた環境破壊や教育、心の荒廃などの諸問題、また国際化時代において宗教、人種の摩擦や紛争の問題が深刻化する中で、身体を軸とし、テオーリアとプラクシスの関係を問い直すことは、今後ますます重要課題となってくるであろう［一七：二二四］。湯浅が、近代日本哲学の思考様式の根底に見いだされる儒教、仏教を中心とした東洋の伝統思想において培われてきた身体の知を現代において継承し、その意味を改めて問い直すことに意義を見いだしていたのも、現代の社会や世界とどう向き合っていくか、という湯浅の問題意識と深く関係しているように思う。

③現代においてその身体の知をどのように継承し、表現していくか

第三に現代における身体の知の継承と表現について湯浅がどのような問題意識をもっていたのかについて見てみたい。湯浅は西洋近代以降顕著となった心身二元論克服のために、東洋の伝統知である心身関係の捉え方を問いなおすことに重要な意義を見いだしていた。湯浅が、近代日本の哲学者らの哲学的思索の遺産を心身関係という点から継承したいと考えたのも、このような見地からである。例えば、西田哲学における、場所の経験について、すなわち、世界において人間として存在することの根拠である「無の場所」について心身関係に即してこの現代的意義を問い、再構成することは、これまで西洋世界を中心に支配されてきた哲学の知の伝統が終焉を迎えようとしている現代において、「哲学の再生」を促す一つの契機と考えたのではないだろうか。言い換えるなら、西洋思想史において支配的だったテオーリアの知がプラクシスの知に勝るという伝統が崩れ、「テオーリアの知の敗北」［一七：二二五］という時代を生きるわたしたちにとって、東洋の伝統文化思想の中で培われてきた身体の知を問い直すことは、新しい哲学的思索の在り方を探るカギとなるということではないか。

従って、湯浅の近代日本哲学論にとって重要なのは、近代日本哲学者らの思索そのものを対象にした体系的な研究や哲学批判ではなく、彼らの残した哲学的思索を現代においてどのように自分たちの問題として受け止め、継承していくかという問題である。このためには、今わたしたちが生きている世界に立ち現れている様々な現象に目をむけ、それらと対話するということが必要となる。もちろん、哲学者や哲学についての体系的な研究の重要性を否定するわけではないが、歴史的状況や文化という世界の現実を直視し、対話していく姿勢も哲学を営むものにとって大切なことであると筆者は考える。

湯浅は身体論、心身関係論を考察するに当たって、近代日本の哲学の身体観をはじめ、仏教における修行、芸道論、ベルクソンやメルロ＝ポンティの哲学的心身論、心理学、心身医学、深層心理学など様々な包括的な視点から心身関係に接近しようとした。それは東洋の伝統文化の遺産である身体の知について、ある特定の専門分

野の枠内のみでの考察に留まらず、分野の枠を超えた総合的な視座で対話し、その現代における意味を問おうとしたということではないだろうか。

(3)　自己への問いとスペイン哲学

筆者が自己への問い、人間への問い、伝統文化への問い、魂への問いという問題を中心に湯浅泰雄論を展開しているのは、スペイン哲学の影響がある。一つは、スペインの哲学者でイエズス会士のホアン・マシアの影響である。マシアは、同じイエズス会士のアンセルモ・マタイスとともに和辻哲郎の『風土』をスペインに紹介した人であり、日本においては、ミゲル・デ・ウナムーノの思想とスペイン哲学を紹介した人物である。[6]もう一つは、筆者が湯浅泰雄研究と同時に研究していた、スペインの思想家ペドロ・ライン＝エントラルゴの身体論を軸とした人間学の影響である。

従ってここでは、スペイン哲学における身体論を軸とした人間学を紹介しながら、湯浅における「自己への問い」を土台とした哲学的思索がわたしたちに何を問いかけているかについて考えてみたい。[7]

自己への問いという観点から、スペインの近現代哲学と、日本の近現代哲学の関係を見ていくと、両者の類似点が浮き彫りとなり、とても興味深い。その類似点とは、両者の哲学が、近代合理主義と自国の伝統文化の内なる出会いという内的な問いを基盤としている点である。つまり、近代合理主義という異質なものと向き合うことによって、自国の伝統文化を振り返り、この伝統文化の根底にあるいは自己の内面の根底に沈んでいる真の自己を見いだすことによって、独自の哲学を構築しようとした点である。

湯浅の著書において、スペインの思想家やスペイン哲学について論じられた箇所は少ないが、そのわずかな引用から、湯浅のスペイン哲学への関心を察することができる。[8]そこで、湯浅とスペイン哲学の交流の経緯についてここで少しだけ触れておく。

湯浅とスペイン哲学との関係は、一九六〇年代後半から七〇年代にかけて行われた、イエズス会のマタイス、マシアとの交流がきっかけとなった。

マシアは、実存主義をめぐる近代日本の哲学者らとウナムーノ、オルテガをはじめとする哲学者らの共通点に着目し、内的問いに即した哲学の在り方を浮き彫りにしようとした。とりわけ、思想史、風土、言語を通した自己への問いについて、ウナムーノと和辻の思想を比較している。例えば、ウナムーノと和辻の哲学的思索の大きな接点は、自国文化のアイデンティティの問題への強い関心である。和辻が人間とは何かについて問う時、それは同時に日本とは何か、わたしたちは何者か、わたしたちはどこに向かっているのかという問題を指す。同様にウナムーノがわたしとは何者か、と問う時、スペインとは何か、スペイン人とは何か、またバスク、カスティリア、ビルバオ、サラマンカの伝統と本質とは何かという問いと切り離すことができない。[9] ウナムーノが、カスティリアの風土に対する問いかけの中からスペイン的なるものの本質を問おうとしていたのと同様に、和辻の『風土』の中にも、日本とは何であるかという問いかけがみられる。人間存在の民族的特殊性の制約と人間的普遍性としての自由との関係をめぐる和辻哲郎とウナムーノの比較思想論は、一九七三年に三一書房から出版された、『人と思想：和辻哲郎』に収録されている。[10]

もう一つ筆者が「自己への問い」を中心とした人間探究に関心をもった背景に、医者であり、哲学者である、ラインの身体論との出会いがある。筆者がラインに対して特に関心を抱いた点は、ラインが身体に焦点を当てた哲学的人間学を展開している点である。ラインの身体論を軸とした人間学は、キリスト教を中心とした西洋の伝統知に基づく人間観と西洋医学の身体観、そして自然科学を基盤とした、西洋の伝統的思考法に基づいて構成されている。この意味において、湯浅の展開した身体論とは、全く異なる思想文化的背景の中で展開されたといえる。それにもかかわらず、ラインと湯浅泰雄の哲学的思考態度には、ある共通点が見いだされるのである。

その共通点とは、第一に、両者には、自分の人生をどのように生きていけばよいのか、自己とは何か、自己の根差している伝統文化とは何かという実存的問いが見いだされることである。戦争の時代を生きた両者には、このような自己を巡る問題を通して人間について問うことへの強い関心がうかがえる。ラインは、スペインの内戦（一九三六―一九三九）の時代を生き、戦争による人類共同体のカタストロフィを目の当たりにした。この体験からラインは「わたしたちは一体何を間違えたのか」、「スペインとは、スペイン人とは一体何なのか」と問わざるをえなかった。[11] 同じように戦中派の世代に属する湯浅も、終戦を迎えた当時、日本の古代史と神話研究を通して、日本の伝統文化への探究に強い関心を示していた。

第二に、両者の宗教的問いへの深い関心である。ラインの自己とは何か、人間とは何かという問いの思想的背景には、キリスト教の影響が見いだされる。とりわけ、フランシスコ会の愛の霊性と哲学との出会いは、ラインの哲学的人間学構築の基盤となったようである。ラインにとっての愛の霊性と哲学との出会いは、内的宗教性(religiosidad intrínseca)の発見であった。[12] 一方湯浅の身体論、修行論構築には、幼いころ関わっていたひとのみち教団と、玉光神社宮司の本山博との出会いが大きく影響している。両者の宗教の伝統的知恵を現代世界においてどのように解明していくかという問いの立て方は、この宗教的関心によるものと考えられる。

第三に、湯浅とラインは、身体論を軸とした心身二元論の克服を、哲学的思考の中心的課題に据えている点においても類似している。ラインは、科学的視座と、現象学的視座から身体とは何かを体系的に考察することを通して「私自身である身体」への問いに到達することを試みた。この試みを土台にし、二元論克服の立場から、総合的な視座に基づいた哲学的人間学構築を目指した。[13] 一方湯浅は、個の修行体験による身心の変容について、科学・倫理学・スピリチュアルの次元から探究しようとした。そして、主観と客観、心と身体、精神と物質という西洋近代的な二分法による考え方ではなく、個の実践的な修行体験を基盤とした包括的な人間観を提示した。

ここで筆者が注目したいのは、ラインと湯浅の学問研究の原点には共通して「自分とは何者なのか」また「自分はどう生きるべきか」という実存的な問いが見いだされることである。つまり、両者において哲学を営むことは、生き方と一体不可分の関係にあるということである。彼らにとって人間とは何かを問うことは、自分自身への問いに他ならないのである。ラインと湯浅のこのような内的な問いを出発点とした自己への問いが、自然科学・人間科学・医学など様々な専門領域の枠を超えた包括的な哲学的人間学構築へと結実したといえる。このような両者の二元論克服への歩みは、広い意味での修行の道であったといえるのではないだろうか。

五　新しい哲学への展望

湯浅は、西洋近代の二元論の問題点として、テオーリアとプラクシスの分離を指摘している。西洋の知の伝統において主流である「テオーリアの知とプラクシスの知を区別して、テオーリアの知をより価値あるものとみる態度」［一七：二二七］に対して湯浅は、東洋の知の伝統に立ち返り、「テオーリアの知は、もともとプラクシスから分離できないもの」であり、「テオーリアの基礎には、実は、それを支えているプラクシスがある」［一七：二二八］ことを指摘している。

このテオーリアの知とプラクシスの知の相互関係について、これまで述べてきた、自己への問いと身体の知をめぐる問題に即してもう少し深めてみたい。

まず、人間とは何か、自己とは何かという問いは、文化や歴史の多様性を超えた人類にとっての普遍的な問いである。これらの問いは、現実の歴史文化、風土、言語などの状況と多様性によって支えられている。つまり、このような人類にとっての普遍的真理への問いは、個々の人間が置かれている状況の多様性、すなわち時間、空間、言語を考慮することによってはじめて具体的な意味をもつ。なぜなら、わたしたちが科学・哲学・宗教学など様々な専門分野からの研究を通して感知できるのは、真理そのもの、あるいは人間、自己という抽象概念自体ではなくて、身心の変容、あるいは自己が根差している世界がどのように変化したかということである。このことについて湯浅は次のように述べている。

人間が理性によって考えるということは、世界の現実の中で——具体的にいえば歴史と文化の中で——考えることであって、われわれは、現実をこえた真空状態の中で考えるわけではありません。……理性は、歴史の動きの中で、また各民族の文化の伝統の中で、具体的な形をとってはたらくものです。理性や論理そのものは人間にとって普遍的であるとしても、それは、現実の歴史的状況と文化の多様性の中で、はじめてはたらくことができるのです。［一七：二二七―二二八］

この普遍的真理の探究と人間の根ざしている世界の関係についてラインは、彼の晩年の著作『人間とは何か』の中で、究極的な問いを前にして人間にとって最大限可能なのは、「問うこと」であると述べている。そして次のように述べている。

人間の理解において（合理的、明晰な命題など）確実なことは究極の一歩手前（penúltimo）であり、実在（realidad）とは何か、あるいは、実在するもの（カント流に言うならば物自体）とは何か、などの究極的なものに関する人間の知は常に不確実である。[14]

ラインは、生涯をかけて、自然科学・医学・哲学など様々な視点から身体を軸とした人間とは何かを追求し、晩年には人間の知にとって究極的な普遍的価値は常に不確実である、という結論に達した。彼が目指していたのは、「宗教的、不可知論的あるいは無神論的などのあらゆる究極的信念の枠を超えた科学的・哲学的人間観及び人類の進化論を探求することに対して最大限に取り組むこと」[15]である。このラインが提示している「究極的なものに対する人間の理解の不確実性」の問題は、湯浅が提唱した、身体技法と修行法に基づいた身体の知の問題と深く関係しているのではないだろうか。湯浅によると、東洋の伝統思想において、身体技法と修行の問題は人間の本性の探求へのカギとなっている。つまりこのような伝統下では、「「わざ」の習得は単に身体能力の訓練を意味するだけではなくて、その人の心そのものを訓練し、人格を向上させてゆくこと」［一七：二二九］を意味している。さらに、修行や稽古などの実践を通した心身一体化の探求は、究極的なものへの問い、すなわち超越の問題と密接に関わっている。超越への問いとは、自己の内面の奥に実在する、自己の原点、本性への問いである。東洋的知の伝統において究極なものへの問いは、理論的考察によってではなく、自己の魂をどのように導くか、という修行を通した実践的課題を中心に発展してきた。湯浅は、意識的な確信に基づいて探究される哲学ではなく、意識の奥に埋もれた隠された真の自己から見いだされる、人間経験の真の意味を追究するメタプシキカの道を提唱している。それは、個の修行体験から得られる心身の変容の体験知を、経験科学、深層心理学、現象学など様々なアプローチで記述することを通して、より高次のテオーリアの知に接近しようとする試みである。このことによって、東洋の伝統知によって培われてきた「テオーリアとプラクシスを分離しない知、あるいは、実践を通じて自分の心そのものを変容させる体験知としての一種の技術」［一七：二三〇］の在り方を示そうとしたのである。そしてこの新しい知の可能性を示すことが、近代以降顕著となった、物心二元論を基盤とする機械論的世界観を打開するカギとなると考えたのではないだろうか。このことについて湯浅は次のように述べている。

東洋の伝統的科学は、物質についてのテクノロジーでなくて、人体（心と身体）の「わざ」としてのテクノロジーを中心にして発達してきたともいえるであろう。したがって哲学は、メタ物理学（フィジック）ではなくてメタ人間学なの

である。メタ人間学とは、人間が真に人間として生きてゆくための道を求める実践的体験から生まれた知である。［一六：二三二］

つまり湯浅は、テオーリアとプラクシスの根源的一致を目指す知において「人間が真に人間として生きていくための道」を探ろうとしたのである。湯浅の生涯を通しての課題は、真の自己を探るためのカギとなる身体の知を世界へとそして、後の世代の哲学を営む研究者に伝達していくことを使命と感じていたのではないだろうか。そして、新しい技術文明と知との相互関係を再構成することこそ未来の哲学の在り方だと感じていたのであろう。湯浅が、自らの研究において哲学や宗教学など限られた専門分野だけではなく、深層心理学や経験科学を積極的に取り入れていた理由もこの点にあるのではないだろうか。

おわりに

湯浅が提示した身体の知に問題と二元論克服の道をわたしたちはどのように受け止め、どのように継承していくことができるだろうか。湯浅はギリシア以来の西洋の知の伝統である心身二元論、ないし物心二元論を克服するための一つの手がかりとして、東洋の知の伝統である修行論、身体論を展開している。東洋の知の伝統には、西洋の知の伝統にみられるような二元対立はなく、テオーリアとプラクシスは一体不可分の関係として捉えられているという。このようなテオーリアとプラクシスの根源的一致に基づいた東洋の伝統的知の在り方から東西の伝統文化の枠を超えた、普遍的価値観を追求することは可能だろうか。

湯浅は晩年、著書『哲学の誕生』においてスピリチュアリティについて論じる中で、福音書のイエスの癒しのわざについて言及している。「神の愛のあかし」である癒しのわざがイエス・キリストを信じる者だけでなく、全人類に及んでいるといったイエスの言葉の意味について湯浅は、心理学的観点から問うことが必要であると述べている。なぜなら「そこには、すべての人間のうちに霊性のはたらきが潜在することが示されている」［補完：五一六］からである。愛は様々な文化伝統の枠を超えた人間性に共通する普遍的な問題である。この湯浅の言及は、哲学を営むわたしたちにとってとても重要な問いかけであると思う。福音書で語られている「愛」は、イエスの癒しのわざをはじめとした「愛のあかし」を通して、具体的なかたちではたらき、人間に示されている。愛そのものは時間と空間を超えて、普遍的なものであっても、そのあかしの在り方は、個々の人間の根差している場の歴史文化的背景、環境、そして言語の中において問われるべきことなのであろう。

最後にこの「愛のあかし」の現代における意味について、ラインの言葉を引用しながらもう少し深めてみたい。ヨハネ福音書において「神は愛である」と記されている。後にある神学者らは神を無限の知恵を備え、無限の慈しみをもつ、全能・霊的存在である最高の存在者とした。しかし、ヨハネ福音書で描かれている「愛である神」とは一体何を示しているのか。ヨハネ福音書における神は、その存在を定義するための形而上学的な主体は必要とされず、「根源的な活動」として捉えられる。一方、後の神学の発展の中で、神は、ギリシア哲学的な存在の概念に当てはめられて考えられるようになった。こうして西洋思想史において神は、最高の愛、知恵、能力などを備えた「存在者」となった。しかしラインは、このような思弁的な捉え方は果たして適切であろうかと疑問を投げかけている。「神は愛である」という言葉を通して福音記者ヨハネが示していたのは、神は存在者以上の「何か」ということではないのか。従って、ラインはキリスト者にとっての神は、まず「愛する活力（ダイナミズム）」であると述べている[16]。つまりわたしたちは、イエスの癒しの物語が語っているように、「愛する」という具体的なはたらきかけにおいて、あるいは、愛されることによる個の身心変容の体験においてはじめて、神のはたらきを感知することができるということである。

東西の伝統文化のなかで継承されてきた癒しのわざや身体技法などがわたしたちにもたらす身心変容を様々な包括的な方法で記述し、その伝統的知恵の意味を問い直すことは、湯浅哲学を継承していく筆者にとっての重要課題の一つである。また、湯浅が提示したように、プラクシスとテクネーが一体化した形から出発し、世界の在り方を問う実践に基づいた知は、キリスト教世界にとっても、宗教の伝統的知恵と霊性の現代における意味をさぐるカギとなるのではないだろうか。

注

1　エートス（ethos）はギリシア語で、「慣習」や「特質」、「生き方」を意味する。湯浅は主に、思想史研究においてethosを、歴史の表層に展開する知的観念形態のそこに隠れている無定形の底流の部分という意味合いで使っている（『古代人の精神世界』ミネルヴァ書房、一九八〇年）。従ってここではエートスへの問いを、自らが属している世界すなわち文化的土壌、風土への問いとした。

2　「近代日本の哲学と実存思想」の解説は、黒木幹夫「『近代日本の哲学と実存思想』について」『湯浅泰雄全集』第一一巻、五一〇―五五二頁参照。

3　「和辻哲郎―近代日本哲学の運命―」『湯浅泰雄全集』第一三巻、ビイング・ネット・プレス、二〇〇八年、四四四―四五〇頁参照。また、和辻倫理学については、「倫理学」『和辻哲郎全集』第一〇巻、岩波書店、参照のこと。

4　テオーリアとプラクシスの一体化の問題をめぐっては、同書「近代日本の哲学と実存思想」及び「哲学の再生」（『宗教と科学の間』名著刊行会、一九九三年）『湯浅泰雄全集』第一七巻、ビイング・ネット・プレス、二〇一二年、二一六―二三三頁を参照。

5　西田幾多郎の場所の論理については『働くものからみるものへ』西田幾多郎全集第四巻、岩波書店、参照のこと。

6　和辻哲郎『風土』スペイン語訳（*Antropologia del paisaje: climas, culturas y religiones*）は、二〇〇六年にサラマンカEdiciones Sigueme から出版されている。また、ウナムーノとスペイン哲学については、J・マシア「ウナムーノとスペイン哲学」『実存主義』五四、一九七〇年、九七―一〇七頁。A・マタイス、J・マシア『ウナムーノ、オルテガの研究』以文社、一九七五年。J・マシア『ドン・キホーテの死生観―スペインの思想家ミゲル・デ・ウナムーノ』教友社、二〇〇三年、を参照のこと。

7 湯浅哲学とスペイン哲学の関係および、湯浅哲学のスペインにおける受容については、拙論"El 気 (=ki) en la filosofía de Yuasa : la unidad corpóreo espiritual como clave antropológica de la apertura personal a la trascendencia," *Universitat Ramon Llull*, 2012, pp. 37-40で紹介している。なお、この主な内容は、湯浅泰雄論の国外での研究報告として「スペインにおける湯浅泰雄論」(『人体科学』第二四巻第一号、二〇一五年)に掲載されている。

8 例えば、「東洋文化の深層―心理学と倫理学の間―」の序説の中で湯浅は、民族特殊性から人類的普遍性への道という観点から、真の普遍的思考へと近づく第一歩として自らの文化的土壌を深く反省するとともに外へ目を向けていくことの重要性を指摘している。この中でミゲル・デ・セルバンテスを例に挙げ、セルバンテスは、スペイン的であることを通して、スペイン的限界を超えた、普遍的人間観を生み出している、といっている(『湯浅泰雄全集』第五巻、白亜書房、二〇〇一年、二二一頁)。また、「哲学の再生」において、個別的専門化によって知についての統一的全体像が見失われている現代の学問の問題点を指摘する中で、スペイン哲学者オルテガの「知恵ある愚者」という言葉を引用している(「哲学の再生」湯浅、前掲書8、二二四頁)。

9 ミゲル・デ・ウナムーノと和辻哲郎の比較思想に関しては、J. Masiá,"Ensayos Hispano-Japoneses," *Universidad Sofía de Teología*, 1988, pp. 23-38. J・マシア「風土的な制約と人間の自由:ウナムーノと和辻について」『上智大学人間学紀要』二参照。

10 湯浅泰雄『人と思想:和辻哲郎』三一書房、一九七三年、三六一―三六七頁。

11 ラインの生涯と思想については、D.Gracia, *Voluntad de comprensión. La aventura intelectual de Pedro Laín Entralgo*, Madrid, Triacastela, 2010を参照。

12 P. Laín Entralgo, *Descargo de conciencia*, Barcelona, Barral, 1976 参照。

13 P. Laín Entralgo, *Cuerpo y alma*, Madrid, Espasa Calpe, 1991 参照。

14 P. Laín Entralgo, *Qué es el hombre: Evolución y sentido de la vida*, Oviedo. Nobel, 1999, pp. 7-8.

15 Idem., p. 7.

16 Laín, op. cit., *Qué es el hombre*, pp. 46-53 参照。

湯浅泰雄と近代日本の哲学――「宗教」への問いをめぐる和辻・西田との対決

杉本耕一

湯浅泰雄は、西田幾多郎や和辻哲郎をはじめとする近代日本の哲学に関して、多数の論文・著作の中で論じている。「実存」という問題に焦点を絞って近代日本の代表的な哲学者たちについて論じた『近代日本の哲学と実存思想』（一九七〇年）や師・和辻哲郎について包括的に論じた『和辻哲郎――近代日本哲学の運命』（一九八一年）は、近代日本の哲学を「学問的」に研究する体制が必ずしも充分に整っていなかった時期の先駆的な、また現在でも常に参照されるべき業績である。あるいは、主著『身体論』（一九七七年初版、一九九〇年改訂版）でも、日本の伝統的な身体論や現代哲学における身体論と並んで、和辻および西田の思想の検討がおこなわれている。湯浅はその意味で、近代日本の哲学のすぐれた研究者であった。

ただし湯浅が、近代日本の哲学を単に客観的・実証的な学問の対象とする研究者であっただけではなく、同時に、西田や和辻の流れを汲んで自ら思索する哲学者・思想家であったということは忘れられてはならない。近代日本の哲学者たちと哲学的課題を共有する湯浅は、東洋思想と西洋思想との両方向に目を向けながら、東洋・日本の思想に基づいて旧来の西洋哲学を問い直す新しい視座を提示しようとした。湯浅のその仕事の中には、西田や和辻ともまたちがった、湯浅独自の視点が見られる。その独自の視点は、過去の思想に取り組む思想史研究の中にも顔を覗かせており、それが湯浅の思想史研究を、単なる歴史研究以上に、現代的な関心に訴えかけるものにしている。

本稿では、湯浅のその独自の視点を、湯浅における西田や和辻との対決の検討を通して浮かび上がらせ、湯浅の仕事を近代日本の哲学の系譜の中に位置づけることを目指す。湯浅は、自身の師である和辻に対して、また、すでに高い評価を得ていた西田に対して、一方で自身の立場からその積極的意義を評価しつつも、同時にいくつかの箇所で敢然と対決し、批判を投げかけている。湯浅の論著を見てゆくと、それらの批判が、単に場当たり的な思いつきでの批判ではなく、湯浅自身の立脚地の本質に関わるものであることが分かる。湯浅の仕事の基盤となっている視座は、和辻や西田の仕事になお飽きたらない点を発見した湯浅が、それを自身の課題として自ら引き受けることによって、形成されていったものとして理解することができる。以下では、まず日本の哲学・思想を論ずる湯浅のスタンスの全般的な特徴を確認した上で（一）、湯浅における和辻との対決（二）、および西田との対決（三）の論点を明確に取り出す。そして、そこに映されている湯浅自身の立場について、「宗教」をどのように問うかという問題を軸に解明してゆく（四）。

一　湯浅泰雄の日本哲学・日本思想史論の特徴

湯浅の和辻論および西田論の検討に先立ち、湯浅の日本哲学・日本思想史論の全体的な特徴について一言しておきたい。湯浅は、『日本人の宗教意識』（一九八一年）の「序」において、「「日本思想史」という研究分野は、学問としてはかなり中途半端なものである」［一〇：二九〇］という印象を吐露している。このように言われるときに念頭に置かれているのは、一つには、「国史学や国文学」との対比である。これらの学問と比べると、当時の「日本思想史」研究は、「厳密な文献学的実証という基礎作業の場をふまえているわけではない」［一〇：二九二］と言わざるをえないものであった。別の分野の研究者や一般の評論家、ジャーナリズムからの発言も多く出されている中で、学問としての専門性が必ずしも十分に確立されていない面があり、その点に関して、「日本思想史」研究者としての湯浅は、時にコンプレックスを感ずることもあったようである。

湯浅が「日本思想史」研究に中途半端さを感じたのは、もう一つに、「哲学」研究との対比においてである。日本では、明治以降の近代化がもっぱら西洋近代思想を受容することであったという事情もあり、「哲学」という語がもっぱら「西洋哲学」の意味に限定されて用いられてきた。そのため、「哲学」研究という学問領域が確立されると同時に、日本の伝統思想としての神道・儒教・仏教などは、「哲学」ではないとして切り捨てられることになる。そういう状況の中で、日本の伝統思想について研究する場合には、「日本哲学」という呼称が避けられ、「「日本思想」というあいまいな用語」［同］が択ばれる。そういうあいまいなものとして「哲学」研究の領域にも入れてもらえなかった日本の思想の研究は、哲・史・文という旧来の文学部の学科の枠組のどこにも場所を見出すことができず、「アカデミズムの世界から追い出され」［一〇：二九二］ているかのような状況になる。

これはあくまでも、この文章が書かれた時点での日本思想史研究の状況についての印象であり、現在ではいくつかの点で状況は変わっている。おそらく現在の日本思想史研究は、「厳密な文献的実証」という点で当時よりも相当に進歩しているであろう。ただし、「厳密な文献的実証」が強調されるあまり、全体的な見通しや各思想の現代的意義などに立ち入ることが忌避され、「日本思想史」という専門領域において、「思想」的「哲学」的なアプローチが受け入れられる余地は一層小さくなっていると言えるかもしれない。また、「哲学」研究としてはもっぱら西洋哲学が扱われるという状況は、大体において今も続いており、この領域でも、日本の思想についての「思想」的「哲学」的な研究は受け入れられにくい。近代日本の「哲学」を扱う研究は増えつつあるが、「哲学」研究としておこなわれる際には、多くの場合西洋哲学史研究を範とした方法が前提とされ、伝統思想とのつながりということも含め、近代日本の哲学者たちがもっていた狭義の「哲学」に収まりきらない面について論ずることは、今もむしろ敬遠されることが多い。

湯浅は、日本思想史研究に専門的な学問として中途半端な面があるということについて、上述のようにある種のコンプレックスを感じていたのだが、同時に、それが「ある意味での強味になる可能性もないではない」［一〇：二九三］と考える。そこでは「タコツボ型の研究分野にない刺激やひろい発想」［一〇：二九二］が生れる可能性が期待されるからである。多分野にわたる研究領域との交渉をおこない、また、広く学会以外の読書人に受け入れられた湯浅の業績は、すぐれた形でこの可能性が実現されたものであると言うことができるであろう。なお、湯浅が、専門外あるいは学界外とも共有できるような日本思想史研究を試みるに当たっても、その「学問」としての基礎に常に注意を払っていたということは忘れられてはならない。「単なる思いつきや、ジャーナリズムの大勢にふりまわされた妙なものに」［同］なってしまわないためにも、「学問」「研究」としての姿勢を見定めておく必要があると言われる。湯浅は、扱おうとする思想にふさわしい、新たな「学問」「研究」の方法を常に模索しつづけた。たとえば、深層心理学を参照した湯浅独特の日本思想・東洋思想研究は、まさにその成果であると言える。

本稿で焦点を当てる近代日本哲学の研究においても、湯浅は、アカデミズムの内部での議論に制約されることなく、より広い視野で対象の本質をとらえてゆこうとする。湯浅は、『近代日本の哲学と実存思想』における自身のスタンスとして、「私はそういうアカデミックな学問的関心よりも、私自身の非学問的な、よくいえば主体的な関心にしたがって考えてみたい」［一一：一四一］という立場をはっきりと打ち出す。同書においては、湯浅自身の関心に基づき、近代日本の哲学における「実存」思想が、各々のテキストの表面に現れている以上に鋭く描き出されている。あるいは『身体論』においても、たとえば西田について論ずるにあたって、「現代哲学の立場から彼の思想を再評価しようとする場合、単にその哲学を忠実に紹介するという姿勢で近づいたのでは、彼の思索のもつ意義を十分に明らかにしにくい。そこで私は、西田の根本思想をふまえつつ、私なりの立場から以下に自由な解釈を試みることにしたい」［一四：一六二］ということが言われる。思想の影響関係を詮索することに終始する思想史研究や単に複数の思想を並べることで事足れりとする比較思想研究ではなく、研究者自身の関心を前面に押し立てた研究が、そこで目指されていることが分かる。

二　和辻哲郎との対決

湯浅における近代日本哲学研究として、まずは和辻研究を取り上げ、そこで敢行されている思想的対決に焦点を当てよう。[1]『和辻哲郎——近代日本哲学の運命』は、多方面にわたって業績を残した和辻の思想の全体像を、伝記的な事実や時代との関わりなどにも目を配りながら丁寧に描いた著作である。前章で述べたような主体的なスタンスは本書においても一貫されており、和辻の思想の根幹に関わるような批判がいくつか提示されている。以下では、『近代日本の哲学と実存思想』における和辻論なども参照しながら、湯浅による和辻批判の論点の所在を明らかにしてゆく。

湯浅の和辻批判の論点としてまず注目したいのは、「自我」の問題をめぐる論点である。湯浅は言う、「和辻哲郎の思想形成には、ある謎がかくされているようである。青年時代の彼は、実存思想の精力的な紹介者であり研究者であった。そしてまた、それにふさわしい情熱的な「自我の価値と運命と」の追求者であった。ところが、完成期のいわゆる和辻倫理学の体系では、自我の問題は一切追放されてしまっている」［一一：二三四］。

ここで言われているように、青年時代の和辻は、哲学研究者としては、『ニイチェ研究』（一九一三年）『ゼェレン・キェルケゴール』（一九一五年）といった著作に見られるように、最新の実存思想をいち早く日本に紹介する仕事をおこなっていた。その仕事が、何よりも和辻自身の「自我」の問題への強い関心を背景とするものであったことは、そのころに書かれ、『偶像再興』に収録されたエッセイからも読み取ることができる。和辻は、自身が「生まれながらの反逆者」であり、「道徳と名のつくものを蔑視することに異常な興味を覚えた」〔和辻一七：一五〕ことを告白している。若き日の和辻の「自我」は、旧来の道徳の枠内に収まることを拒否し、場合によっては享楽主義に流れるところまで横溢することもあった。上記の西洋の実存思想を紹介する研究書も、『ゼェレン・キェルケゴール』の「自序」において言われているように、「私は自分の問題と彼の問題とがきわめて近似していることを感じた。ついには彼の内に自分の問題のみを見た」〔和辻一：四〇九〕という極めて主体的なスタンスで書かれている。

ところが、『倫理学』（一九三七―四九年）において体系的な思想を展開する完成期の思想においては、「自我」の問題が一切追放されてしまっていると湯浅は言う。和辻倫理学の基本的な発想は、西洋近代思想が人間を「個人」としてのみとらえ、倫理学を単に個人意識の問題とするのを批判し、人間をあくまでも人と人との間、「間柄」としてとらえようとするところにある。我々は日常生活においては、常に「間柄」において、何らかの役割（ペルソナ）として生きている。和辻はあくまでもその日常経験を基盤として、「倫理学」の体系を打ち立てることを試みる。ただそのために、人間の実存的な「自我」としてのあり方が取り逃がされてしまっているというのが湯浅の批判である。湯浅の関心は、実存的な「自我」が直面せざるをえない「根源悪とか宗教的罪意識とか苦悩」〔一三：四五六〕「生のくらい非合理な情念や欲望」〔一三：四五七〕に向けられているのであるが、和辻倫理学はそれらの問題に正面から取り組むことがない。和辻においては、それらの問題は、「日常的経験の場である間柄から離脱しようとするために起る一種の仮象」〔一三：四五六〕とみなされて終わってしまう。

湯浅は、なぜ完成期の和辻の思想では「自我」の問題が失われていったのかと問い、一つの仮説を提示する。湯浅の仮説の中心に置かれるのは、『原始仏教の実践哲学』（一九二七年）をはじめとする仏教思想研究、中でも「無我」の思想の研究である。「和辻は……自我意識の立場を一切の哲学的考察の出発点から排除する。この場合の自我意識は、さし当たっては近代認識論でいう理性的自我をさすが、彼は『風土』の序にもみえたように、ハイデガーの現存在やディルタイの生の体験のような、いわば情念的性格をもつ自我ないし主体の立場までも、西洋近世の個人意識の系譜をひくものとして、結局はしりぞけるのである。これは『原始仏教の実践哲学』において「無我」をつきとめて以来、彼があまりにも情念的な若い日の自分の姿を嫌悪した結果である、と私は解した。和辻倫理学の問題点は、基本的にはここに根をもっている」〔一一：二四六〕。和辻における「自我」の問題の敬遠――認識論上の理性的自我（「考えるもの」としての我）だけではなく、実存的な情念的自我までもが斥けられてしまっていることを、湯浅は問題視している――の由来が、学問的な背景としては仏教思想研究において究明された「無我」の立場に、和辻個人の事情としては青年時代のあまりに強かった情念的態度への自己嫌悪に、それぞれ求められている。

「無我」の思想への注目が「自我」の問題への関心を薄れさせたというのは、理屈としては分かりやすい。ただしここでの事情は、もう少し複雑である。仏教は確かに「無我」を説くものであるが、だからといって、それは必ずしも「自我」への関心を排除するものではない。むしろ、現実の世界に生きる人間がもたざるをえない苦悩や罪意識から出発し、そこからの解放を求める宗教として、仏教が取り組む問題は、一面においてはあくまでも実存的な「自我」の問題であると言うこともできる。湯浅の理解でも、和辻が仏教思想研究において「自我」の問題への関心を失っていったということが、仏教思想そのものに由来する問題点としてよりも、和辻固有の仏教理解に潜む問題点としてとらえられている。

湯浅は、『原始仏教の実践哲学』における和辻の仏教理解を検討し、「彼が、無我を単に〈日常的経験において無我となること〉と解している」〔一一：二四二〕点に根本的な問題があるとする。和辻は、原始仏教の「根本的立場」を「計我」に対する「無我」の立場に見出す。湯浅の要約に従えば、我々の日常的経験に基礎を置く「自然的立場」としての「計我」の立場が、「「我」を立てて、主観―客観の対立から世界をとらえる」立場であるのに対して、

「自我と外界、主観と客観の対立をぬき去った立場から日常経験をとらえる」のが「無我」の立場である[2]［一一：二三九］。湯浅は、和辻が理解する「無我」の立場の特徴は、それがあくまでも日常的世界における認識や実践の立場としてとらえられているところにあると見る。湯浅も、仏教の一面にそのような教えが含まれていることを認めるのであるが、その視点のみでは、「仏教の本質は日常倫理に還元され、その宗教性は全く失われてしまう」［一三：二八五］として和辻の仏教理解に反対する。湯浅としては、仏教を論ずるにあたってはやはりその「宗教」性、すなわち「日常的（世俗的）経験の場を超えてゆこうとする出家修行の伝統」［一三：二八三］、あるいは「自我意識の見えざる根底に潜在するリビドの領域……をこえて、人間性の底にかくれた超越的な宗教体験の領域……に至ること」［一三：二八四］が核心であると考えるからである。

和辻において「宗教」の問題への関心が一貫して稀薄であったということは、湯浅の和辻批判のもう一つの大きな論点である。そして「宗教」の問題をめぐる論点と先に挙げた「自我」の問題をめぐる論点とは、根を同じくしている。日常的な世界を越えた「宗教」への問いは、日常的な世界におけるあり方を越えて実存的な「自我」の究極の根拠を問おうとする問いの中からこそ出てくるものであり、後者の問いなしには前者の問いもありえないと考えられるからである。その意味では、単に仏教的な「無我」の思想を理論的に研究したから「自我」の立場が排除されたというよりは、和辻が仏教研究を進めている頃には、先に少し触れた青年時代のあまりに情念的な態度への自己嫌悪もあってか、すでに「自我」の問題に距離を置く態度が強くなっており[3]、実存的に「宗教」を求める「自我」の問題を除外して仏教を研究しようとする態度が形成されていたと言うべきであろう。

和辻における「宗教」の問題への関心の稀薄さ、およびその底にある「自我」の問題への関心の稀薄さについて、湯浅は以下のようにまとめている。「和辻には、西田や波多野のように、宗教に対する主体的な関心はなかった。彼の倫理学体系では宗教は文化共同体の段階に属し、国家よりも下にある。……彼が宗教に関心をもたなかったことは、結局、一切の自我意識の立場を排除したという、前述の根本的問題点につながるであろう。なぜなら、文化活動に還元できない宗教の本質は、自我の存在の究極の根拠への問いかけにつながるものだからである」［一一：二五四］。ここでは、和辻の『倫理学』における「宗教」の扱いをめぐる批判が出され、それが和辻の思考態度の根本的な特徴としての「自我」の立場の排除とつなげられている。

『倫理学』でも、宗教的な実存として徹底される個人的な「自我」について触れられていないわけではない。和辻は、「神の前に立つことにおいてのみ個人となる」［和辻一〇：八五］というキェルケゴールの思想や「絶対境に到達しようとしてあらゆる人間的資格を放擲した仏徒」［和辻一〇：七一］に言及する。一見したところそこでは、孤立的な個人が絶対的なものに触れるというあり方が現成しているようにも見えるが、和辻の理解では、そこで起こっているのは、個人が「神」とか「空」として現れている「絶対的全体性」に従属しきっているという事態以外ではない。しかも和辻は、そういった宗教的な意味を帯びた「絶対的全体性」について解釈するときも、「間柄」の中での日常的世界に引き戻して理解する。湯浅のまとめに従えば、和辻の考えでは、「宗教というものは、神とか空とかいった「無限なる絶対的全体性」を追求しているつもりであっても、実際はすべて「有限なる人間的全体性」――たとえば部族とか民族といった日常的世界における「間柄」――をとらえているにすぎない」［一三：四四九］ことになる。

三　西田幾多郎との対決

以上のところでは、湯浅における和辻との対決の論点として、「自我」の問題と「宗教」の問題とに焦点を当てた。「自我」と「宗教」と言えば、近代日本の哲学の中で、これらの立場を特に強く打ち出した哲学の一つが西田哲学であるということはまちがいない。西田は、最晩年の宗教論の中で次のように述べている。「如何なる場合に、我々に宗教問題と云ふものが起るのであるか。宗教心と云ふものは、如何なる場合に、意識せられるのであるか。宗教の問題は、価値の問題ではない。我々が、我々の自己の根柢に、深き自己矛盾を意識した時、我々が自己の自己矛盾的存在たることを自覚した時、我々の自己の存在そのものが問題となるのである」［西田一一：三九四］。西田がここで「宗教」の問題、あるいは「宗教心」というとき、和辻が「間柄」の世界としてとらえた日常の世界の内部には解消することのできない「宗教」固有の問題が見据えられている。現実の世界に生きる我々は、しばしば、とりわけ日常の「間柄」の世界の内部に居場所を見失ったときなど、その世界を越え出た何者かを切実に求めざるをえない。我々に起こってくるそのような心が「宗教心」である。

西田の考えでは、我々が「宗教」を求めるということは、決して現実の世界からの逃避ではない。我々が生きているこの現実の世界がそもそも、それを越えたものとの関係において成立しているのであるから、我々はむしろ、現実をどこまでもリアルに見据えてゆくときにこそ、「宗教」の問題に接近してゆく。先の引用にあるように、そのことを何よりも明確に示しているのが我々の「自己」の構造である。西田によれば、我々の「自己」は、その根柢に「矛盾」を含み、「自己」を否定するものとの関係——具体的には「他者」との関係を考えることもできるであろうし、「世界」との関係とか「神」との関係ということを考えることもできるであろう——においてのみ、「自己」が「自己」であるという構造をもっている。そのため、我々の「自己」は、「自己」自身を徹底的に見つめてゆき、その根柢にある「自己矛盾」を徹底して認識するとき、「自己」を越えたところから「自己」を成立せしめている何者かを求める心、すなわち「宗教的要求」にとらえられざるをえない。このように考えると、西田哲学はまさに、和辻において稀薄であると言われた「自己」の問題と「宗教」の問題とを基軸とする哲学であると言うことができる。

湯浅も、そういうところにつながる西田の思想を評価する。たとえば『身体論』では、西田の「行為的直観」の思想が、「宗教」の次元につながる深層において「自我」をとらえたものとして積極的に評価されている。湯浅は、たとえば西田の次のような思想に注目する。「我々の身体的自己は歴史的世界に於ての創造的要素として、歴史的生命は我々の身体を通じて自己自身を実現するのである。……世界に没入するといふことは、身体がなくなるといふことではない、単に一般的となることではない。却つてそれが深くなることである」〔西田八：三三五〕。ここで「自己」と言われているのは、「考えるもの」としての理性的自己でないのはもちろん、「身体的自己」といっても、我々が日常において前提している、外界と区別された「自己」に属する身体を意味するものでもない。むしろ、歴史的世界における「自己」の深層に潜む、主体としての自我意識が没せられた境地が見据えられている。その次元にまで深まった「自己」においては、「身体」を通じて、「日常的自己をこえた大いなる力が自己の中にあふれ、自己を突き動かす力として内から能動してくる」〔一四：一八七〕というはたらきが起こってくる。湯浅はそこに、宗教的な次元で実現される「心身一如」の境地を読み取る。

湯浅はこのように、西田哲学において、「自我」のあり方が徹底して究明され、その深層にまで達することにおいて「宗教」につながる次元がとらえられていることを高く評価する。その意味で、湯浅が和辻の思想に満足できなかった論点としての「自我」の問題と「宗教」の問題とに関しては、湯浅と西田とが見ようとしているものは重なっている。しかし一方で、両者が立っている場所にかなりのズレがあるということも事実である。実際湯浅は、西田哲学に対してもいくつかの視点から批判を加えている。[4]

湯浅の西田哲学批判の論点の一つは、西田哲学の方法に関するものである。西田は「心理主義」を否定して（『善の研究』「版を新にするに当つて」参照）、「場所の論理」と呼ばれるような独自の「論理」の究明を課題としてゆくのであるが、湯浅は、扱っている内容に対してその方法が本当に適切だったかと、疑問を投げかける。西田が「論理」ということを重視せざるをえなかったのは、新カント派の影響力が強かった当時の日本の哲学界の流行を背景としている。しかし湯浅は、西田が「行為的直観」という概念によって論じようとした事柄は、「論理」的な論述では本質的に扱いきれないものであり、それをあえて「論理」として論じたために、議論が抽象的なものになってしまったのではないか、と問いかける。「禅体験の内容を知的思弁によって論理化しようとする企ては、問題の本末を転倒した態度におちいるのではないか……心理学的体験的研究を介しないで、単に知的論証のみにもとづいてその意味を解明しようとすることは、難解な思弁のもうろうたる霧の中に迷いこむ結果になるであろう」［一四：一九三］。

湯浅による西田哲学批判の論点としてもう一点、本稿で問題にしてきた「宗教」の問題とより直接的に関連する論点を取り上げたい。それは、日常的世界の次元での経験と宗教的な次元での経験との区別に関する論点である。先に、「宗教」の次元につながる「自己」の深層における「行為的直観」について論じたが、西田の「行為的直観」は、そのような宗教的な次元での自己のあり方のみを表すものではない。「行為的直観」という概念は、日常の世界における自己のあり方――自己と自己の外とを区別し、自己が自己の外なる物に対してはたらきかけると同時に物が自己に対してはたらきかけてくるのを見るというあり方――についても用いられている。湯浅においては、その点が問題視される。「西田の議論においては、日常的経験と場所的経験の次元の区別が明確でない。われわれは時として西田自身の説くところから逸脱しながら、二つの次元の差を明確にし、それによってハイデガーやフッサールとのちがいをとらえようと試みた。そうしないかぎり、西田の議論は難解な思弁の霧の中に消えてしまうからである」［一四：一九一］。湯浅は西田の思想を検討するにあたって、西田においては明確には言われていない二つの次元の区別を立てる。「西田自身の説くところを逸脱しながら」の考察であることを自覚しながらあえてそのように論じてゆくところには、湯浅自身の強い問題意識がうかがわれる。

湯浅のその問題意識は、次のように言われるときに一層明瞭になる。「西田は、われわれはいかにして日常的経験の次元から場所的経験の次元へ移行することができるのかという問題を、問題として自覚的に提出していないと言ってもよいであろう。しかし身体論の見地からみる場合、この移行過程には、心身関係のとらえ方に関して重大な思考態度の転回があると思われるのである。そしてそれと同時に、自我意識の立場に立つ日常的思考様式の克服と否定が要求されるものと考えられる」［一四：一九二］。湯浅が日常的経験の次元と宗教的経験の次元とを区別しなければならないと考えるのは、その区別が「宗教」の核心に関わる区別であると考えられるからである。日常的世界に生きている我々が、どのようにしてその日常的なあり方――「自我意識」を前提としたあり方――を克服し、それとは区別される「宗教」的経験の次元に移行することができるか。西田の宗教論において十分に論ぜられることがなかったこの点にこそ、湯浅が求めている「宗教」の核心がある。

四　和辻および西田との対決に映される湯浅の課題――「宗教」をどのように問うか

近代日本哲学の両巨頭とも言うべき和辻および西田に対して、湯浅がどのように対決したのか、その論点の所在が以上の考察によって明らかとなったであろう。その対決の中には、和辻や西田と問題を共有しつつも独自の考察を進めてゆく湯浅自身の課題が映し出されている。とりわけ、「宗教」の問題をどのように問うかということをめぐって、和辻とも西田とも異なる湯浅の立場が、両者との対比によって浮かび上がってくる。

すでに述べたように湯浅は、和辻における「宗教」への主体的関心の稀薄さは、「自我」の問題への実存的関心の稀薄さに由来すると考えていた。したがって湯浅は、和辻が「宗教」を問題にする際の問い方そのものについても疑問を呈せざるをえない。「和辻の考察態度に対する方法論的な疑問は、……彼が常に傍観者的立場に身をおいて、主体的（実存的）なとりくみ方をしないところにある。宗教の場合についても、彼は主体の「作るはたらき」は全く無視して、「作られたもの」としての宗教的文化財の意味だけをとりあげている。しかし、「作るはたらき」がなければ、「作られたもの」もあり得ない筈である」［一三：四六五］。和辻は、さまざまな著作の中で仏教について論じているが、そこで論ぜられる仏教は、たとえば『古寺巡礼』において美的な鑑賞の対象となる仏像にしても、『原始仏教の実践哲学』で検討される原始仏教の教義体系にしても、すでに「作られたもの」としての仏教文化に限られている。和辻においては、それらを作り出し、あるいは信仰してきた一人一人の主体的な「作るはたらき」がほとんど無視されていると湯浅は主張する。

湯浅は、上記のような和辻の宗教論に対比する形で、自身が目指す「宗教」の問題の問い方を打ち出す。「われわれの自我意識の根底には、和辻が切ってすてたような、さまざまの暗黒な生の情念の領域がある。宗教的な罪意識や苦悩は、そういう日常的経験の場から隠れた深層領域への問いかけと共に始まる。筆者が深層心理学や精神病理学の研究を重視するのはそのためである」〔一三：四六六〕。宗教を、すでに歴史的に形成され、客観的な外形をとって現れているかぎりで問題にするのではなく、「深層心理学」や「精神病理学」の知見を用いて、それぞれの「宗教」を生み出し、あるいは伝えてきた人々の「自我」の深層に踏み込むような宗教研究を、湯浅は目指している。『宗教体験と深層心理』（一九六四年初版、一九八九年改版。全集二巻）はその原理論と言うことができるであろうし、『日本人の宗教意識』はその立場から日本の宗教を思想史的に考察した成果である。

「宗教」をどのように問うかということをめぐって、湯浅の視座は西田の視座ともまた異なっている。「宗教」の問題を現実の世界に生きる「自己」の問題として問おうとする態度においては、湯浅の立場と西田の立場とには通底するものがある。さらに、「自己」と言われるときに、日常的世界における表層的な自己の底に潜む、多くの場合日常的な自己には隠されている深層の「自己」にまで目が向けられている点は、両者に共通する「宗教」の問い方として重要な意味をもっている。しかし湯浅は、すでに見たように、西田における「宗教」の論じ方についても足りない点を指摘する。「いかにして日常的経験の次元から場所的経験の次元へ移行することができるのか」ということが、西田においては直接に問題にされていないという点である。この「いかにして」という問い方には、湯浅における「宗教」の問題の問い方の特徴が現れている。実は湯浅は、和辻に対しても同じく「いかにして」という問いを投げかけている。和辻倫理学において「空」ということが言われるが――前述のように、それは本来日常性を越えた「宗教」の次元でのみ見出されるべきものであるにもかかわらず、和辻においては日常性の範囲内で解釈されているというのが湯浅の批判であった――、それに対して湯浅は問いかける。「私はここで、和辻倫理学における「空」の概念を、方法論的見地から疑問にせざるを得ない。人間存在の「底なき底」である「空」は、いかにして発見されるのであろうか」［一一：二五三］。

宗教的な次元への言及がなされるとき、湯浅はいつも、「いかにして」そこに到達することができるのかということを問う。「宗教」の問題を常に実存的な「自我」の問題として問おうとする湯浅は、「宗教」の事柄を、我々の日常とは無関係な、どこか別の世界の話として放置しない。「宗教」の事柄は、我々の自己が、この世界において現に経験することのできるものとならなければならない。それゆえ、「宗教」について論ずるときには、「いかにして」その境地に到ることができるのかという、具体的な過程、方法が問われることになる。湯浅は、自分自身が体験したヨーガの修行をも背景としつつ、各種の宗教や芸道における「修行」の研究に取り組む。『身体論』は、実際に「身体」を用いた行がどのようになされてきたのかということ、また「身体」的な行と宗教的な境地とがどのようにつながるのかということを、思想史的に、また哲学的に深く考察したものである。そこに心理学や生理学といった経験科学からの知見が豊富に取り入れられている点も、他にはあまり見られない湯浅の研究の特徴と言えるであろう。ここには、和辻からも西田からも出て来にくい、湯浅独自の「宗教」の問い方がある。

最後に、湯浅の思想史研究における「宗教」の問題の扱い方の特徴についても、和辻や西田との対決という視点から少し触れておこう。湯浅が日本思想史研究を構想するにあたって、先行の研究の一つの到達点として、師・和辻哲郎の『日本倫理思想史』を念頭に置いていたことはまちがいない。湯浅の日本思想史研究には、和辻の『日本倫理思想史』との対決が含まれている。たとえば湯浅は、「おどろくべきことに、日本思想史に関する通史として完成された後期の『日本倫理思想史』には、仏教に関する言及は全くないといってよいほどである」［一三：九〇］という指摘をおこなっている。和辻のそのような日本倫理思想史に対して、仏教を正当に位置づけた日本思想史を構想することが、湯浅の課題であった。しかも前述のように単に「作られたもの」としての仏教文化だけではなく、仏教を生み出し、信仰してきた人々の心の深層にまで立ち入って論ずることが目指される。

一方、日本思想史における神話の扱いに関しても、湯浅は和辻との対決を試みている。和辻の『日本倫理思想史』では、神話時代の倫理思想の特性として「清明心」が挙げられるが、湯浅は、和辻においては結局、それが「日常性の次元における人間相互の関係、あるいは共同体における「私」と「全体」の関係を規定する道徳的理念としてのみ」［一三：一〇二］とらえられていたと批判する。それに対して、湯浅自身の神話研究の課題は、「清明心の観念の歴史的背景には、政治神話や律令制が形成されるよりはるか前の「山河の荒ぶる神」に対する畏怖の心情が存在していた」［八：二三五］ということを踏まえ、「超越的なるものとのかかわりを母胎として生れた宗教意識の産物」として神話をとらえるというところにあった（『日本古代の精神世界』一九九〇年）。

湯浅の日本思想史の構想には、西田および京都学派の宗教哲学に対しても、思想史的な視点から問題提起する可能性が含まれている。湯浅は、和辻においては十分な深さで論ぜられることがなかった仏教の思想史的研究に踏み込んでゆくのであるが、日本の仏教の中でも、空海の密教を中心とした古代の仏教に強い関心が示されることが一つの特徴である。それは、西田およびその門下の多くの人々が、仏教思想をもっぱら、鎌倉新仏教につながる禅と浄土教から引き出してきていたのとは対照的である。湯浅は、「空海が知識人にあまり好まれないもう一つの理由は、密教が低級な呪術的印象を与えるところにあると思われる。……近代の知識人が空海の密教を好まない理由は、かれらが啓蒙的合理主義の洗礼を受けているという点に求められるであろう」［一〇：四〇四］と述べる。京都学派があつかう日本仏教がおおむね鎌倉新仏教に限定されていたということも、湯浅からすればその近代合理主義的傾向を示すものと言われなければならないであろう。それに対して湯浅は、一見呪術的な古代仏教の底に潜む「知的関心だけでは明らかにしえない内面の奥深さ」［同］にも目を向けてゆく。宗教体験そのものやそこに到るための修行に焦点を当てる湯浅は、そこに近代合理主義の視座には入ってこない豊かな発想を見出すのである。

おわりに

本稿では、和辻および西田との対決に映されている湯浅自身の思想的立場を、特に「宗教」の問題をどのように問うかという点に注目して検討してきた。湯浅は、和辻と西田との両者に同時に言及する文脈で、次のように述べる。「西田と和辻は、近代日本哲学の思考様式において対照的な、相補う位置にあると思う。和辻の思考はつねに日常性の次元において展開しており、……これに対して西田の思考は、つねに自我の存在のみえざる「根拠」の世界を求めてゆこうとする。……しかし自我の問題にとって重要な課題は、この二つの次元の関連を問うことではないかと思う」［一一：二五三］。近代日本の哲学の成果として、一方に、日常性の次元に密着して「倫理」の問題を問うてゆく和辻の哲学があり、もう一方に、自己の深層を尋ねてゆくことにより「宗教」の問題に踏み込んでゆく西田の哲学がある。湯浅の課題は、その両方向を批判的に引き継ぎながら、具体的な経験に密着して、これら二つの次元の関連を問うところにあった。「身体」論にしても「修行」論にしても、深層心理学や経験科学の知見の導入にしても、独特の思想史の構想にしても、湯浅の仕事は、以上のような形で近代日本の独創的な哲学の系譜の中に位置づけることができる。

＊和辻の著作は、『和辻哲郎全集』（岩波書店、一九九一年）から引用し、［和辻 巻号：頁数］の形で示す。
＊西田の著作は、『西田幾多郎全集』（旧版、岩波書店、一九八〇年）から引用し、［西田 巻号：頁数］の形で示す。

注

1 湯浅における和辻との対決については、黒木幹夫「湯浅泰雄における「和辻研究」の意味」［一三：五五二―五七七］から多くを教えられた。
2 湯浅は、和辻のこのような「無我」理解の中に、フッサールや西田からの影響を見出している。
3 このころの和辻が、文献学への強い志向をもっていたことも、この文脈で理解することができる。［和辻六：四三―四四］参照。
4 湯浅の西田哲学批判に対して西田の側からはどのように考えられるかという点については、杉本耕一「湯浅泰雄と西田幾多郎――「哲学」と「宗教」とを問い直す視座」（『人体科学』第二四巻第一号、二〇一五年五月、一―一〇頁）で考察した。

※本稿は、平成二六年度および二七年度の愛媛大学法文学部人文系担当学部長裁量経費による成果の一部である。

生きられた経験（expérience vécue）への道——湯浅泰雄とメルロ＝ポンティ

奥井　遼

はじめに

湯浅泰雄の心身論は、西洋哲学・東洋思想・日本思想・心身医学・東洋医学・臨床心理学・神経科学など、人間の生に関わる広大な学問領域から練り上げられているが、その根幹を貫く主張は極めて明快である。すなわち、身を投じた行の実践を重ねることで心身を変容させて達しうる「悟りの知」を、分離状態にある西洋哲学と自然科学とを融和させた学術的地平において考察し、こころ・魂に関わる形而上学（メタプシキカ）を確立すること、これであったように思われる。その仕事は、西洋の哲学史を大まかに腑分けし、過去の思想家や聖人たちを取り上げ、学術的な方法論を戦わせながらも、細部にわたる個々の分野の整合性や矛盾などを整理するというよりは、むしろ、すべての思想を包括しうる大きな枠組み——「哲学と科学」、「前近代と近代」、「東洋と西洋」など——を与えてくれるものであり、見晴らしのよい丘に立って世界を眺めるような、あるいは大きな地図を手にするような心地を与えてくれる。

「〝哲学〟が終わる時代」［一七：二三二］において、そうした大きな学問体系を構想する作業は徒労に終わるのかもしれない。湯浅自身、「現実世界をこえた神のような位置から世界を眺める」ことを目指した近代哲学の「テオーリアの知」に対しては、とりわけ「プラクシスの知」との決別を経たという点において、ローティらを引用しながら痛烈に批判してもいる［一七：二二六］。しかしながら湯浅が、それでもなお哲学の向かうべき到達点は「テオーリア」であるべきだと考えていたのは明らかである。[1] 広大な知的領域を丸ごと体系化するような湯浅の文体が、その心身論の構想の根底に、哲学が「本来……目指して」いた「原理的観点に立った学際的で総合的な人間知」［一七：二二四］を希求するという姿勢を明に暗に示しているからである。

本稿の重心は、私たちの身体的経験に近づくための学術的方法を探ることにあるが、その議論は、湯浅が「西洋―東洋」「心―身体」「哲学―科学」などの枠組みにおいて整理してきた地図に導かれている。ただしここでの議論は、その地図の塗り替えをはかるような大きな構想をもつものではない。むしろ、湯浅の立っていた高みから一旦降りて、地図を片手に自分の足を使って歩くような作業を進める。すなわち本稿は、私たちの日常的な生において見過ごされてきた身体の小さな――しかし決定的な――働きこそ、私たちの生への洞察を深める足掛かりであり、その小さな働きを掬い取る作業こそ、哲学の「再生」の道であるに違いないという見通しのもとで展開されるものである。

具体的には、本稿ではメルロ＝ポンティの現象学的身体論にその可能性を見出す。メルロ＝ポンティは、フッサールの現象学を継承・発展させる中で、物質でもあり主観でもあるような「生きた身体（corps vivant）」の存在様態を記述して見せた。それは、私たちの意志的な認識を支える――したがって認識によっては把握しきれない――ような、世界の中で私たちが出会う多くのものの「意味」を成り立たせ、私たちの存在を方向づけるような見えない働きをする。湯浅泰雄にとってメルロ＝ポンティの身体論は、ベルクソンとともに西洋哲学の心身論において注目すべきものでありながら、未だ西洋哲学の枠を打破するものではなかったという点において、不十分な議論にとどまるものであるように見えた。だが本稿の見立てでは、湯浅が目指した「こころの形而上学」、ないし「主観主義的経験科学」の着想の一端は、メルロ＝ポンティを経由することによってこそ、やや形を変えながら実現されうる。このことを示すために、まず以下では、湯浅泰雄のメルロ＝ポンティ批判を取り上げ、湯浅がそれをいかに発展させようとしたのかを検討しよう。その上で、改めてメルロ＝ポンティ哲学の可能性を探ることによって、身体的経験に近づく道を探っていこう。

一　湯浅泰雄の西洋哲学への懐疑

湯浅は、著書『身体論』の中で、行による心身の変容に着目した独自の身体観を展開するが、その際、理論的な枠組みにおいて、西洋哲学に対する根本的な疑義を呈する。つまり、西洋哲学が「科学的探求の基礎にある人間の生の様式を明らかにする学」であり、経験科学との間に「論理的な次元の区別」があることを問題にする［B：二七］。それは、湯浅によれば、近代哲学の学的性格に起因する。

近代の哲学と経験科学の方向を基本的に制約してきたのは、デカルトが打ち立てた物心二元論的思考様式である。心の本質を意識としてとらえることによって、哲学の中心的課題は、認識主観としての意識の形式と構造を問う認識論におかれるようになり、哲学の任務は知的認識の前提条件を明らかにすることにある、とみなされるに至った（カント）。これに対して経験科学の課題は、意識（心）から分離された物質的現象のメカニズムを明らかにするところにある……。このため、人間性についての哲学的な反省と世界の諸現象についての経験科学的探求とは、まったく何の関係もないものになってしまった。［一五：五］

いささか大胆な見方ではあるものの、心身問題の基本的な難題として妥当な問いかけではある。例えば、物質である脳からどうして意識のような経験が生じるのかを問う、チャーマーズの唱えた「意識のハード・プロブレム」も、同等の問いかけである。[2] ただしチャーマーズら心の哲学を論じる文脈とは異なって、湯浅においては、先に触れたような哲学的な反省と経験科学的な探求との原理的区別そのものが問題視される。

湯浅のこの問題意識の背景には「東洋思想」への関心が控えている。「東洋的」な探求において、「哲学的推理と経験的検証」は必ずしも二元的に分かれているものではない［B：二七］。そこではむしろ、修行者が自分の身を投じて修行をする中で、心身の変容によって自らの認識を新たにするといった、「身をもって知る」ような探求が進むという。

こうした経験的な探求を学術的な議論の俎上に載せるために湯浅が着目したのが、「主観主義的経験科学」［一五：四〇］である。修行に伴う心身の変容を論じようとするときに、その変容を、「もの」の機序を解明する自然科学的な枠組みにおいて取り上げようと企てるのである。ここで湯浅は、哲学の分野に身を置いていながら、なぜ科学の方法論に思想的な課題の解決を見たのであろうか。湯浅は「科学」に何を託していたのであろうか。そうした湯浅の問題意識は、そのメルロ＝ポンティ批判において鮮明に現れる。

二　メルロ＝ポンティ批判と経験科学への期待

湯浅は、メルロ＝ポンティの「心身論」は、世界内存在の存在様式を「ハイデガーの現存在よりも深い底層に向って問い進めた」と高く評価する[3]［B：二三五］。ハイデガーは、近代哲学の方法を批判的に吟味し、主観というものは、世界を俯瞰的に論じるための絶対的な位置に据え置かれるべきではないと考え、むしろそれは世界にすでに投げ込まれているという事実に立ち戻り、その事実を哲学の出発点に据えた。湯浅によれば、それは哲学の議論に一方では貢献するものの、他方で、依然として思弁的な認識論の枠組みの中に収まるもので、未だ、東洋思想がやってきたような「身体で覚える」［B：二二〇］実践とは接続され得ない。その上で、メルロ＝ポンティに関しては、身体という具体的な存在様態に着目したという点において、フッサールやハイデガーよりも探求を進めたと見なす。

彼［メルロ＝ポンティ］はハイデガーにならって人間的主体の存在様式を「世界内存在」と名づけ、さらにその特質を、身体性に即して具体的に明らかにしようとした。人間的主体は身体性において、即自すなわち客体的存在者の存在連関の網の目の中に受肉している。……「世界内存在」として存在せざるをえない――言いかえれば、近代合理主義哲学における「意識」のように世界を越えた存在ではありえない、という――人間存在の運命的制約の意味は、ハイデガー以上の具体性をもって明確にされたといっていいであろう。［B：二三四］

「ハイデガー以上の具体性」と言ったとき、湯浅はとくに、メルロ＝ポンティにおける「身体図式」の議論に着目する。[4]「身体図式」とは、脳の一部に損傷を抱えた「精神盲」の患者の症例を説明するために、二〇世紀初頭の神経生理学において呈示された概念である。その患者は、腕を動かして空間上の一点を指すといったような、単に身体を動かすことだけを目的とする行動を命じられたときに、非常な困難に陥るか、部分的な準備動作をいくつも組み合わせないと実現できない。しかしながら、鼻を掻いたり摘んだりといった具体的な行動を指示された場合、いたってスムーズに行動が完了される。こうした現象を理解するためには、「現勢的（生理的）身体における知覚の受動作用に先立って」、「外界の状態を潜在的かつ能動的にあらかじめとらえている」［一五：二三二］ような身体の働きを想定する必要がある。鼻や指は、のっぺりと身体に備わっているわけではなく、摘んだり掻いたりといったような、行為における意味のつながりの中にある。この意味連関の生まれる働きを、湯浅はメルロ＝ポンティの議論から読み取った。

> 「身体的図式」のあり方は、意識に直接経験される心理作用の分析からも、実証的な生理作用の分析からもとらえられない。しかし、そういう「心」でもなければ「身体」でもない中間的存在様式が生理的身体の根底にあることを想定しなくては、知覚におけるゲシタルト的意味志向作用も説明不可能である、と彼は考えるのである。[5]［B：二三〇―二三二］

湯浅は、この「心」でもない「身体」でもない「中間的存在様式」――「第三のシステム」［一五：二九］とも述べられる――に注目する。というのも、それが「心理的作用と生理的作用の根底に、両者の中間的性格をもつ無意識的準身体の組織が潜在すると主張する」、「東洋医学の身体観」と一致しうるからである［一五：三〇］。しかしながら同時に湯浅は、メルロ＝ポンティの考察に対して大きな落胆を覚えてもいる。以下の批判において、湯浅の心身論の目指した方向が、メルロ＝ポンティの身体論との対比の中で鮮明に浮かび上がってくると言えよう。

> メルロ＝ポンティの身体的図式の概念は、興味深い仮説ではあるが、実証的な生理心理学的研究とのつながりはすぐには見出し得ない。……要するにメルロ＝ポンティが仮設した身体的図式という概念は、単に哲学者の思弁的解釈に止っただけではいけないのであって、実証的な生理心理学的研究のあり方にも何らか

の形で関係してくる可能性をもった仮説として考慮されるべきではないかと考えるのである。［B：二三三―二三四］

湯浅がメルロ＝ポンティの考察を「哲学者の思弁的解釈」であると批判する背景には、先に述べた西洋哲学への懐疑が通底している。つまり、「人間の生の様式」のみを明らかにすることを目指す西洋哲学は、「実証的経験的な科学的知識」の探求には立ち入らない、というあの問題である。湯浅においてメルロ＝ポンティは、経験的探求に近づきつつも、やはり依然として自然科学と決別した西洋哲学の領域にとどまっているように見えた。そこで、メルロ＝ポンティの議論を発展させるために湯浅が論拠とするのが、メルロ＝ポンティが『知覚の現象学』を著した時期（一九四五年）よりも後の神経生理学的研究の成果である。

近年における神経生理学の発展に伴って、フロイティズムにおける意識と無意識の関係は、生理面ではさしあたり大脳皮質と辺縁系の関係におきかえて考えられるようになった。ベルグソンはもちろんだが、メルロ＝ポンティも、一九五〇年代以降の生理心理学の発展については考慮に入れていない。……したがって、彼らが身体の中枢機能としての「脳」について問題にした場合、それはいうまでもなく大脳皮質に限定されていたわけである。しかし今日では、われわれは、皮質下中枢との関係を考慮に入れて彼らの仮説を検討し直してみることができる。［B：二六九］

つまり、ベルクソンやメルロ＝ポンティが、大脳皮質のみならず、視床下部や辺縁系の機序も考慮に入れると、より実証的な研究が展開できたのではないかと湯浅は主張する。

こうしたメルロ＝ポンティ批判においては、西洋哲学に対する湯浅の一貫した批判的視点を見出せるが、それがメルロ＝ポンティにおいても妥当する批判であるのか否かについては考察の余地がある。というのも、身体の機能を実証的・客観的に解明しようとする科学的探求は、「われわれの身体にとってあるがままの感覚的世界や人工的世界の風景」から遠ざかるような「上空飛翔的思考」にほかならないからである［OE：12/255］。「思弁的解釈」であるから実験的検証が必要であるという批判や、神経生理学的な最新の知見をもってすればメルロ＝ポンティの議論は乗り越えられうるという解釈は、メルロ＝ポンティにとってはやや不当であると言ってよいだろう。では、メルロ＝ポンティの身体論は、いかにして湯浅と亘なりあうのであろうか。

三　メルロ＝ポンティの現象学的記述

メルロ＝ポンティは、フッサールの創始した現象学を、とりわけフッサールが晩年に残した草稿を丹念に読み解きながら、独自に発展させた。とくに、初期の大著『知覚の現象学』（Phénoménologie de la perception, 1945）の中心的な課題の一つを、受肉した実存としての身体の経験を明らかにすることに置いている。そのメルロ＝ポンティにとってフッサールの現象学は、「一つの〈厳密学〉としての哲学たろうとする野心」であり、他方では、「〈生きられた〉空間や時間や世界についての一つの報告書」であるように映った［PP：I/1］。世界とは、「それについて私のなし得る一切の分析に先立ってすでにそこに在る」のであるから、世界について考えるということは、「世界から身を退いて世界の基礎としての意識の統一性に赴くこと」ではなく、「われわれを世界に結びつけている志向的な糸」を「緩める」ことによって可能になる［PP：IV/6］。

とくに、身体に関する思索は、世界から身を退くような思考の方法によって進められるものではない。メルロ＝ポンティが論じるに、私たちが身体において動く限り、世界は「表情」をもって私たちに働きかけている［PP：

153/223]。身体を動かすということは、「われわれがいつも馴染んでいる対象」に向かうことであり、「身体に働きかけてくる諸物の促しに対して、身体をして応答させること」である[PP：161/233]。世界と身体とがすでに関係を取り結んでおり、その結びつきが私たちの思惟の前提として「自明なものになって」いるのであるから、「このことに気づく唯一の方法」は、「世界と関係する運動を中止することであり、あるいはこの運動とのわれわれの共犯関係を拒否する」ことにほかならない[PP：X/12]。

その際、メルロ＝ポンティは、フッサールの助手であったオイゲン・フィンクによる、現象学的還元は、「世界をまえにしての〈驚異〉」である、という注釈に目をつける[ibid.]。「世界とのなれなれしさを断ち切って」しまうことによって「志向的な糸」が緩むとき、そこでは「さまざまな超越が湧出する」のである[ibid.]。そのとき私たちは、意識の統一性に立ち返って世界を「構築したり構成したり」するのではなく、驚くという仕方で世界を知る。

本稿の見立てでは、メルロ＝ポンティが紡ぎ上げている現象学的記述は、湯浅が批判したような「思弁的な推論」とは様相を異にする方法であり、それどころか、湯浅が追求した東洋的な実践的思索の道に連なりうるものである。

メルロ＝ポンティが『知覚の現象学』「序文」において取り上げているように、哲学者の努力は、「世界や歴史の意味をその生れ出づる状態において捉えようとするおなじ意志」において、画家や詩人、小説家のそれに類するものである[PP：XVI/25]。メルロ＝ポンティにとって、身体について思索するということは、「記述する（décrire）ことが問題であって、説明したり分析したりすることは問題ではない」[II/3]。それは、生理学的手法によって身体の機序を解明することでも、主観的な認識によって身体の感覚を統覚することでもない。いずれの立場も回避しながら、身体と世界との絡まり合いを「生きる」ことによって初めて到達しうる洞察である。

メルロ＝ポンティが同じ序文に残した一文――「哲学とは己れ自身の端緒のつねに更新されていく経験である」

[PP：IX/13]――は、自分の手で自分の手を書く、あるいは自分の言葉で自分の言葉を語るときの、語ったそばから新たな語り直しを必要とするような難しさを思い出させてくれる。
それは、彼の「記述」を読む人に対して、自分の経験を客観化するような知識を与えるものではなく、むしろ「経験の更新」を喚起させるものである。メルロ＝ポンティは、こうした立場に立つための道筋を、「記述する」という言葉に込めた。身体の生きて働く姿を描き出そうとする試みは、決して完了することのないような絶えざる運動を要求しているのである。

四　生きられた経験の諸相

メルロ＝ポンティが「生きた身体」として記述した実存のありようは、私たちにとって認識可能な対象ではない。それはむしろ、私たちの認識や行為などを成り立たせている働きであって、「存在や図形や点をその前に現出させ得るための非＝存在の地帯」として、「自分の目的に到達するために自分自身を収縮させている」[PP：117/175-176]。湯浅も着目した身体図式の概念は、こうした文脈において理解されなければならない。

メルロ＝ポンティは、身体図式のことを、手足の痛みや位置などを知らせる「形態」としてだけではなく、私たちの行為を形成する「ダイナミック」な原理と見なす[PP：116/174]。メルロ＝ポンティの記述によれば、パイプオルガンの奏者は、初めて使用するオルガンであっても、一時間も練習すれば、弾き慣れたオルガンと何ら変わらない水準で演奏することができる。ほかにも、紙に字を書くことのできる人は黒板の前に立ってもほとんど同じ癖の文字を書くことができる。メルロ＝ポンティによれば、それは、自分の身体を、「現に在る位置の系」としてだけでなく、「無限に等価の位置をとり得る開かれた系」としてもっているからである[PP：165/238]。

私たちの行為は、個々の動作の単位の結合によって構成されるのではなく、ひとつの包括的な「図式」によって把握されており、それは「等価物の系」であるために、「さまざまな運動任務が、たちどころに変換可能」となるのである［ibid.］。

先ほどの精神盲の例で、患者は目を閉じている場合には抽象的な運動を行うことができないという事例を見た。その患者は、「生活に必要な運動なら、それが彼に習慣的なものでありさえすれば、目を閉じていても異常な素早さと確かさをもってやってのけることができる」［PP:120/180］。ここでメルロ＝ポンティが注目するのは、その人にとって「生活に必要な運動」、例えば、マッチ箱を取る動作や、鼻を掻くという動作を、彼がいかなるものとして把握しているかという、その意味の問題であった。例えば、マッチというものは、抽象的に、持ち上げたり動かしたりするためにあるのではなく、あくまで火をつけるという動作の中で意味を帯びている。鼻も、かゆいときには、掻くものとして現れている。

そういう意味の現れ方を受け取っているという仕方において、人は身体を生きている。メルロ＝ポンティにとって重要なのは、「身体図式」のようなシステムが、私たちの生きられた経験を探るための概念的な道具立てであるという点である。そうした道具立ては、湯浅の言うような、その存在を生理学的に裏付けなければならないような仮説ではない。むしろ私たちがメルロ＝ポンティの議論に読み取らねばならないことは、その概念を借りることによって、世界と分かち難く結びついている身体が、私たちの生をいかなるものとして成り立たせているのかについて、その具体的な諸相が明らかになることにある。

その点、メルロ＝ポンティが取り上げる様々な具体例は、私たちの経験を振り返る上で示唆に富んでいる。例えばメルロ＝ポンティは、車の運転の経験を取り上げる。車を運転するときに、ある道を通り抜けられるか否かという判断を、人は、車の幅と道の幅とを実際に測って下すのではなく、むしろ、運転しながら、車の車体の幅にまで自分の身体が広がるような感覚において判断する。その際、ひやっとしながら通過したり、ミラーをぶつけて思わず「痛い」とつぶやいてしまうような、そういう仕方において車を運転する。

先のオルガンの奏者の例もそうである。熟練したオルガン奏者であれば、自分のものとは形も大きさも違うオルガンであっても、しばらく練習すれば流麗にオルガンを弾くことができる。オルガン奏者は、それぞれの鍵盤の大きさを計測して指の置き方を判断しているわけではなく、「腰掛けに坐り、ペダルを操作し、音管を弾き、楽器を自分の身体に合うようにし、楽器の方位や大きさを自分の身体に合体させ、あたかも家のなかに収まるように楽器のなかに収まる」[PP : 170/244]。そこでは、オルガン奏者とオルガンとの関係が、一つのまとまりを持ってその身体に現れ、さらに本番中は、その身体が鳴りわたる音楽の通過する場所へと化す。

あるいは、画家の描く絵についても考察されうる。例えば画家セザンヌにとって、林檎を描くということは、単に目の前の林檎を客観的に写し取るということではなくて、林檎との出会いによって生じる知覚——林檎だけでも画家だけでも成り立ちえないような——に立ち戻ることだとメルロ＝ポンティは言う。

そのことは、例えば画家が「輪郭」を引くことを想起すれば納得されよう。対象の輪郭は、対象をくまどる線というふうに考えられているが、これは、「可視的世界」に属するものではない [SNS : 26/18]。そもそも眼に見えるような輪郭という線は存在しないのであって、輪郭線を引くということは、見えないものを見えるようにする、画家のスタイルの発現にほかならない。林檎の輪郭を、続けて一気に描けば、この輪郭がひとつの物になるが、この場合、輪郭とは、「観念上の限界であって、林檎の各面は、この限界をめざして、画面の奥の方へ遠ざかる」ものとなる [SNS : 27/18]。いかなる輪郭も示さなければ、対象から、その「自同性」[ibid.] を奪い去ることになるし、逆に、ただ一つの輪郭だけを示せば、奥行きを犠牲にすることになる。セザンヌは、「色で抑揚をつけるに際して、対象のふくらみにしたがい、青い線で、いくつかの輪郭線を引く」ことによって絵を描いたが、それは、「それらすべてのあいだに生まれでるひとつの輪郭をとらえる」セザンヌの知覚の働きにほかならない [ibid.]。

画家が絵の中に込める「質・光・色彩・奥行き」といったものは、知覚の働きをもとにして獲得される。そうしたものは、知覚に先立って世界に存在している事物ではなく、「見る」という能動的な働きを通して初めて獲得される現象であるとメルロ＝ポンティは考えた。画家は、「もし画家がいなければ、それぞれの意識の別々の生のなかに閉じこめられたままであるものを取り戻し」、それを、まさしく眼に見えるものに変える［SNS：33/23］。したがって、「絵画は世界の模倣ではなく、それ自体が世界」［C：55/344］であり、画家の仕事は、「生きられた経験（expérience vécue）によって把握された世界をふたたび見出す」［C:19/68］ような努力なのである。生きられた経験とは、たえず私たちの認識から抜け落ち、私たちの認識の機能を支えるものとして忘却されている。絵画とは、身体における知覚の働きを、忘却から救い出す企てである。

哲学もまた、十全に生きられているがゆえに埋没している経験を「ふたたび見出す」固有の方法である。つまりそれは、絵画と同じく、「先行しているはずの或る存在の顕在化」としてではなく、「存在の創設」の作業である［PP：XV/23］。車の経験であれオルガンの経験であれ、メルロ＝ポンティが丁寧に積み上げている「記述」という道は、書くという作業によって私たちの生きられた経験を忘却から救い出し、新たに「存在の創設」を迫るような遂行的な実践であると言える。

五　生きられた経験への道

以上の考察から、それぞれ「経験」について探求していた湯浅とメルロ＝ポンティが、その探求の力点において小さからぬ差異を孕んでいたことが明らかになってくる。ここでは、彼らの違いを、とりわけ学問上のスタイルに着目しながら考察し、生きられた経験を探求するための道を模索していこう。

湯浅が実証的科学を重視した背景には、著しく発展を遂げつつある生物物理学や生命科学、あるいは精神分析学や臨床心理学の成果に対して、「アカデミックな哲学」［B：三三四］があまりにもその仕事の幅を狭めていることへの不満があったに違いない。修行の達人たちの至る境地や、東洋医学の熟練たちにおける経験を実証的な研究の俎上に載せることを志すのもうなずける。

彼にとっての科学的探求は、科学的な知を共通言語として受け入れつつあった――そして今では制度的にも前提になりつつある――学問のスタイルに向けて、東洋的な知の蓄積を「翻訳」しようとした試みであったように見える。その意味で、湯浅が構想する学問は、それ自体が身体的実践であったというよりは、むしろ知を他者と共有可能な形に開く試みであったと考えられる。

その根拠は、一九八四年に筑波で行われた日仏のシンポジウムの記録に読み取ることができる。このシンポジウムで、湯浅は、東洋医学に基づく「気」と「経絡」のシステムについて論じる中で、気を電気刺激として計測する研究を紹介した。後に「オートポイエーシス」や「エナクティブ・アプローチ」等で哲学や認知科学に貢献するフランシスコ・ヴァレラ（生物学者として参加）も出席者の一人であったが、当のヴァレラが、その「気の科学」について湯浅に質問を投げかけている。

> 私の理解するところでは、気の流れというものは、生理的身体における経路から見てはならないと思います。ただ単に身体組織を通じる電気的パルスではない、と思うわけであります。［一五：六二］

ヴァレラは、気というものは、「身体と非身体の間をつないでいるもの」であって、身体に電極を刺すことによって計測されうるものではないと考える。別のフランス人研究者による「私ども西洋人にとりましては、気というものは、なにか異様なる相貌をともなって見えてくるのであります」との発言と合わせると、気を電気刺激として計測することの方法論に対する重要な問いかけであることが分かる［一五：六五］。それに対して湯浅は、「おっしゃる通りです」と答えた上で、次のように付け加える。

ただしかし、科学的にそれを証明しようとすれば、電気生理学的な方法でも使って説明しなければ、みんなは納得しないだろうということであります。証明の方法としては、そういう方法が必要である。しかし気そのものは、やはり単に生理的なものとはレベルがちがう、というふうに思っております。［一五：六二］

この答えは湯浅の立場を明確に表している。湯浅は、科学的な実験を試みるものの、気そのものが科学によって明らかになるわけではないと承知している。ただ、気というものをフランスなど海外の研究者に語るときに、科学的な検討が一つの対話を促すツールになる、と考えていたのではないであろうか。湯浅は経験科学的な検証が必要だと主張するが、それが即ち気の体験であるとか、超越的な体験であるというわけではない。むしろそうした測定をすることによって、気についての体験を持たない人に対しても解釈の可能性を残すという、対話の可能性を開いたと言ってよい。湯浅が科学に込めたものは、哲学と科学とを架橋するといった探求にとどまるわけではなく、西洋的なものと東洋的なものの間の、あるいは過去の人たちと未来の人たちとの間の対話を促すことであったと言えるのではないか。

だがそのことは、心身の変容を遂げるような実践の歩みとは別の仕事である。仮に行の実践者を対象とした研究によって、彼らの心身の変容の機序が生理学的に明らかになったとしても、そのデータがその人の生きた変容を捉えるものになるか否かは別の問題である。それらのデータが、当人が身を投じている行の過程に寄与するものになるかを考慮することを忘れては、湯浅が自分自身で批判した「意識（心）から分離された物質的現象のメカニズム」［一五：五］の研究へと陥ることになるだろう。湯浅が強調していたように、「心身を用いる修行の過程を通して体験的に確認」［B：二七］される知を探求するのであれば、哲学の方法であろうと科学の方法であろうと、探求そのものによって自らの生への洞察を深めるような道筋を、一方では追求するべきではないだろうか。

その一つの可能性は、現象学に見出すことができる。メルロ＝ポンティは、「記述」するという作業そのものによって、世界と自己との根源的な結びつきに立ち戻り、自己を絶えざる「更新」の渦へと巻き込むことを試みた。それは、あくまでテキストを読み、テキストを書くという仕事を通して、経験されざる「生きた身体」を経験しようとする、一つの身体的実践の道である。

それは思索を通じて自己の生についての経験を更新するような終わりのない運動であり、「東洋的」な行の達人が、自らと世界との関わりを刷新していくような探求にも重なると言える。哲学を、世界のすべてを把握しうるような大きな一つの体系を基礎づける学であると捉えるのではなく、世界について語ることによって新たな世界を作り上げていく生成的な作業であると見なすならば、「西洋哲学」と「東洋哲学」の図式的な区分けは無効化し、思索することの固有の道が開けてくると言えよう。くしくも湯浅が『身体論』の結論部に、「内的世界の現象学」あるいは「深層意識の現象学」［B：三三七―三三八］を掲げていたことを思い起こせば、この道は思いのほか遠くまで伸びているように見えてくる。

おわりに

本稿の探求とは異なる文脈において、今日、湯浅泰雄の「主観主義的経験科学」に近い探求が進んでいる。例えば、これまでの哲学の議論を取り込みながら目覚ましい発展を遂げている認知神経科学の分野がそれである。[6]

メルロ＝ポンティが当時の生理学や心理学の成果を精力的に取り込みながら初期の著作（『行動の構造』および『知覚の現象学』）を書き上げたのが一九四〇年代であるが、今日の心身論の探求にとって、認知神経科学の成果を取り込むことはいわば必須の課題といった様相を見せている。湯浅の言ったような、ベルクソンやメルロ＝ポンティの議論を実証するような研究も進められていると言ってよいだろう。

だがこうした研究の発展とともに、湯浅泰雄が問題視していた「現代人をとらえている奥深い不安」［一七：二三二］が解消されつつあるかと問えば、簡単に是と答えることはできない。「自分自身の「生」、つまり自分が生きていることの《意味》を求めるための「よりどころとなる思想」［一七：二三二］は、依然として見出せない状況にあると言える。あるいは、生の意味を探求するために「よりどころとなる思想」を必要とした時代すらすでに過ぎ去り、思想を追求するという営み自体が困難に直面しているのかもしれない。

その点、身を投じた行の実践を重ねることで達しうる「悟りの知」の究明は、「よりどころとなる思想」を自分自身の行的実践の中から再構築する可能性を示唆している。ただし、メルロ＝ポンティの現象学的身体論を見てきた今、ここで強調しなければならないことは、「生きられた経験」は、行のような実践の末に構築されるものでは必ずしもないということである。私たちはすでに自らの身体を生きており、様々な意味とともに世界に存在している。これ以上自明なこともなければ、これ以上奇跡的なこともない。

それらの身体的経験は、いつも忘却されており、客観的に観察しようという試みそのものによってかき消されてしまうようなままならないものであるからこそ、丁寧な思索によって「記述」を進める必要がある。小さな記述を重ねる道は、私たちの身体的経験がかくも豊かであったかと思わせるような、こう言ってよければ、哲学の最初の一歩であった「無知の知」［一七：二二三］へと私たちを連れ戻してくれる道でもある。

＊湯浅泰雄『身体論――東洋的心身論と現代』（講談社学術文庫、一九九〇年）からの引用については、［B：ページ数］と記す。
＊メルロ＝ポンティの著作からの引用については、［略号：原著ページ数／翻訳書ページ数］と記す。略号については参考文献欄の通りである。

注

1　もちろんその際の「テオーリア」は、「内面的体験の世界に対する実践的認識を通じてのみ到達できる」知であるという重要な注釈つきであることは見逃せない。［一七：二三三］
2　David J. Chalmers, *The Conscious Mind : in Search of a Fundamental Theory*, Oxford University Press, 1996.『意識する心――脳と精神の根本理論を求めて』林一訳、白揚社、二〇〇一年。
3　なお湯浅はメルロ＝ポンティと並べてベルクソンもまた、「心身の二分法」ではない心身論を展開したとして評価するが、精神医学や生理学の発展によって塗り替えられるべき理論として批判の対象ともなる。
4　メルロ＝ポンティの著作の邦訳者に従えば「身体図式」と表記されるが、湯浅は「身体的図式」と表記している。
5　括弧［　］は引用者注。
6　中でも、例えばアメリカの哲学者ギャラガーは、認知神経科学の成果を取り上げながら、心の哲学、現象学を含めた総合的な哲学的考察に挑んでいる。例えば、Shaun Gallagher, *How the Body Shapes the Mind*, Clarendon Press, 2006. など。

参考文献

David J. Chalmers, *The Conscious Mind : in Search of a Fundamental Theory*, Oxford University Press, 1996.『意識する心――脳と精神の根本理論を求めて』林一訳、白揚社、二〇〇一年。
Shaun Gallagher, *How the Body Shapes the Mind*, Clarendon Press, 2006.
Maurice Merleau-Ponty, *Phénoménologie de la perception*, Gallimard, 1945.『知覚の現象学1』竹内芳郎、小木貞孝訳、みすず書房、一九六七年。＊略号［PP］
――――. *Causeries 1948*, Seuil, 2002.『知覚の哲学――ラジオ講演一九四八年』菅野盾樹訳、筑摩書房、二〇一一年。＊略号［C］
――――. *Sens et non-sens*, Nagel, 1966.『意味と無意味』滝浦静雄他訳、みすず書房、一九八三年。＊略号［SNS］

――. *L'œil et l'esprit*, Gallimard, 1964.『眼と精神』木田元・滝浦静雄訳、みすず書房、一九六六年。＊略号［OE］

湯浅泰雄『身体論――東洋的心身論と現代』講談社、一九九〇年。

湯浅泰雄「現代科学と東洋的心身論」『湯浅泰雄全集』第一五巻、ビイング・ネット・プレス、二〇一二年。

湯浅泰雄ほか「討議　気・心身一如・二元論の超克」『湯浅泰雄全集』第一五巻、ビイング・ネット・プレス、二〇一二年。

湯浅泰雄「宗教と科学の間――序章　哲学の再生」『湯浅泰雄全集』第一七巻、ビイング・ネット・プレス、二〇一二年。

第三章　人体科学の挑戦——身体の知を掘り起こす

心身問題と他者問題――湯浅泰雄が考え残したこと

田中彰吾

はじめに

湯浅泰雄の心身論は豊かな広がりと奥行きを持つが、心身論との関係で考察が不十分なまま残された課題に他者問題がある。他者問題（the problem of other minds より正確には「他者の心の問題」）とは、自己に心があるのと同様に他者にも心があるという信念に関する問いである。[1] 日々の生活を送る私は、さまざまな場面で、他者に心があることを自明の前提として振る舞っている。友人が物憂げな表情で考え込んでいれば何かあったのだろうかと心配するし、足早に立ち去る姿を見かければ急ぎの用事があるのだろうと思う。私のこのような反応は、他者にも心があることを前提として生じているが、そもそも私はこの前提をどのように獲得したのだろうか。私に心があるのと同じように他者にも心があるということを、私はなぜ知っているのだろうか。いや、正確には「知っている」と言うべきではなく、他者にも心があると「信じている」と言うべきかもしれない。私は、相手が物憂げな表情をしたり足早に立ち去ったりするそのそこにおいて、心的状態を経験しているわけではない。そうした意味で、他者の心を直接に経験して知っているとは言えないからだ……。

こうして、他者の心をめぐって、私たちはさまざまな問いを立てることができる。人はどのように他者に心を帰属させるのか、そもそも他者には心があるのか、といった哲学的な問いもあるし、直接には経験できない他者の心的状態について、人はどのように理解することができるのか、そもそも他者を理解するとはどういうことか、という心理学的な問いもある。湯浅の仕事との関連で注意をうながしておきたいのは、他者問題が心身問題と密接につながっているという点だ。近代的な心身問題の源流に位置するデカルトは、一方で独我論的な思想の持ち主でもあった。方法的懐疑の後に示される「われ思う、ゆえにわれあり」という真理は、「私の心」だけが確実で疑い得ない実在であるとの含意を持つ。デカルトは心身関係のみを明示的に論じ、身体を消去しても心はその姿を変えないだろうと論じているが[2]、このとき、他者もまた実質的には消去されている。そして、身体をいちど消去してその実在を回復しようとすると心身関係が問題として現れるのと同様に、いちど消去した後で他者の実在を回復しようとすると、他者の心はおのずと問題になる。「われ思う」という主観の意識作用が世界を構成する特権的なはたらきを持つとすると、他者はさしあたり、一個の物理的身体として現れてくる以外にない。他者の身体に心が宿っているかどうかは、即座には答えられない問題になってしまうだろう。この論点は、現象学において他者問題を論じた古典である、フッサールの『デカルト的省察』にきわめてよく示されている[3]。

湯浅は、心身論との関係で他者問題をどのように考えたのだろうか。すでに指摘したように、他者問題についての湯浅の論及は不十分であると筆者は考えている。以下では、湯浅の立場をまず確認したうえで、湯浅とは異なるしかたでこの問題に取り組む。

一　湯浅にとっての他者問題

心身論の立場から見た自己と他者の関係について、湯浅の考えをきわめてよく示す一文を『気・修行・身体』に見出すことができる。次の箇所である。

他者の心の状態は、言葉によって問いかけるか、相手の表情から推測するほかはない。つまり、他者の心の状態（M_2）は、その身体の状態（B_2）を通じて間接的に認識されるだけである（図の点線矢印）。他者が私の心の状態について知る場合も同様である。ここでは、心はいわばそれぞれの身体（つまり物質の組織）の中に閉じこめられてはたらいているので、テレパシーにでもよらないかぎり、自分の心が物質から成る空間をこえて直接に他者の心の状態を認識することはできない。これが、日常ふつうの状態における自他の関係である。[4]

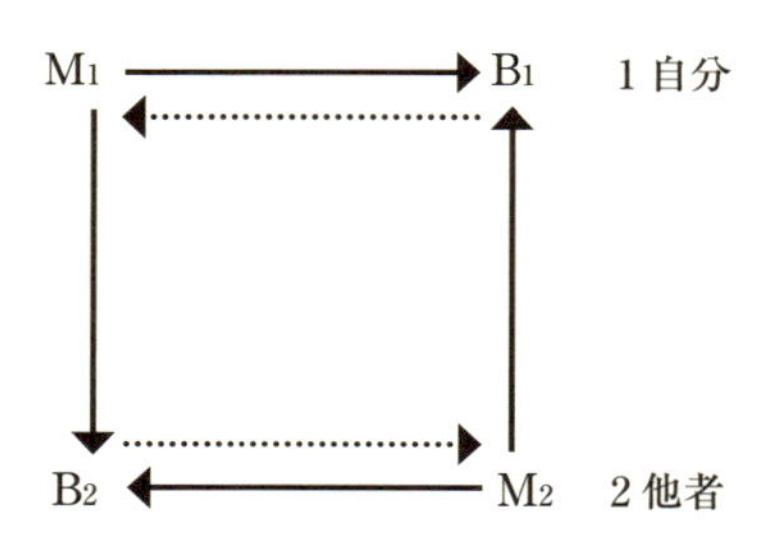

M：Mind（心）　　B：Body（身体）

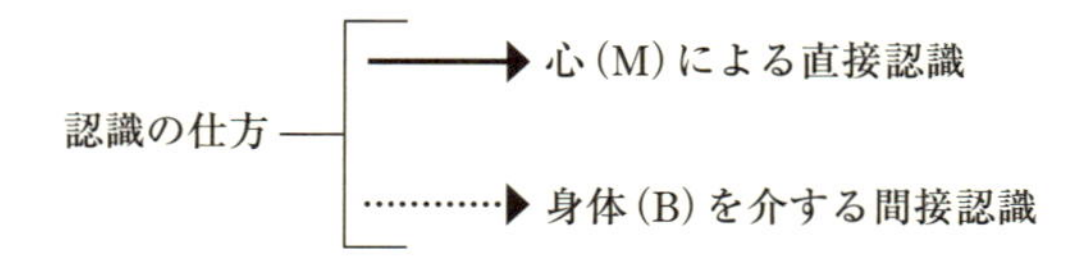

合わせて引用した図からも読み取れる通り、湯浅は、身体内部に閉ざされた、私秘的なものとして他者の心をとらえている。私は、自己自身の心的状態や身体的状態について直接知覚することができる。しかし、他者は私と異なる身体を持ち、私のいる「ここ」ではなく「そこ」という場所に位置している。だから、「そこ」の身体のなかに閉ざされた他者の心的状態について直接に知る手段はなく、表情、しぐさ、語られた言葉など、身体を通じて表出するものを介して、間接的に知ることしかできない。また、逆も真であって、他者が私の心的状態を直接に知るすべはない。これが、湯浅の考えの基本的な構図である。

ただし、引用文の末尾で湯浅は、以上が「日常ふつうの状態における自他の関係である」という一文も付け加えている。湯浅の仕事を知る者にとっては、この一文が何を示唆するかは容易に推測がつくだろう。いちおう、解説を兼ねて補足すると、湯浅は「日常ふつうの状態」とは異なる状態を念頭に置いているのである。よく知られているように、湯浅の心身論では、瞑想その他の修行を通じて、日常的意識とは異なる変性意識状態を経験することに高い価値が置かれている。『身体』の第二章に示されているように、「修行とは、世俗的な日常経験の場における生活規範より以上のきびしい拘束を自己の心身に対して課することである」[5]。それにより、平均的な人格に与えられる以上の自己の境地を求めてゆくことが修行の目標である。人は日常的意識のもとでは、二元的に分離した心身関係を経験しているが、修行を重ねてゆくことでその二元性を解消し、心身が一体となった状態を経験する。それは、ある場面では「身心脱落」と呼ばれ、ある場面では「心身一如」と呼ばれるような経験である。世阿弥の芸道論に即して述べた次の箇所は、修行によって到達される自己の境地について、湯浅の見方をよく示している。

> 「無心」の状態においては、自己の「心」と「身体」における主体的＝客体的な両義性は消失し、客体としての身体は完全に主体化されている。身体は、主体としての心の動きに抵抗する客体としての重さを既に失っ

ている。そのとき身体は、日常的自己意識の次元をこえた次元からあふれ出る創造的直観の力を受動して行為しているのである。[6]

無心とはもちろん、修行（芸道の文脈では稽古）を重ねてたどりつく境地である。修行の足りない日常的な身体では、人は思うままに振る舞うことができない。少し洗練された動きをしようとすると、身体はすぐに重たい客体として現われてくる。心によってその動きを制御しようとしても、身体がいうことをきかないのである。ここでは、ひとつの動きにおいて、身体をコントロールする主体としての心と、コントロールされる客体としての身体が、二元的に分離している。日常的な心身関係はこのように二元的なものであるが、修行を重ねた心身は、ひとつひとつの動きにおいて不即不離の一元的状態にあり、心身が一体となっておのずと動く状態に至る（なお、このような心身関係の変化は、一般的な運動学習においても生じうる。[7]）。

では、このように「日常的自己意識の次元」をこえた状態の自己は、他者をどのように経験するのだろうか。同じく、『身体』において、空海に即して悟りの体験を論じた文脈で、湯浅は次のように記している。

「心」がこのようにして自己の主体性を否定し去るとき、「身体」は逆にその客体としての存在性格をこえてしまう。身体は、日常的生活空間の中に存在の場をもつ一つの存在者、一つの「客体」ではなくなる。自己の身体と他者の身体、自己という存在者と他者という存在者の区別は消え去り、すべての存在者は超越的なるものの輝きによって透明にされた全一なる光明体と化するのである。[8]

この一文が具体的にどのような状態を意味するのか、正確に理解するのは難しい。修行という営みの極で生じる「悟り」と呼ばれる体験においては、個別の身体によって区別される自己と他者の境界は消え去る。心と身体が一体であるとき、自己と他者もまた一体である。日常的意識のもとで「私」と「あなた」という個別の自我として振る舞っている個別の存在者も、それらを貫く超越的な一者の現れであることがおのずと理解される。物質的な次元に存在する自己の身体と他者の身体という区別が文字通り消滅するわけではないものの、日常的なパースペクティヴのもとでは別々に振る舞っているように見える両者が、同じ「超越的なるもの」の二つの側面であると体感できる。おおむね、このような意味で理解できるのではないだろうか。

『宗教経験と身体』における議論によると、こうした自他一体の関係は、悟りの体験において初めて明らかにされるものではない。より正確には、想起されるものである。というのも、個体としての自我の意識は誕生時の母子分離に起源を持つものであり、それ以前の胎児期は母子の始原的一体感を示唆しているからである。それゆえ、「わたし」という個別の自己についての意識は、「母なるもの」から引き離されることで生じた個の不安としての意識であるとともに、「母なるもの」に象徴される他者についての意識でもある。人が「自己」という意識を持つことは、そこから引き離された根源である「他者」について間接的に意識することでもあるのだ。したがって、自我意識と呼ばれるものは、正確には「他者意識としての自我意識」なのである。[9] 集合的無意識の概念で知られるC・G・ユングや、出生外傷の理論で知られるO・ランクに言及しつつ、湯浅はそう主張している。

以上から、他者問題についての湯浅の立場が明確になる。最初の引用で見た通り、日常的意識のもとでは、他者の心は身体の向こうに隠れている。他者の心的状態を自己が直接に認知するのは不可能である。しかし一方で、自己はもともと個体として分離していなかった自他一体の状態を潜在的に記憶しており、個体的な自己意識は、他者についての意識の裏返しでもある。こうした自他の一体性は、修行の過程で生じる、超越的な一者に貫かれる経験として明確に想起されることもある。このように考えれば、日常的意識のもとでは他者の心的状態について直接知ることができないとしても、他者の心の実在を疑う独我論的な立場は間違いであることになる。和辻哲郎の間柄の概念について述べた次の箇所が、以上の考えを明示している。

間柄は、日常的常識による理解の上に成り立っている自他の人間関係であって、そこでは、心身の合一は自明の事実としてあらかじめ前提され、お互いに了解されている。われわれは他者（たとえば友人）を見たときに、それは単なる客観的身体を示しているだけで、そこに心があるかどうかわからない、などと思ったりはしない。[10]

フッサールのように、デカルトの問題意識を受け継いで超越論的主観性に出発点を定め、そこから他者の意識について考えてゆくのは、問題設定そのものが誤っていると湯浅は指摘している。他者に心があるかないかを問うのは擬似問題だというのである。[11]

以上が他者問題についての湯浅の基本的な考え方であるが、ここにはもちろん考え残されたことがある。他者に心が宿っているかどうかを擬似問題として退けたのはよいとして（ただし哲学的には考えるべき問いは残るが）、その一方で、自他一体を強調するせいで、「他者を理解するとはどういうことか」について議論がまったくといっていいほどなされていないのである。湯浅にとって、心身関係はどこまでも深く掘り下げるべき問題だったが、自他関係はそれほど重大な問題として認識されていなかったように見える。

筆者の知る限り、湯浅が心身関係とのつながりにおいて他者問題に言及した数少ない論考に「身体と間身体関係」という論文がある。この短い論考の終わりに近い箇所で、湯浅は次のように述べている。

ユングが設定した集合的無意識の領域は、自己と他者の間柄を結ぶトランスパーソナル（間人的）な心理的ネットワークが潜在し、活動している場であると言ってもいいであろう。自我意識の表面に現われた関係からみれば、〈私〉と〈あなた〉はそれぞれの客観的身体によってへだてられているが、そのみえない根底、つまり「間柄」の場には、〈私〉と〈あなた〉の無意識領域にはたらく心情的作用がお互いを結びつけている。[12]

すでに見たように、湯浅の考えでは、個別の主体として現れている自己と他者はもともと一体であり、目に見えない根底では「集合的無意識」としてつながっており、それが互いを引き寄せたり反発させたりする心情的作用として生じてくる。ここでは、集合的無意識というユングの仮説を持ち出すことで、自他関係が一気に乗り越えられていることに注意しておきたい。自他の区別があいまいな領域で生じる心理作用に着目することは、「集団」を理解することであって「他者」を理解することではない。他者と出会い、間柄において他者とかかわるなかで、私たちはどのように他者を理解するのか、という問題に答えたことにはなっていないのである。

二　他者問題の仕切り直し

繰り返しになるが、他者問題について湯浅が考え残したのは、次の点である。湯浅は一方で、間柄という日常的意識のもとでの人間関係においては、心身の合一は自明の事実であり、他者の心の実在を疑うのは間違いだと主張する。しかし他方で、前節冒頭の引用に見た通り、他者の心は身体の向こう側に閉ざされており、言葉や表情を通じて間接的に推測するほかない、とも述べている。他者の心の実在を直感することと、他者の心的状態を理解することとは別のことだと考えているのである。このような考察は、いかにも不徹底である。一方で心身合一の観点に立ちながら、他方で心身二元論の観点に立っているからである。他者の心は、他者の身体とともに、他者の身体がある「そこ」に現れている（心身合一）。しかし、他者の心的状態は、他者の身体の向こう側に隠れており、身体的表出を手がかりにして推測するしかない（心身二元論）。また、このようなねじれを解消する方途として、修行を通じて開示される自他一体の境地や、自他の根底で作用している集合的無意識の心理的ネットワークを湯浅は考えていたように見えるが、これも他者問題を考察する筋道としては望ましくない。湯浅は自他を集団として結びつける心情的作用として「気分」という概念について述べており[13]、この点は注目に値する。しかし、最初から自他の区別が乗り越えられた状態を出発点にすると、自他を合わせた集団について考察することにしかならず、他者問題のもともとの設定から離れてしまうことになる。

では、どう考えればよいだろうか。現象学でしばしば実践されるように、先入見を排して日常における他者とのやり取りの経験を振り返ると、改めて気づかされることがいくつかある[14]。

第一に、私たちが出会っているのは他者という「ひと」であって、心と身体とか、内面と外面といった姿に最初から分離して与えられることはない。私たちは、そうした両者に分離する以前の「ひと」と出会っており、その振る舞いを知覚する。他者が腕時計を一瞥する姿には時間を確認する意図を同時に見ている。屈託のない笑顔には喜びを感じるし、にじむ涙には悲しみを感じる。私たちは、他者の表情や行為を知覚するさい、身体表現と分離できないしかたで直接に感情や意図を知るのであって、知覚内容をもとに推論をするという間接的な認知は遂行していない[15]。フッサールの他者論を補ってメルロ＝ポンティが述べているように、「精神にとっての精神の構成というものはないのであり、あるのは人間にとっての人間の構成である」[16]。

語られた言葉を含め、他者の身体表現が心や内面と分離して現れるのは、むしろ特殊な場面である。相手が嘘をついているという疑いが生じている場面、相手が真意を隠しているように思われる場面、相手が自分の考えをうまく言葉にできていないように感じられる場面、などである。たしかに、これらの場面では、身体表現とは別の何かとして他者の心が現れてくる。しかし、それは、他者の心が原理上、身体とは別の次元にあるとか、身体の向こう側に隠れているということを意味するものではない[17]。特定の場面で、他者の心が身体とは別の位相に感じられるということに過ぎない。

第二に、私たちは、言葉や行為など相互のやり取りを通じて他者を理解するが、その種のやり取りのもっとも基礎的なものは身体的相互行為（embodied interaction）である。[18] 後ろから誰かに肩を叩かれれば振り返るし、目の前の相手に物を手渡されれば自然に受け取る。相手が遠くを見て指をさせば思わずその方向に目を向ける。これら、何気ないやり取りのひとつひとつは、身体的相互行為として成立している。そこでは、相手の意図が知覚を通じて直接的に理解されているだけでなく、その意図に応じた行為を送り返すことで、互いの行為が相互行為として噛み合った状態が出現する。言葉のやり取り以前に、身体的相互行為を通じて、非言語の他者理解を私たちは実践しているのである。即興の合奏でも意味のある楽曲が成立するように、非言語の身体的相互行為を通じて、間主観的に共有可能な意味が出現しているのであり、こうした実践が言語を介した他者理解のもっとも基礎的な次元で機能している。[19]

第三に、自己と他者はコンテクストを共有しており、そのコンテクストを背景にして他者が現れるということである。私たちが出会う他者は、真空管に浮かんでいる人型の物体ではなく、世界の特定の場所で活動する生きた身体である。他者は、駅のプラットホームで電車を待つ乗客、会議室でメモを取りながら話を聞いている同僚、などとして現れてくる。このとき、立っていることが電車を待つことを、字を書くことがメモを取ることを意味するのは、それぞれの行為が、自他間で共有された特定のコンテクストのもとでなされており、そのコンテクストが行為の意味を限定するからである。そして、それぞれの行為には、電車に乗って移動する意図、熱心に話を聞く態度、などを自然に読み取ることができる。湯浅は自己と他者が空間的にへだてられていることを強調するが、そのへだたりは断絶を意味しない（集合的無意識によってつながっているという意味でもない）。自己と他者は、共通のコンテクストの上で出会い、直接知覚と相互行為を介して互いを理解する可能性に開かれている。[20]

私たちはともすると、他者を理解することについて誤ったイメージを持ってしまいがちである。それは、他者から離れた場所にいて、他者の心で生じている感情や思考について間接的に想像や推論をめぐらせる、というイメージである。これは、他者をその心と身体に暗黙裡に区別したうえで、身体の向こう側に隠れている他者の心を理解することが真に他者を理解することである、とする誤解にもとづいている。湯浅の他者理解にも部分的にこのような誤解が見られたが、これは湯浅に限った話ではなく、現状の心理学や認知科学において広く流布しているものでもある。[21]

三　間身体性

以上の論点を踏まえて、現象学的な他者理解をさらに推し進めてみよう。ここで主に参照したいのは、フッサールではなくメルロ＝ポンティである。先の短い引用からも察せられる通り、メルロ＝ポンティの他者論のひとつの論点は、私秘的で、本人にしかアクセスできないものとして心をとらえるデカルト的前提を離れて、いかにして他者理解が可能かを考察する点にある。彼は例えば、「幼児の対人関係」という発達心理学の講義録において、私秘的な心の見方が心理学における躓きの石になっていることを指摘し、「心理作用が当人にしか近づきえないものであって、私の心理作用も私だけが近づくことができて、外からは見えないものだとする偏見」を放棄せねばならないと強調している。[22]

こうした偏見を捨て去るとき、世界において行為する「生きた身体（lived body）」としての他者が見えてくる。他者もまた私と同じ世界のなかにあって（「世界内存在」）、さまざまな行為を通じて事物や他の人間とかかわりつつ存在している。[23] 他者に出会い、その行為を知覚するとき、私はその行為にともなう意図を知覚し、その行為の意味を直接的に理解する。同じ講義録には次のように述べた箇所がある。

他人知覚においては、私の身体と他人の身体は対にされ、言わばその二つで一つの行為をなし遂げることになるのです。つまり私は、自分がただ見ているにすぎないその行為を、言わば離れた所から行き、それを私の行為とし、それを自分で行ない、また理解するわけです。また逆に、私自身の行う動作が他人にとってもその志向的対象になりうることを、私は知っています。[24]

自己と他者は、共通の世界のなかで「生きた身体」として出会っている。だからこそ、他者の行為を知覚するさい、その行為に含まれる意図や目標を直接的に理解するだけでなく、時としてそれを共鳴的に反復してしまうこともある。例えば、会話中の相手が時計をちらっと一瞥した瞬間に自分もつられて思わず時計を見てしまったり、相手が飲み物のグラスに手を伸ばした次の瞬間なぜだか自分もグラスに手を伸ばしていたり、といったことである。一見したところ何の意味もなく生じている出来事に見えるが、これらは、他者の行為を知覚しつつ、それを自分の行為として反芻することで、他者の行為の意味を直接的かつ感覚—運動的に理解する回路としてはたらいているのである。

よく知られているが、このように、自己の身体と他者の身体のあいだに潜在的に張り巡らされている共鳴的な関係、もしくは相互的な関係を、メルロ＝ポンティは「間身体性（intercorporéité）」と呼ぶ。[25]間身体性は、いま取り上げた例のように、意図せざる模倣として表出することもあるが、行為として明確に表出しないこともある。長い会議中にあくびをした同僚を隣にして思わず自分もあくびしそうになったり、目の前でつまずいた歩行者を見て一瞬自分の全身にも緊張が走ったり、といったように、行為の可能性にとどまる場合も多い。また、この関係は一方的なものでもない。声を出して笑う私につられて他者が笑い始めることがあるように、自己の行為と同じ行為（またその可能性）が、他者の身体において喚起されもする。つまり、自己の身体と他者の身体のあいだで、

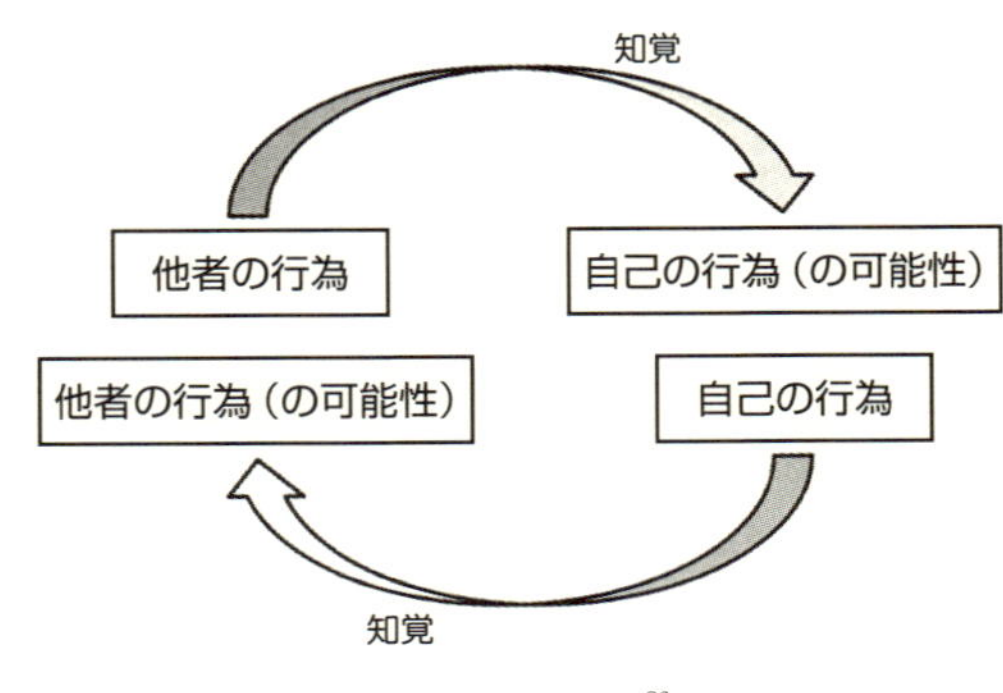

間身体性の構造[26]

知覚と行為の循環的かつ共鳴的な関係が作用しており、これを間身体性と呼ぶのである（図参照）。

間身体性が社会的認知におけるもっとも基礎的な回路だとすると、私たちの他者理解は、その始まりの場面においてはつねに感覚運動的かつ知覚的なものであって、概念的なものではない。[27] 認知科学や心理学における「心の理論」をめぐる議論では、常識に沿って相手の心的状態を推論する過程や、相手の立場に自分を置いてその心的状態を想像する過程が他者理解には不可欠であるとされる（前者がいわゆる「理論説」、後者が「シミュレーション説」に対応する）。他者理解において推論や想像が関与する場面はもちろんあるが、より一次的で基礎的な認知過程として、知覚と行為を介した身体間の共鳴があることを見逃してはならない。推論や想像によって媒介される以前に、間身体性を通じてより直接的な他者理解の可能性が開けているのである。[28]

四　同調と同期

観察可能なレベルに目を移すと、自他のコミュニケーション場面において、間身体性は二つのパターンで出現する。[29] 両者は非言語的コミュニケーション研究でしばしば「matching & meshing」と呼ばれるもので、正確にはそれぞれ「行動の同調（behavior matching）」と「相互行為の同期（interactional synchrony）」と名づけられる現象である。[30]

前者は、すでに見た通り、自己と他者の行動がいわば鏡写しになったように類似する（同調する）現象を指す。よく知られている観察例を挙げると、新生児が大人の表情を模倣する、[31]乳児が母親の発話に合わせて声を出そうとする、[32]心理療法の面談場面でセラピストとクライエントの姿勢が一致したり、グループで会話中に複数の人が自然と同じ姿勢を取ったりする、[33]授業中に教師の姿勢が変化すると、それに合わせて一定数の生徒の姿勢が同様に変化する、[34]特定の感情が他者へと伝わるさいに表情の自然な模倣が生じる[35]等である。笑顔の場合、それが実際の表情として表出しなくても、それを見る側の頬の筋肉や脳内の関連部位が活性化することが確認されている。[36]

後者は、身体的表出の同型性ではなく、身体行為の時間的な同期を指す概念である。現実のコミュニケーション場面では、自己と他者が互いの行為の意図を理解できていることは、その意図に応じる行為をタイミングよく送り返すことで示される（指さす→目を向ける、手渡す→受け取る、などのように）。一方が行為を起こすと、他方が継起的なタイミングでそれに応答し、互いの行為が時間的にかみ合い、同期しつつ進行していくことが、間身体的な共鳴を目に見えるしかたで推進するのである。こちらも、古典的な観察例としては、たとえば、生後二週間の新生児が大人の発声パターンに合わせて頭部、手、足を動かすこと、[37]発話者の発声のリズムに同期して聴取者の身体が動いていることなどが知られている。[38]

同調と同期から見えてくるのは、他者の行為を知覚することが、自己の行為を促し、誘発するような関係にあるということである。他者の行為を知覚すると、自己の身体の感覚—運動的な次元において同じ行為の可能性が反芻されるだけでなく、他者の行為の意図に応答する新たな行為が誘発される。アフォーダンスという観点から言うと、他者の行為は、その意図に応じる自己の行為をアフォードする社会的性質を持っているのである。[39]コミュニケーションは、言語を介してメッセージをやり取りする過程である以上に、自他の身体間で生じる相互行為である。そもそも、発声と聴取が相互行為として同期しつつ交替することがなければ、言語的なメッセージを互いに伝達することさえ不可能であろう。

重要なのは、同調と同期を通じて自己と他者の相互行為がある一定の水準で協調し、噛み合い始めると、自他の相互行為のプロセスそのものが一種の自律性を創発的に獲得するということである。同調と同期をともなって噛み合いつつ進展してゆく自他の相互行為や会話は、自己と他者のいずれかがその流れを完全に制御できるわけではなく、「それ自身の生命」と呼ぶべきものを備えている。自他の二人で対になって行うダンス、卓球、おしゃべりなどの場合を考えてみるとよい。一方的にどちらかが行為を放棄する以外に相互行為をコントロールする手段はなく（つまり相互行為そのものを止める以外にコントロールできない）、相互行為が続いているあいだは、自己と他者のどちらかがプロセス全体をコントロールできるわけでもない。その意味で、相互行為を通じて自己と他者の二項システムが創発していると見ることができる。この点について、フックスとイェーガーは次のように的確に指摘している。

二人の個人がこのようなしかたで相互行為をするとき、身体動作、発声、ジェスチャー、視線などが協調するが、その協調が個人の意図を越えて共通の意味創造が創発するような瞬間に至る。……（略）……現象学的に言うと、これは、プロセスがそれ自身の「重心」を獲得することとして経験されるだろう。すなわち、「あいだ（in-between）」が、二人のパートナーの作動しつつある志向性の源泉となるのである。それぞれが、プロセスの外にいるときにそうするのとは異なるしかたで行動しまた経験し、二人のどちらかに必ずしも帰属させえないしかたで意味が共同創造される。[40]

自己と他者が互いに「生きた身体」として出会い、相互行為を重ねて協調してゆくことで、同調と同期を通じて自他の「あいだ」が自律性を獲得するのだとすると、結局は「あいだ」において共有されるものこそが、他者理解の核心を形成することになる。社会的認知も他者理解も、一方向的に自己が他者に向かって構成するのではない。上の引用でフックスとイェーガーが「二人のどちらかに必ずしも帰属させえないしかたで意味が共同創造される」と述べているように、互いの関与によって新たに創造される意味こそがここでの鍵であり、他者理解は双方向的な相互理解以外のものではありえないのである。

結論

ここで、「あいだ」における双方向的な相互理解とは、必ずしも言語的に明示できるような意味の次元だけに限定されない。むしろ、自他のあいだで同調と同期を通じて生み出される雰囲気やその場の空気のように、暗黙的で微細な情動的トーンを基盤とするものである。湯浅が「気分」として述べたものも、自他の身体的相互行為という文脈でとらえ直すことができる。たとえば、即興で繰り広げられるジャズの演奏を考えてみるとよい。あらかじめ定められた楽譜がないにもかかわらず、各メンバーの奏でる音が次々と同期したり、あるタイミングではメロディを同調させたりしながら、その場でしか成立しないような楽曲が進行してゆく。演奏中に生じていることを言語的な意味として語り直すことはきわめて難しいにもかかわらず、各奏者は、ノイズとは明らかに異なる有意味な音の連鎖を経験している。つまり、言葉として明示的に語りにくいものの、間主観的に共有される意味の経験が、間身体的な同調と同期を通じて生み出されてくるのである。

会話のような一般的なコミュニケーション場面を考えるうえで、合奏はたんに比喩以上の意味を持つ[41]。先にも見たように、発話者の発声のリズムに合うしかたで聴取者の身体は動いているし、発話者の交代（ターンテイキング）が淀みなく滑らかに生じることで会話は一定のテンポを持つ。発声にともなうアクセントや抑揚は、会話にメロディのような性質を付与する（聞き慣れない外国語が音楽のように聞こえる場合を思い起こすとよい）。会話は、言葉のやり取りとして意味を持つ以前に、身体行為として同調と同期をともなっている点で音楽の合奏のような性質を持っており、一定の情動的トーンを生み出している。

これは、会話の持つ言語的性質を軽視するものではない。身体的相互行為の次元までさかのぼって、私たちが会話において共有している意味をとらえ直すことが可能だということである。会話は音楽的な性質を持ち、楽しい感じや退屈な感じ、高揚する感じや気まずい感じなど、その場に充満する情動的トーンを背景として、言葉のやり取りが進行してゆく。会話が複数の話者によって構成される即興のナラティヴだとすると、ナラティヴを図として浮かび上がらせる背景として作用しているのが、身体的相互行為によって醸成されるその場の雰囲気なのである。会話をいくら重ねても相手のことが理解できないと感じられたり、会話がとぎれた沈黙の場面において互いに何かを感じ取ることができたりするのは、ナラティヴの背景に退いている情動的トーンが、言葉の切れ目において突如として前景化してくるからであろう。これは逆に、滑らかに進行しているナラティヴにおいては、言語的意味を介して、互いの主張は十分に伝わっているし、間主観的な了解が成立していることを示している。

すでに確認した通り、湯浅は、他者問題について、一方で心身合一を認めつつ、他方で心身二元的な立場を取っていた。他者の心の実在を疑うことはナンセンスであるとしつつ、しかし、他者の心は身体の向こうに隠れており、言葉や表情から間接的に認識するしかないと考えていた。また、修行を通じて開示される非日常的な経験においては、自他一体であることが自覚され他者問題そのものが解消すると考えていたと思われる。だから、他者問題を考える端緒を、自他一体の集団のレベルで作用する「気分」に置いたのである。

筆者は、このような立場を取らない。非日常的経験を通じて明らかになる自他の一体性や集合的無意識ということを念頭に置くよりも、むしろ、生活世界において私たちが何気なく実践している他者理解を自覚的に取り上げ直すことが重要であると考える。生活世界において出会う他者は、心身に分離する以前の「ひと」である。自己は、他者の行為にともなう意図をみずからの感覚―運動的回路を通じて把握し、その意図に応じる行為を送り返す。自他のあいだで生成する身体的相互行為は、同調と同期を通じてさまざまな情動的トーンを生み出し、言葉による会話が成立するうえでの背景を提供する。ここにはもちろん、他者の心的状態をめぐって間接的な推論や想像がはたらく余地はある。しかし重要なことは、それが他者理解の核心ではないということである。身体的相互行為と、それが生み出す情動的トーンを背景として自他間の会話が成立しているあいだ、自己と他者はナラティヴという形式で共同の意味を創造し続けている。こうして、他者と間主観的に共有可能な意味の領域を拡大することで、最初は匿名の「ひと」だった他者が、特定の「誰か」として人物像を鮮明にしてゆく。自己との関係において、その「誰か」がどのような傾向を持つ人物であるのかが明瞭になってくる。このような過程こそが、他者を他者として理解するうえで本質的に重要なのである。

注

1　Stanford Encyclopedia of Philosophy（スタンフォード大学・哲学百科事典）、「Other Minds」の項目を参照（http://plato.stanford.edu/entries/other-minds/）。

2　R・デカルト「方法叙説」『デカルト著作集1』三宅徳嘉・小池健男訳、白水社、二〇一〇年、および「省察」『デカルト著作集2』所雄章訳、白水社、二〇〇一年、を参照。

3　フッサール『デカルト的省察』浜渦辰二訳、岩波書店、二〇〇一年、とくに第五省察を参照。

4　湯浅泰雄『気・修行・身体』平河出版社、一九八六年、一九六―一九七頁。

5　湯浅泰雄『身体論』講談社学術文庫、一九九〇年、一二三頁。

6　同書、一三八頁。
7　田中彰吾・小河原慶太「身体知の形成―ボールジャグリング学習過程の分析」『人体科学』第一九巻第一号、六九―八二頁。
8　湯浅、前掲書5、二〇九―二一〇頁。
9　湯浅泰雄『宗教経験と身体』岩波書店、一九九七年、一七二頁。
10　同書、一六七頁。
11　同書、一六八頁。
12　湯浅泰雄「身体と間身体関係」『岩波講座・現代社会学4：身体と間身体の社会学』岩波書店、一九九六年、六八頁。
13　同書、六八―六九頁。
14　S. Tanaka and M. amachi, "A phenomenological view of the theory of mind," *Bulletin of Liberal Arts Education Center, Tokai University*, 33, 2013, pp. 93-100.
15　S. Gallagher, "Direct perception in the intersubjective context," *Consciousness and Cognition*, 17, 2008, pp. 535-543.
16　M・メルロ＝ポンティ「哲学者とその影」『シーニュ2』木田元訳、みすず書房、一九七〇年、一九頁。
17　河野哲也『〈心〉は身体の外にある―「エコロジカルな私」の哲学』日本放送出版協会、二〇〇六年、第三章参照。
18　S. Gallagher, "Understanding interpersonal problems in autism: Interaction theory as an alternative to theory of mind," *Philosophy, Psychiatry, & Psychology*, 11, 2004, pp. 199-217.
19　S. Tanaka, "Creation between two minded-bodies: Intercorporeality and social cognition," *Academic Quarter*, 9, 2014, pp. 265-276.
20　S・ギャラガー、D・ザハヴィ『現象学的な心―心の哲学と認知科学入門』石原孝二・宮原克典・池田喬・朴嵩哲訳、勁草書房、二〇一一年、第九章参照。
21　この点を指摘した論考として、河野哲也『環境に拡がる心―生態学的哲学の展望』勁草書房、二〇〇五年、第二章を参照。
22　M・メルロ＝ポンティ「幼児の対人関係」『眼と精神』滝浦静雄・木田元訳、みすず書房、一九七〇年、一三三頁。
23　M・メルロ＝ポンティ『知覚の現象学2』竹内芳郎・木田元・宮本忠雄訳、みすず書房、一九七四年、第二部IV「他者と人間的世界」参照。
24　メルロ＝ポンティ、前掲書22、一三六頁。
25　メルロ＝ポンティ、前掲書16参照。

26 田中彰吾「即興的な描画を用いた非言語的コミュニケーションに関する予備調査」『東海大学総合教育センター紀要』第三三号、二〇一三年、三八頁参照。

27 S. Gallagher, "The practice of mind: Theory, simulation or primary interaction?" *Journal of Consciousness Studies*, 8, 2001, pp. 83–108.

28 S. Tanaka, "Intercorporeality as a theory of social cognition," *Theory & Psychology*, 25, 2015, pp. 455-472.

29 Tanaka, ibid.

30 F. J. Bernieri & R. Rosenthal, "Interpersonal coordination: Behavior matching and interactional synchrony," R. S. Feldman & B. Rimé (eds.), *Fundamentals of nonverbal behavior*, Cambridge, UK: Cambridge University Press, 1991, pp. 401-432.

31 A. N. Meltzoff & M. K. Moore, "Imitation of facial and manual gestures by human neonates,"*Science*, 198, 1977, pp. 75–78.

32 J. N.Cappella, "Mutual influence in expressive behavior: Adult-adult and infant-adult dyadic interaction," *Psychological Bulletin*, 89, 1981, pp. 101-132.

33 A. E. Scheflen, "The significance of posture in communication systems," *Psychiatry*, 27, 1964, pp. 316–331.

34 M. LaFrance & M. Broadbent, "Group rapport: Posture sharing as a nonverbal indicator," *Group and Organization Studies*, 1, 1976, pp. 328–333.

35 E. Hatfield, J. T. Cacioppo & R. L. Rapson, "Emotional contagion," *Current Directions in Psychological Science*, 2, 1993, pp. 96–99.

36 L. Schilbach, S. B. Eickhoff, A. Mojzisch, & K. Vogeley, "What's in a smile? Neural correlates of facial embodiment during social interaction," *Social Neuroscience*, 3, 2008, pp. 37–50.

37 W. S. Condon & L. W. Sander, "Synchrony demonstrated between movements of the neonate and adult speech,"*Child Development*, 45, 1974, pp. 456–462.

38 A. Kendon, "Movement coordination in social interaction: Some examples described,"*Acta Psychologica*, 32, 1970, pp. 101–125.

39 S. Gallagher, *Phenomenology*. London, UK: Palgrave Macmillan, 2012, pp. 76ff.

40 T・フックス、H・デ・イェーガー「エナクティヴな間主観性―参加的意味創造と相互編入」田中彰吾訳、石原孝二・稲原美苗編『共生のための障害の哲学：身体・語り・共同性をめぐって』UTCP-Uehiro Booklet, 2, University of Tokyo Center

for Philosophy　二〇一三年、二〇七頁。

41　S. Tanaka, "Embodying the other mind," *Proceedings of the Kyoto Conference 2015: Beyond the Extended Mind: Different Bodies, Dolls, Female Soul and Eastern Spirit*, 2015, pp. 86-101.

代替医療と身体的実践の知

鮎澤　聡

はじめに

湯浅は晩年に、これから人体科学を展開していく上で「代替医療」が重要になっていくだろうと述べていたときく。また、その頃には自らが鍼治療を受けていたともきいている。それを思いながら著作をひもといてみると、気についての研究、あるいは経絡・経穴現象についての論述はあるのだが、いざ実際の治療となると、それについて具体的に触れたものは意外に少ない。湯浅の真意がどこにあったか、本当のところは今となっては分からないが、湯浅の思いを汲み、継承し発展させていくことが、医学に身を置く者に託された仕事ではないかという思いが常に筆者をとらえてはなさずにここまで来た。それには、急逝した湯浅への思いもあるが、それ以上に、筆者自身がそのように考えているからである。

本小論では、気の問題とも関連の深い鍼治療などの代替医療を題材にし、身体論を中心とした湯浅の思想との間を行き来しつつ、代替医療の効果と関連した身体観、また医学あるいは人体科学における代替医療の意義について論じてみたい。そこにおいて俎上にのせられるのは、『身体論』あるいはその周辺の著作における湯浅の「自我」の捉え方と、「心身二元論」の克服のされ方、そして「身体的実践」である。自我の捉え方とは、すなわち心身二元論の基となる近代的理性的自我への問いである。これは、筆者にとっては、心身二元論に基づいた科学的な方法に依拠する現代医学の反省につながる。ところで筆者は、湯浅の心身二元論の克服の方法には必ずしも満足していない。湯浅は、理性的な自我を主体として堅持し、自我と身体をつなぐ働きを無意識・情動に求め、さらにそれを神経系の活動に還元することで一元的な見方への道を求めた。また、湯浅は、無意識の層すなわち湯浅のいうところの自我意識の内面に近づくための技法として、東洋における瞑想や修行などの身体的実践を位置づけた。筆者は、近代的な理性的な自我を見直すことが代替医療の機序を理解する上で必要であると考えているので、この点では湯浅とは立場を若干異にする。しかしながら、一方で、身体的実践を重んじる湯浅の思考は、現実の医療における実践の意義を浮かび上がらせることになり、また、近代医学が置き忘れてきた重要な視点を与えてくれるものと考える。

一　代替医療

代替医療には、様々な定義があるが、概ね「現代医学では用いられない治療法・健康法の総称」のことであり、整体、アロマセラピーといったいわゆる民間療法的なものから、バイオフィードバックなど科学的な機器を用いるものまで、その範囲は広く、様々である。鍼治療などの伝統医学もこれに属する。「代替」という言葉は、通常の医学の代わりということに加え、科学的に立証されていない不確かな方法という否定的な意味合いで用いられることもあるが、一方で代替医療が、近代科学的な生命観と異なった、新しい生命観に基づく、より全人的な医療の方法として位置づけられることもある。

近代科学に基づく現代医療は、科学の分析的な手法に基づいて、画像的に悪い部分を局在し、或いは原因物質を因果的に同定して、それらを除去したり補ったりするという方法に立脚している。しかしながら、たとえば自律神経失調として扱われるような、分析的に原因を同定し得ない愁訴や症状に対しては、近代医学は方法論的に無力であることが多く、そのような場合には「心の問題」とか「機能的問題」として半ば治療が放棄されるのである。

一方、多くの代替医療においては、身体に触れるなどの手法を通して直観的に患者の身体の状態を捉え、そこから身体の働き方を調節する。そして、生体の働き方を整えることで生体自身の持つ自然治癒力を発現させることが治療の本質とされる。たとえば東洋医学においては、病気は気の流れの異常であり、気の流れを整えることで治癒を得るという概念のもとに治療体系が成立している。鍼治療では、体表の経穴に鍼を刺すことで、経絡の気の流れを整えることになるが、経絡や経穴が解剖学的・生理学的に同定されているわけではないし、気が何であるかも科学的には理解されていない。しかしながら、何らかの機能的連関を担っている系であると推定されている。また、鍼治療においては、必ずしも刺すことが作用しているだけではなく、鍼の先端を経穴にごく軽く触れさせたり、或いは小さな刷毛のようなもので撫でたりと、非常に微弱な刺激で治療を行う手法も存在する。

このように、現代医学が器質的・物質的な治療であるのに対して、鍼治療などの代替医療は機能的治療として位置づけることができる。また、心身二元論に端を発する科学的・分析的手法によって発達した近代医学に対する反省として代替医療がとりあげられるのであれば、そこに求められているのは心身二元論を越えた身体観・生命観であり、ひとまずここに、湯浅の問題意識との接点を見出すことができる。

二　生体の機能

代替医療を機能的な治療と位置づけたところで、この「機能」ということについて考えを進める。

生体を、臓器や組織の集まりとして解剖学的に捉えるのではなく、その活動を観察することで、心臓や脳、腸管、あるいは分子・原子に至るまでの、様々な器官の活動（リズム）の集合としてみることができる。生体には様々なリズムが観察される。月経など月単位のリズムや睡眠覚醒のリズム、脳活動、脈拍、呼吸、さらにミクロなレベルでは、細胞も周期を持ち、あるいはそれを構成しているタンパク質も振動している。したがって、生体が何らかの一体性を保つには、これらの活動が時間的・空間的にまとまっていること、すなわち「秩序」が必要である。また、生体は、代謝などを通して物質的には常に入れ替わっているにもかかわらず、その秩序は維持される。したがって生体の機能を、「秩序を維持生成する働き」に求めることができる。先に述べた経絡機能もこのような生体全体の秩序と関連した系である可能性がある。また、この観点からは、秩序が維持されている状態が健康であり、病気とは秩序が失われた状態といえる。

さて、たとえば神経活動とか筋の収縮、あるいはそれに付随する神経伝達物質の動きなど、生体における活動は外部観察され、科学的手法で分析が可能なのであるが、機能それ自体は観察できない。なぜなら、機能そのものは、空間とか時間とかいう次元を持たないからである。観察されるのは、機能が現象に発現された空間的な「形」とその時間的変化すなわち「活動」である。これは、エネルギーが作用した物質の変化や動きは観察できるが、エネルギーそのものを観察することはできないことと同じである。

身体は、何らかの機能により、現象において形を持った存在である。したがって、身体は機能と直結する。特に、原初的な身体においては、身体の形は機能そのものである。観察される活動は、機能の現象における表現である。情動とは原初的な機能が活動として表現され、観察されるものである。

ここで、生体の機能と形ということに、もう少し具体的な描像を与えておこう。人の身体の六〇—八〇%は水からなる。したがって、生体は「水のかたまり」として捉えることができる。Del Giudiceは、電磁場と水が相互作用することにより、約一〇〇nmのコヒーレントな（秩序だった）水分子の集合体（ドメイン）が生成されることを理論的に述べ、これが生体の基本的な構造である可能性を論じている[1]。ここでは、水分子を凝集させている電磁場が機能であり、水分子の集合体が形である。このドメインは、いわば生体のエレメントであり、原初的な身体ともいえる。さらに彼は、このドメインが生体に広がり、巨大なドメインが形成されることで、生体の秩序性が維持されることを論じた。このことは代替医療で用いられるような微弱な刺激が生体に作用する根拠にもなる。この理論の妥当性を述べることが本小論の趣旨ではないので詳細は割愛するが、ここで強調しておきたいのは、この水分子のドメインあるいはドメイン集団が、身体全体を一つの系として機能的にまとめていることにある。つまり、生体において観察される活動の秩序性の背後に、潜在的な機能があり、それを担うのが「水のかたまり」ということになる。通常の解剖学では、脱水させた組織で身体の構造をみるわけだが、機能的立場からは、むしろこの水のかたまりに身体性を捉えることになる。そこにおいて心身は全く一元的である。

さて、この機能の存在において、神経などの組織・器官が活動する。これらが進化の過程で現れたことを考慮に入れると、それらの組織は、機能の、現象におけるより複雑な表現のための道具のようなものともいえる。現代医学は、高度な技術でこの道具の活動を外部から観察することができ、さらに、治療としてそれらの活動を外部から操作することができる。たとえば、患者の異常な神経の活動を観察し、それを電気で刺激してその活動状態を変えることができる。実用的に役立つことはもちろんあるが、刺激を中止すれば多くの場合はまた元の状態に戻ってしまうことから、基本的に現象的な治療である。一方、代替医療は、機能的治療であって、現象におけて観察されない機能にどのように干渉することができるのか、あるいはその意義については後述する。

る活動に干渉するのではなく、患者の機能そのものに干渉することが本質であると筆者は考えている。現象とし

三　自我の在処

先ほど、現代医療が、原因が同定できない時に「心の問題」あるいは「機能的問題」として放棄することがあると述べた。このことからも、心と機能は似た位置にあることがわかる。心という言葉には様々な定義があるが、ここで意味するところの心は、身体に活動をあたえる機能である。心と関係した活動は様々な機器で観測することができる。しかし心そのものを外部観察することはできない。さらに、心が、様々な身体の状態と関連することを考えれば、心という機能は全身の秩序性と関連し、活動の仕方を与えている機能ともいえる。だとすれば心は「主体」であり「私」すなわち「自我」である。そして、いわゆる意識とは自我の表現であり、理性は意識の思惟における表現形式といえる。

ところで、今ここで機能として述べてきた自我は、心身二元論における自我と異なることに注意しなくてはならない。心身二元論における自我とは「理性的な思惟する自我」であり、また延長である身体と分かち合っているものであった。しかし、今述べてきた自我とは、理性ではなく、理性の基となる存在であり、先ほど述べた機能的立場からは、身体そのものである。

この「自我の在処」の問題について、湯浅の思想を振り返りながら考えてみたい。

湯浅が『身体論』を展開するにあたって、あるいはその前後の著作においても、心身二元論あるいは物心二元論の克服が主要な課題としてあげられている。そこで湯浅は、ベルクソンやメルロ＝ポンティらに一定の評価

と批判を加えつつ、修行や瞑想といった東洋の伝統的技法、さらにユングの深層心理学に導かれていった。

さて、『身体論』において湯浅は、情動や無意識が意識の基底的構造として存在し、「表層意識である理性」に先立っていることを指摘し、そのような心の深層の働きが「本来的自己」であると述べている。先に鍼治療との関連で述べた経絡機能もこの基底的構造である。そして、情動や無意識を大脳皮質下の神経活動と内臓感覚系に結びつけることで、無意識と身体とのつながりを論じた。また、修行や瞑想など身体性を伴った東洋的技法を無意識の層に近づく方法として位置づけ、「近代哲学は自我意識を出発点にして、外界の経験に対する主体の存在の意味や立場を問題にしてきたのであるが、今日では逆に、自我意識の内面に向かってそのまなざしを移し、意識の底にかくれた経験の領域へと入ってゆかなくてはならない」［一四：三六五］と述べている。

湯浅のいう深層の働きは、筆者が先に述べた、身体に活動を与える機能としての心と近いのではないかと考える。しかし、筆者の考えるに、表層意識が情動・無意識などの深層の働きの影響を受けており、その深層の働きを「本来的自己」というのであれば、むしろ、情動・無意識などの深層の働きこそを主体である自我として捉えた方が自然である。[2] また、情動・無意識が身体と結びついているのであれば、そこを自我とすることが『身体論』の主題でもある心身二元論の克服にもつながるようにも思える。

しかしその後、湯浅は独自の視点をとっていく。先のように、湯浅は理性について、理性的な自我が必ずしも明証なものではないことを様々な角度から繰り返し述べる。一方で、明証なる自我意識とは何か、という哲学的な問いには答えていない。そのような問いかけをせず、あくまで従来の理性的自我を出発点とし、意識をその外面に向けるか、内面に向けるかの立場あるいは「自我を問う立場」として論じるのである。

湯浅は何故、その出発点を変えなかったのであろうか。

一つには、湯浅が、情動や無意識の働きを神経系の活動に結びつけようとしたことがあげられる。湯浅が身体論を模索していた時代は、哲学においては理性主義が台頭していた頃であり、当時のことを振り返って「論理的必然性をもつ先験的(アプリオリ)な知が経験的実証にもとづく科学の知よりも上位にあるという主張には疑問を覚えた」［二一：四八三］と述べている。従来の哲学に違和感を覚えていた湯浅にとって、情動や無意識の働きを経験科学とすり合わせることは大きな意味のある作業であったと思われる。人体科学会の設立もその一つなのであろう。『身体論』においては、内臓感覚を意志から独立したものとして、皮質下の神経活動と対応させることで無意識と身体を一元的に捉える糸口とし、また、これらの活動を、位置覚や振動覚などの身体の深部感覚とは別のものとして論じているが、これは、情動性と身体感覚を合わせて自律神経系に対応させた初期のモデルから進化しており、科学的記述に対する湯浅の思い入れを感じることができる。また、それをもってベルクソンやメルロ＝ポンティを越えんとする意図も感じられる。確かに、無意識的な運動と大脳基底核などの皮質下の活動とは深い関係がある。内臓感覚系と情動との関連ももちろんである。しかしそれらは、先ほどの議論からは、現象における活動であって、どちらも機能そのものではない。あくまで表現の道具である。結果としてはその還元主義的な手法からは、深層の働きそのものに主体としての自我を与えるところには行きつかない。

だが、もちろんそれだけの理由ではなかろう。湯浅自身も、解剖学を中心に発展した近代科学を反省的に捉えるとともに経絡現象などを引きながら、「身体の存在様式を把握する最初の出発点は、主体的内面的にとらえられる「心」の作用である」とし、「次いで生理的機能は心理作用の相関性において、いわば心理作用の発現の「場」fieldとみなされる」とする。さらに「解剖学的器官は、そういう心身相関的機能の表現形態としてとらえられる」［一四：三四八］とまで述べているのである。しかし、そのような見方をしていながらも、主体自体の変更はしなかった。ここに、そもそもの湯浅の問題意識の出発点を探ることができるかもしれない。

デカルトからカントにつながる近代的理性的自我意識について、様々なかたちで議論されてきたことは、今さら筆者が言うまでもないが、その一人に、湯浅の師である和辻哲郎がいる。和辻は彼の倫理学において、自我意識のあり方は常に自他の人間関係、すなわち「間柄」によって制約を受けるのであり、むしろ間柄が自我意識に先立って自我を成り立たせる根拠であるとし、西洋的な自我意識を否定した。弟子である湯浅は少なからずこの影響を受けたと思われる。湯浅の筑波大学の退官講義が纏められた『哲学の再生』においては、「近代人は、理性とか論理とかいうものが文化や歴史の多様性をこえた普遍的なものであると信じていますが、理性は、歴史の動きの中で、また各民族の文化の伝統の中で、具体的な形をとってはたらくものです。理性や論理そのものは人間にとって普遍的であるとしても、それは、現実の歴史的状況と文化の多様性の中で、はじめてはたらくことができるのです。西洋の近代人は、このことに気がついていませんでした」［一七：二二七］とする。しかしながら、一方で湯浅は、和辻が自我意識を否定したことに対しては疑問を投げかける。そして「倫理学の出発点は、自他の間柄を支配する、倫理についての共同了解である。それでは、一体、そのような共同了解が存在するということは、どのようにして証明されるのであろうか。倫理についての共同了解は自他の人間関係を支配しているもの、つまり現実に力をもって個人の行為の仕方を拘束しているものである。そういう共同了解が現実に存在しているということは、われわれが、つまりAとかBという個人が、その共同了解に従って倫理的に行為することによって、はじめて明らかになってくるのである。言いかえれば、自我意識が、そのような倫理的共同了解の存在を事実として認め、その存在を証明しようとする努力が、倫理的実践に外ならないのである。このように実践を通じてその存在を証明する以外に、共同了解の存在は証明することができない」［二：四六二］と論じる。すなわち、共同了解には自我意識による実践が必要であるとし、西洋的・理性的な自我意識の存在を切り捨てることをしなかった。逆に、それを認めつつ実践をもってこの状況を解決することが、湯浅の基本的な方法論になったと思われる。『身体論』に先立つこと一〇年前に書かれた『自我の問題』では、その後に自らが進むべき道を宣言しているかのように、そのあたりの問題を論じているが、そこでは、近代哲学における「自我意識」を倫理学的な立場から問うていたことがわかる。そして実践による解決という方法が身体論の展開においても継承されていくのである。

四　心身二元論の克服

自我の在処という観点から湯浅の問題意識と方法論を述べてきたが、心身二元論の克服という観点から、もう一度これまでの議論を整理してみたい。
湯浅は、表層の心（理性）の基底に深層（無意識）があり、無意識は皮質下の神経機能を介して身体と強い関連をもつことから、自我と身体をつなげるものとして深層の無意識を位置づけることで自我と身体をつなげた。

理性［自我］――無意識――身体

一方、筆者は、そもそも本来的な自我は理性ではなく、身体に形と活動を与えている機能（心）であって、そこにおいて心身は一元的である。そして、理性は心身の現象における表現形式であると考える。

（理性）――――――心身［自我］

哲学とは縁の薄い筆者にとっては、人間の主体を理性的自我にみるか、情動や無意識といった深層の働きにみるべきか、どちらが正しいとかいうことを述べる立場にはない。しかしながら、いくつかの点で、私は後者を支持したい。
まず、神経系ができる以前の原始生物にも、主体性や情動反応が認められるのであるから[3]、主体は神経系以前の原始的なところに求めなくてはならない。

つぎに、心身をそのまま一元的に捉えることで、「人間まるごと」診るという全人的な医療への具体的な道筋となる期待が、筆者にはある。

さらに、筆者の臨床における直観がある。筆者は脳神経外科という立場から、脳に重度の障害のある患者と多く接するが、彼らにおいて自我が障害されているのだろうか、という疑問である。彼らにも自我がある。自我はあるが、道具が障害されている故に、現象において上手く表現ができないだけではないだろうか。また、そのような患者とでも、我々は「感じ合う」ことができる。これは、外部観察で分析することで得られるような、理性的な所作ではない。したがって、理性的なる自我が感じているのではない。むしろ、深層の自我が感じているのであって、すなわち心と心の交流である。日常的には当たり前のことという向きもあろうが、その当たり前のことを、物質に対する技術が主である科学ではうまく扱うことができない。むしろ逆に切り捨てて進んでいるのが、物質科学を基盤に発展している医学の現状である。しかしながら、少なくとも医療従事者は理性よりも深いところで感じ合うことができる感性を持つことが必要であると筆者は考えるし、そのような交流の根拠となるような哲学が医学にあっても良いと考えている。

五　身体的実践による共感と機能の創出

自我の問題と心身二元論の克服に関して、湯浅のとった方法について、やや批判的な立場で筆者なりに論じてきたが、一方で、筆者は、湯浅が身体的実践を重要視したことについて大きな意義を感じている。そこで、実践の意義を、代替医療の機序との関連においてとりあげる。

『身体論』で強調されている身体的実践は、瞑想や修行によって意識の深層に近づく方法である。そこでは、行などの非日常的な身体技法が強調され、また自己変容の方法として述べられている。しかしながら、先に述べた初期の湯浅の問題意識に立ち戻れば、湯浅の出発点にあった実践の意義はそればかりではない。むしろ、倫理学における「実践による共同了解の証明」が湯浅の問いかけの根底にあったことが窺える。

共同了解とは、「現実に力をもって個人の行為の仕方を拘束しているもの」〔二：四六二〕である。これはまさに、社会において個の活動を決めている「機能」である。さらに湯浅は、「実践を通じてその存在を証明する以外に、共同了解の存在は証明することができない」〔二：四六二〕と述べる。これは、共同了解そのものは通常の外部観察で得られるものではないことを示している。共同了解を証明するのは理性の働きであろうが、共同了解そのものは、理性的・論理的でないところで実践を通して生まれるということに外ならない。この図式は、生体においても全く同じである。

先に、生体の機能を、秩序を維持生成する働きとし、機能的治療として代替医療を位置づけた。ところで、生体が、現実においてどのように働くかは、すべてが先験的に決まっているわけではない。生体は、不確定な環境において、生体と生体、生体と自然といった様々な関係性の中で生きているのである。そして、その関係性を通して、新しい働き方すなわち機能が「創り出されて」いく。[4] 生きていることは、この機能の絶え間ない創出ともいえる。さて、ここでいう関係性とは、「機能」と「機能」との関わり合いである。理性と理性とではなく、心と心の、身体性を伴った、共感的な干渉である。

代替医療の本質は、生きていることに直結した、関係性を通した機能の創出にあると筆者は考えている。行為的に関係性をもつことが実践である。代替医療においては、外部観測には依らず、鍼や手指による施術といった身体的行為を通して、患者の機能そのものにいわば創出的に干渉していると考えている。もし機能としての心を主体として捉えるのであれば、機能的干渉とは主体同士の共感である。身体的実践により共感を通して「良き」

生体の働き方を創り出していくことが、代替医療の本質であると思われる。

この「機能の創出」という観点は、現在の科学的手法からは生まれない。たとえば、現代医学では、病気を外部観察による診断に基づいて治療することはできる。活動を外部操作することも可能である。しかしながら、現代医学は、健康を創り出す有効な方法論を持たない。病院の集中治療室では、高度な科学技術を駆使して患者の治癒にとって良好な環境を外から保っているのであるが、患者自身の持つ治癒力そのものに働きかけているわけではない。ではその働きかけはどのようになされるのだろうかと考えれば、それは身体的実践による共感的な関わり合いに外ならない。

したがって、代替医療は、病気を治すことよりも、むしろ健康を創り出していくという、生成的な視点において役に立つものである。また、実践による人と人のつながりにおいて機能が創られていくという視点は、人間の学としての医学の復権に必要なものであろうと筆者は考える。

おわりに

代替医療を題材とし、湯浅が『身体論』でとった心身二元論克服の方法を批判しつつ、それにかわる新たな心身一元論を提示すると共に、身体的実践の意義を筆者なりに述べてきた。『身体論』の展開で湯浅がとりあげたのは、東洋の実践的な知であった。しかし湯浅は、実践の主体として、西洋的理性的自我を堅持した。だからこそ、非日常的な身体技法などにその知を求める必要があった。しかし、湯浅自身も「心と身体がわけられないということは、常識的にとっては明らかなこと」［一四：一四二］と述べているように、少なくとも日本の文化のもとにいる我々においては、その実践の知の本質は日常的なもっと身近なところにあるのだと筆者は考えている。しかし、それが、科学技術が台頭する現代において、自覚されにくくなってしまった。それは、医学においても同様である。医学は、周辺科学の進歩の陰で、人間の学としてのあり方を見失っているように感じる。医学には本来、人間と直接に関わり合いながら、生命観を確立していくという責務があるはずである。

患者と行為的に触れ合いながら行われる代替医療は、身体的実践の知のひとつであり、それはまた人体科学の展開の切り口になるだろうと、晩年の湯浅は鍼治療を受けながら直観したのかも知れない。

注

1　E. Del Giudice, P. R. Spinetti and A. Tedeschi, "Water Dynamics at the Root of Metamorphosis in Living Organisms," *Water* 2, 2010, pp. 566-568.

2　このような思想を提示したのは、日本の哲学者である芳村思風である。主著『感性論の哲学』(思風庵哲学研究所、一九七六年)においては、主体性ある「感性」が自我であるとする。筆者は、湯浅のいうところの情動がこの感性と同じであると捉えている。本論では芳村のいう「感性」は「心」として論じている。ちなみに芳村は学習院大学において湯浅の教えを受けていたようである。

3　L. Margulis, "The conscious cell," *Annals of the New York Academy of Sciences*, 929, 2001, pp. 55-70.

4　このあたりは清水博に学んだところが大きい。主著『生命と場所』ＮＴＴ出版、一九九二年。

「〈気〉とは何か」再考——主体的経験の科学の立場から

村川治彦

一　湯浅にとって〈気〉とは何か

一九七〇年代に東西の思想を身体という統一的視点から眺める展望を示した湯浅泰雄であったが、〈気〉について本格的に取りあげたのは一九八四年に開催された日仏協力筑波国際シンポジウム「科学技術と精神世界」で行った講演「現代科学と東洋的心身論」が最初であった。[1] 東洋と西洋、宗教と科学の対話を掲げたこのシンポジウムで企画委員長として企画を慎重に練り上げた湯浅は、フランスからの参加者への問題提起として武道家による〈気〉の実演を用意した。そしてまず自らの講演のなかで、心身論研究の成果を踏まえ「デカルト的二分法をこえた主観的経験科学」の可能性を論じ、その一例として東洋医学における〈気〉について紹介したのである。宗教と科学、東洋と西洋の対話の場にもたらされた〈気〉という概念とその実践である〈気〉の実演は、湯浅が意図した通りのインパクトを西洋の科学者たちにもたらし、会議のなかで活発な議論を巻き起こした。

このシンポジウムの二年後に著した『気・修行・身体』（一九八六年）において湯浅は、東洋医学に加え武術や瞑想法における〈気〉について論じ、〈気〉が「中国伝統医学の身体観にとっても、基本的な重要性をもつ概念」であるだけでなく、「宋明の理気哲学にその一端が示されているように、中国の哲学史をつらぬく基本的概念（keyconcept）である」［一四：四五六］と述べ、〈気〉について深層心理学や心身医学の観点から新たに考察することで、デカルト以来の物心二分法に従う近代科学の思考法を乗り越える可能性を示した。

この時点での湯浅の〈気〉に対する関心は、主に『身体』（一九七七年）以来の修行法の生理的側面と心理的側面からの考察に基づいており、〈気〉を「心理的であるとともに生理的な性質を示す生体特有のエネルギーであって、心と身体の両方に関係する」［一四：四八九］と捉え、〈気〉の流れを心理的存在としての「皮膚の内側として感じられる身体（自分の「からだ」の感覚）」と生理的存在としての「外側からみた皮膚に包まれた身体」を「媒介する通路」［一四：四八九―四九〇］と位置づけていた。身体の内と外とを媒介するというのは、いいかえれば小宇宙と大宇宙の間における「気エネルギーによる（無意識的で心的な）交流」であり、このような〈気〉の思想においては、自然界は「単なる物質界ではなく、生ける生命的自然の秩序」であり、人間は「自然から生かされて生きる受動的―能動的存在」と理解されてきた。湯浅は〈気〉こそが東洋の伝統的な人間観・自然観を「経験科学的に実証する場合の基本概念」［一四：四九〇］と考え、八〇年代半ば以降の思索において中心的に取り組んだのである。

さらにこの日仏協力国際シンポジウムで〈気〉を取り上げたことが契機となり中国との交流が始まり、湯浅は一九八八年に日中平和二〇周年記念シンポジウム「気と人間科学」の実行委員長を務めることになった。この日中シンポジウムの報告書である『気と人間科学』（一九九〇年）に続いて一九九一年には『〈気〉とは何か――人体が発するエネルギー』を出版し、主に生物物理的研究方法に基づく〈気〉の客観主義的研究の現状を詳細に検討し、〈気〉とは何かを次のように述べている。

今日ではさらに、生物物理的な計測の技術が発達してきたので、修行者や気功師がその身体から発する生体特有のエネルギーの性質を、物理的方法でとらえることも可能になってきた。こういう観点からみると「気」というエネルギーの作用は、通常の意識と感覚をこえた立場で心理—生理—物理という三つのレベルに変換してその効果をあらわすものだということになる。要するに、「気」とは主観的であると共に客観的であり、心理的であると共に生理—物理的でもあるような生命体に特有の未知のエネルギーである、ということになる。[2]［一六：二二〇］

この時期湯浅は、こうした〈気〉の客観主義的研究の検討だけでなく、中国の哲学史をつらぬく基本的概念としての〈気〉についての考察も行っている。[3] 道家思想の中核には〈道〉という概念があるが、〈道〉は「世界の万物を生み出す母のようなはたらき」をし、眼に見えないが「常に流れ動いて万物に生命(いのち)を与え」ており、中国人はこの流れ動く〈道〉の見えないはたらきを〈気〉と呼んだ。〈気〉は「見えない」からといって人間にとってまったく知り得ないというわけではない。なぜなら「形ある万物はそのはたらきによって生れ、生かされて」いるからであり、〈気〉は「通常の状態では感覚によって認識することはできないが、訓練によって心が日常のふつうの意識状態から変容するときに感受され、自覚され、認識されてくる」［一六：二二三—二二四］。このように〈気〉が古代からの単なる思弁の産物ではなく、東洋医学や気功の実践によって現代に生きる私たちにも知覚可能であり、それゆえに客観主義的科学と接続可能なものである、というところに湯浅は現代の私たちが〈気〉を研究する意義を見出した。この点を湯浅は次のように述べている。

「気」と人体という観点に立ってみると、東洋医学は人体の内部における気のはたらきを研究の対象としているのに対して、気功は人体の内部と外部における気のエネルギーのはたらきに注目している。そして超心理研究は、〈心を含めた〉人体と環境との関係にかかわっている。したがって、もし超心理研究を「気」の観点からとらえ直すことができるとすれば、人体と環境、つまり人間と世界の関係を、心理—生理—物理という三つの次元を統合する立場から見ることが可能になるであろう。気功の研究に私が関心をもったのはこのためであった。［一六：三二九］

ところで、中国の人体科学研究に触れる以前の著作『気・修行・身体』において湯浅は、〈気〉が「情動と深い関係のある無意識下の潜在的エネルギー」［一四：四九二］である点に注目していた。東洋思想における心と体の関係を心身医学や深層心理学を手がかりに思索してきた湯浅にとって、意識や知覚よりも人間存在にとってより深くから立ち現れる無意識下の潜在的エネルギーこそが、心身関係をダイナミックに捉えるうえで極めて重要なテーマであった。中国の人体科学研究に触れ、〈気〉を感覚的経験領域で感知できる様々な研究を知った時、湯浅は心身医学や深層心理学とは異なる角度からこの無意識の情動にアプローチできる可能性を見出した。「超越的次元と経験的次元をつなぎ、形あるものの背後にはたらきながら、それを生かせている流動」［一五：三五九］としての〈気〉は「化学の元素のように理論的観察によって客観的に認識される経験的作用ではなくて、主体の実践的体験を通じて直観的に感知されるみえない一種の生命エネルギー」［同］である。こうした〈気〉の特徴に自らの心身論との共通点を見出した湯浅は、しかし一方で、「感覚的に認識される形あるものの次元、つまり感覚的経験の領域を直接指しているわけではない」〈気〉を客観主義的科学の計測と接続できる道を探っていた。次節では東西の異なる伝統のなかで〈気〉の経験科学的研究を湯浅がどのように位置づけようとしたかを検討してみる。

二 〈気〉の経験科学的研究方法についての湯浅の模索
——主観主義的科学から主体的経験の科学へ

東西の知をつなぐ新たな方法論の構築において湯浅がまず考えたのは、人間が「こころ—からだ」をもって『ものの』の環境の中に生きている」という事実である。湯浅がここでいう「こころ」は、通常の意識や感覚に限定されず、深層心理学が扱う無意識を含んでいる。先に述べたように、〈気〉のはたらきは、「心理→生理→物理の三つのレベルにおいて、その性質を変換しながら客観的な効果を示す」という特徴をもつ。そうした〈気〉の働きがもたらす「客観的に表現される効果」を学問として扱うためには、従来の科学が用いてきた客観的経験科学の研究方法によって検証することが重要になる。しかし、〈気〉の変容には「心の問題」が含まれている以上、単なる客観的観察という立場では不十分である。〈気〉を学問的に研究するには「人間の実践的な主体的体験の深まりに即しながら」「心のはたらきが生理—物理のレベルにおいて現れるときの効果」について研究しなくてはならないと湯浅は考えた。

ところで思考様式の異なる東洋と西洋の形而上学の伝統を接合する方法を考えるうえで、湯浅が最も影響を受けたのはユングであった。ユングによれば、西洋的思考においては「知の客観性は主体の心理的体験的基盤から切り離されてしまう。つまり、論理と心理、あるいは知の客観的形式と主体的生き方とは別もの」[五：二二八]になっている。一方東洋の思考様式においては、知が「人間の主体的体験の心理的基盤から離れえない」[五：二二八]ことをユングは強調した。湯浅はこのユングの洞察に基づき東洋と西洋の宗教と科学を接合する新たな方法論として「主観主義的科学」を提唱していたが、それを〈気〉の研究にも応用することを試みた。

湯浅が提唱した「主観主義的科学」は、現象学の方法論に深層心理学の視点を導入するものであった。湯浅はまず、フッサールやメルロ＝ポンティの現象学が知覚の明証性を「基礎づける体験」とみなしたのに対し、知覚に優位を認める理由は何もないと批判した。哲学にとっては「自我意識の明証性の根底にある明証的たりえない領域の構造を分析してゆくこと」［四：一三〇］が重要であり、日常的経験すなわち主体の生のパースペクティブにおいてはむしろ「感情（心理学の用語でいえば、情動および衝動）の作用」が重要な意味をもっていると湯浅は考えた。湯浅にとっては「生のパースペクティブのゆがみを生み出している明証的にとらえがたい根拠、つまり無意識の領域から意識の領野に「現出（エアシャイネン）」してくる諸作用の基本的特性を最もよく示す作用」［四：一三二］である感情こそが「生のパースペクティブを生き生きと活性化している生命のエネルギーのみえざる源泉」［同］であり探求すべき対象だったのである。

また客観主義的科学においては、「様々の観測装置を用いて対象の状態をその外側から観察するが、その際、主観の状態は観察される対象の状態とは無関係なもの」とみなされる。これに対して東洋の伝統的哲学やそれを基盤にした主観主義的科学では、「認識主観であるわれわれの心そのものが、現象の単なる観察者でなくてそれへの参与者 participant になり、さらに現象を現象させる主体にまで変化するもの」［一四：五一四］と考えられている。ここには、「実践つまり主体の精神的変容に伴ってはじめて認識がしだいに深められていく」［一四：四六八］という考えがある。すなわち、私たちの日常的な意識では、ユングのいう自我と自己性とは「影の本能的領域」によってへだてられているが、東洋で発達した瞑想は、そうした「断絶している自我のはたらきと自己性の次元とを統合し、相関関係をつけていく努力」であるのだ。そうした東洋の伝統に根ざした気功や東洋医学は、「このような訓練の意味するところを、生理的側面と心理的側面の両方から明らかにしていく」［同］ものと湯浅は考えた。このように、西洋の客観主義的科学に対置させるため、現象学の方法に深層心理学の洞察を導入して構築したのが湯浅の考える主観主義的科学であった。

この主観主義的科学では、「内から感じられる自分の身体についての主体的自己把持感覚」［一四：四五九］が重視される。それは「自分の身体の存在を自分自身が自分の内部で感じている状態」であり、「一般体性感覚」や「共通感覚の根拠にある全身感覚」あるいは「セネステジー」とよばれるものである。この内側から感じられる身体感覚は「自己の存在感覚のベース、つまり自己自身のアイデンティティの体験的基礎」［一五：六〇一］であると同時に、「生きた生命的自然である」と湯浅はいう。なぜなら、生きている私たち自身の主体的な立場からの探求が向かうのは「感覚によって認識できるわけではないが、われわれの主体的体験を通して感得される世界」であり、「感覚的に認識できる客観としてとらえられた自然は、基本的に物質の世界であってそれ以上ではないが、主体的体験の立場からとらえられる自然は生きた生命的自然である」［一六：三五三―三五四］からだ。この身体で感じられる生きた生命的自然においてこそ、心理と生理と物理の連動を捉えることができると湯浅は考え次のように述べている。

宇宙と人間に関する統一的世界像を求める出発点は、物質にあるのでもなく、心にあるわけでもないと思う。出発点は、生命体としてのわれわれ人間が、世界の観測主体として生きている現在の場に求めるべきではなかろうか。人間にとって「現在」とは、主体の心身が環境と交流して環境と交流している状態である。そこには心身相関の問題つまり主体的身体と客観的身体の連動のメカニズムが見出される。客観的因果性の立場に立つ科学は、ここで、生理的身体の観察にもとづいて物質過程と生命過程の関連にアプローチするが、この過程はまた、逆に主体的な立場から、内面的な心理的身体（意識―無意識）と生理的身体の連動過程としてとらえることができる。［一五：六四七］

このように客観主義的探求に対置される主観主義的科学が主体的な立場からの探求である点について湯浅は、

英語のsubjectの訳語としての「主観」と「主体」を区別し、「主観は外なるものを知る自己であるのに対して、主体はそれとともに内なるもの、つまり自己自身を知ろうとする自己でもある」［一六：五三一―五三二］とした。そのうえで、「自我意識としての認識主観は、主体としての自己の内を見ず、外界の自然しか見ていない」のに対し、東アジアの伝統では、「生命としての自然を知るには、自己の内なる心の領域にまなざしを向けなくてはならない」［一六：五三三］と考え、主観主義的科学と客観主義的科学を統合する立場を「主体的経験の科学」と名付けた。[4]この「主体的経験の科学」こそ、湯浅にとって〈気〉の研究から生まれ「日常的な二人称的観点を基礎にして、一人称的な主体的身体と三人称的な客観的身体の見方を統合する新しいパラダイム」［一五：五九四］であった。

『気とは何か』（一九九一年）の最終章で湯浅は、外なる世界から出発して人間のあり方をとらえようとする客観主義に立つ近代科学に対して、「人間の生き方から出発して世界をとらえる」新しい方法として「主体的経験の科学」を提唱しており、湯浅にとっては〈気〉の客観主義的研究の検証を通して、主体的経験の科学の重要性が明らかになったと言える。しかし一方で、湯浅にとって「人体において、心理→生理→物理という三つのレベルにその性質を変容させながら作用する生命体にそなわったエネルギー」という〈気〉の特徴をその主体的経験の科学においてどのように扱うかについては未解決のままであった。

　主体的経験の科学の立場からは、主観主義的科学として、〈気〉の「エネルギー変換の過程」を従来の東洋思想の用語や論理の枠組みで理解するだけでなく、客観主義的科学と関係させながら理解することが必要であった。先述したように〈気〉の客観主義的研究を扱ううえで湯浅が依拠したのはユングの深層心理学における心的エネルギーの考えであった。フロイト以来の深層心理学においては、心的エネルギーをリビドとしてそのダイナミズムが人間の心の働きを生み出すと考えられていた。しかし、「エネルギーという言葉は心理学でも物理学でも使われるけれども、従来の科学には心的エネルギーと物的エネルギーの変換法則といったものはない」［一六：三七一］ことを湯浅は承知していた。「従来の科学がとってきた精神―物質の知的二分法では、この間のエネルギー変換は認められない」［同］以上、〈気〉の主体的経験の科学においても、心理と物理をつなぎ物心二分法をこえる別の視点を見出す必要があった。

八〇年代後半に中国との交流によって、〈気〉の現代的研究を行う中国の人体科学の成果に触れた湯浅は、それまでに主観主義的科学という立場を通して「人体の内部においても、また人体と環境の関係においても、従来の精神―物質を分離する二元論や還元主義の見方をこえる方法論的および存在論的視点」［一六：三三八］を明らかにし、ひいては「東洋の伝統的な人間観・自然観を経験科学的に実証する」道を探っていた。

〈気〉の主観主義的科学がはらんでいる最も重要な論点は、そこに「物質的作用に還元しつくせない心のはたらきが含まれて」いる点にあり、しかもその「心」という概念は、「近代の学問の前提となっている「意識」に限定されない」その範囲は「意識作用の基礎にかくれている無意識の領域を含んでいる」。「無意識の作用の基本的な特質は、それが、感覚によって経験されるものではない」［一六：三四一］点にあるが、〈気〉が心のはたらきと関連していると考えられるのであれば、「心そのものはどんな感覚的手段によっても決して認識することはできない」［一六：三四二］。そのため、「実践つまり主体の精神的変容に伴ってはじめて認識がしだいに深められていく」［一四：五一三］過程を深く掘り下げていくことこそが湯浅の考える〈気〉の主観主義的研究の中心的なテーマとなるはずであった。

しかし、心理学が発達していない中国の人体科学では、主体の精神的変容などにはほとんど関心がもたれず、もっぱら〈気〉の生物物理的計測が中心に行われていた。その研究成果を検討した湯浅は、「気のエネルギーは物質的作用としてみることができる（検出可能である）」が、それは必ずしも「気の実態は物質である（物質に還元される）ということを意味するわけではない」［一六：三三八］、とそうした研究の成果に疑問を呈した。また「無意識を含めた心理作用のはたらきは、生理―物理的次元において、その効果を客観的に検出することができる」が「気の正体そのものはどんな感覚的手段によっても認識されることはない」［一六：三四二］と述べるなど、湯浅自身〈気〉の客観主義的研究が抱える矛盾を強く意識し「現在の〈気〉の科学的研究は因果性の立場に立っている」［一六：三四八］と批判した。[5] さらに、「客観主義的科学は、さまざまの観測装置を用いて対象の状態をその外側から観察するが、その際、主観の状態は観察される対象の状態とは無関係なものとみなしている」点についても、湯浅が目指してきた主観主義的科学の立場と根本的なズレがある。「認識主観であるわれわれの心そのものが、現象の単なる観察者でなくてそれへの参与者 participant になり、さらに現象を現象させる主体にまで変化するものと考え」［一四：五一三―五一四］る東洋の伝統的哲学の独自の方法論の特徴を強調するため、湯浅は、〈気〉の「主体的経験の科学」を提唱したのだった。

そもそも、中国の伝統にみられる気功や東洋医学の実践的体験が生み出した理論の基礎には、「生命体に内在する目的論的なはたらきは、人体のレベルでは、自然治癒力としてあらわれる。その力は生きるという目的に合する形ではたらく」［一六：三五一］という人間観があると湯浅はいう。そして、「無意識のさらに深い個人をこえたレベルでは、そのようなはたらきは、おそらく広い意味で宗教的性質を帯びた創造的な体験として経験される」が、そうした体験領域につながるものとしてユングがいう「共時性の現象」があると湯浅は考える。

ユングのいう共時性（synchronicity）とは、「心の世界の出来事と物の世界の出来事（つまり内なる世界と外なる世界）の間に一定の意味内容をもつ対応ないし同調の関係が見出されること」［一六：三四五］であり、「西洋の科学史の基本的思考形式である因果性 causality に対比される原理」である。「あるものと他のものが感応し合って、同時に simultaneous 同調作用 synchronization をひき起こす」という共時性の特徴は、因果関係が時間の経過によって現象が変化してゆく過程であるのに対し、「空間的にへだたった二つ以上のものの間に感応による同調現象が同時的に起こることを意味する」［一五：二五五］。湯浅はユングのいう共時性を、「空間を場として個々の事物の間で同時的に起る同調関係ともいうべき原理」［一五：二五八］であり、それは「感応」とか「共鳴」と呼べるものであると述べている。この「感応」や「共鳴」という事象のありかたこそ、〈気〉の哲学の根本にあるものである。[6]

しかし、共時性で示される同調現象が引き起こされる場合、「それらのものの間に同調現象をひき起こすような〈作用の場〉が存在しなくてはならない」と湯浅は主張する。そしてこの「〈作用の場〉はむろん空間であるが、空間に何もないとすれば作用も起こらない筈である」から、「古代中国人は、そこには一種のみえないエネルギーが流れてはたらいている」［一五二―二五五］と考え、それを〈気〉と呼んだと湯浅は述べている。しかし、この「エネルギー」という概念を使うことに客観主義的科学と接続するに際し重大な問題が含まれていた。すなわち、ここで湯浅は、同調現象が引き起こされる〈作用の場〉と物理学的空間を同一視してしまっているのだ。湯浅の言うように〈気〉を作用の場において同調現象を引き起こす「見えないエネルギー」とすることは、〈気〉を実体化して理解することにつながってしまい、「見えなくても」何か一種のエネルギーのような実体があり、これが共時的ではなく因果的に働くことを暗示してしまう。このように〈気〉を「見えないエネルギー」あるいは「未知なるエネルギー」として、心理―生理―物理のレベルを接合しようとする湯浅の試みは、彼が本来目指していた〈気〉の主体的経験の科学の展開を阻害してしまったと思われる。そこで次に、この〈気〉をエネルギーとして捉えることの何が問題になるかを検討してみる。[7]

三　〈気〉研究の方法論的課題――エネルギー

湯浅が長年取り組んできた心と身体、宗教と科学、東洋と西洋を架橋する試みにおいて、八〇年代後半から東アジアの伝統における〈気〉の重要性に注目しながら、少なくとも一九九〇年代後半以降〈気〉の研究に大きな進展があったようには思われない。これは日本だけでなく、統合医療の流れのなかで中国伝統医学や気功、太極拳に注目が集まる米国でも同様で、一九九三年にＮＩＨ（アメリカ国立衛生研究所）の研究基金が初めて〈気〉の研究に支出されて以来、これまで何十億ドルもの研究資金が費やされながらその効果を確証した結果はほとんどみられない。[8] また、日本や中国では気功ブームが去り、中国の若い世代では気功という名さえ聞いたことがない人も増えている。

一方で、米国では統合医療の進展もあって二〇〇七年の調査では、気功や太極拳を実践する人が二〇〇万人以上にものぼるといわれる。[8] にも関わらず、〈気〉は未だに「未知の生命エネルギー」と表現され、また何をもって〈気〉の実践＝気功と呼ぶかの共通認識さえ定かではない。例えば、米国における気功に関する医学的研究を概観したメリーランド大学医学部のKevin Chenは、気功を広義と狭義に分け、広義の気功にはヨガや呼吸法、瞑想なども含めることを提案しているが、ヨガや仏教瞑想を気功と呼ぶのは明らかに無理があるし、こうしたアプローチは〈気〉とは何かを曖昧にし、〈気〉の研究を後退させてしまうだろう。

こうした〈気〉の研究の停滞の根底には、〈気〉を「未知の生命エネルギー」として客観主義的研究方法にのっとった研究から始めようとすることの根本的な課題があると思われる。

湯浅は、〈気〉を「主観的であると共に客観的であり、心理的であると共に生理—物理的でもあるような生命体に特有の未知のエネルギー」と定義し、その作用は「通常の意識と感覚をこえた立場で心理—生理—物理という三つのレベルに変換してその効果をあらわす」とした。一九八八年の日中協力シンポジウム以来四半世紀がたつが、この間〈気〉を一種のエネルギーとして生物学・物理学の実証的研究方法を用いて観測する研究はたくさん行われてきた。そうした〈気〉の客観主義的研究では、〈気〉を「生命体に特有の未知のエネルギー」と仮定して計測方法を定め、集めたデータによって〈気〉の性質を明らかにすることを目指す。しかしこうした物理的計測では、その計測器が検知するのが赤外線であるなら〈気〉は赤外線であり、紫外線検知器なら紫外線、放射線なら……と既知の物理学の物質特性と何らかのかたちで関係していることが明らかになるだけである。〈気〉

がいかなる物質やエネルギーにも還元できない以上、そこからみえてくるのは、〈気〉が生命体に特有でありながら様々な物理的作用をもつという特徴だけであり、〈気〉とは何かという根本的な問いに対する答えとしては、あくまで「未知のエネルギー」に留まり続けるだけである。

またこれまでの〈気〉の研究では、実体のない〈気〉の作用を、例えば気功師が「〈気〉を体外に発した状態」と仮定し、それに伴い一定の物理的影響を人体あるいは無機物に与えた結果を計測することが経験科学であるとされてきた。しかし、こうした実験において気功師が「〈気〉を体外に発する」と述べたとしても、実際にその気功師がどのような意識状態で、どのように自らの身体感覚に取り組んでいるかを厳格に規定することはほとんどなかった。

かってSchwartz（1985）は"The World of Thought in Ancient China"のなかで〈気chi〉を英語のenergyとして翻訳することは、〈気〉の物質的側面だけが強調され、心理的、精神的、聖的な側面が見落とされてしまうことを指摘したが、〈気〉を何らかのエネルギーとして表現することは、〈気〉を因果関係のなかで捉える発想につながり、中国思想で探求されてきた「感応」や「同調」といった〈気〉の作用の特徴を誤って捉えることにつながる。[9]

〈気〉をエネルギーとして生物物理的に計測する客観主義的科学と〈気〉の主観主義的研究を接続するためには、本来「心理—生理—物理という三つのレベルに変換してその効果をあらわす」〈気〉が「主体の実践的体験を通じて直観的に感知される」経験のあり方に立ち戻る必要がある。現象学にのっとり主観—客観の枠組みを超える新たな科学の枠組みを追求してきた湯浅は、主体の実践的体験を探求の基盤に位置づけている。湯浅が本来提示していた〈気〉の主体的経験の科学としての探求のあり方に沿うならまず気功師の経験のあり方特に無意識の情動的経験がどのようなものであるかを明らかにするような研究が必要だろう。

四　主体的経験の科学による〈気〉の研究方法

湯浅は〈気〉を「人体において、心理↓生理↓物理という三つのレベルにその性質を変容させながら作用する生命体にそなわったエネルギー」と規定していた。またその性質を「主観的であると共に客観的」「心理的であると共に生理―物理的」であるとして、〈気〉のはたらきは「心理↓生理↓物理の三つのレベルにおいて、その性質を変換しながら客観的な効果を示す」と述べた。こうした〈気〉の性質は「実践つまり主体の精神的変容に伴ってはじめて認識がしだいに深められていく」ので、この〈気〉がどのような性質をもつかを明らかにするためには、気功や東洋医学の実践家の実践に伴う〈気〉の感覚の変化を把握することが不可欠である。彼らが実践を通して「通常の状態では感覚によって認識することはできないが、訓練によって心が日常のふつうの意識状態から変容するときに感受され、自覚され、認識されてくる」[一六：二二三]〈気〉をどのように体験しているかをまず明かにしなければならないのだ。

これまで、こうした〈気〉の主体的経験の科学がほとんど行われてこなかった理由は、多くの気功師たちが、自らの体験を語る時に、〈気〉＝未知のエネルギーという枠組みか、中国の古典文献の概念に沿って表現することが多かったからである。つまり、気功の実践の際でもそうした物理学用語や古典的概念が体験理解の枠組みになってしまい、体験そのものがどのようなものであったかをほとんど知ることができていない。先に、〈気〉を未知のエネルギーとして物理学的方法によって計測することは、〈気〉とは何かを明らかにすることにはつながらないことを指摘したが、これは〈気〉の体験を古典からの引用で語ることにおいても同じである。そうした既存の枠組みのなかで客観主義的研究や主観主義的研究をいくら進めても、結果は驚くような発見にはなり得ない。

例えば、気功師の意念やイメージのもちかたは、通常認知心理学で扱われているのと異なっており、そうした相違を踏まえないと、同じ気功の実践といってもその意味するところは異なってしまう。あるいは気功師の皮膚における身体の内と外の境界感覚は、気功の実践とともに変化すると言われる。[10] 湯浅がいう主体的経験の科学の観点からすれば、〈気〉を体験する主体と切り離して実体化するのではなく、〈気〉を体験する主体が〈気〉と関わりながら自らの心身を変容させるプロセスをまず明らかにすることが重要なのである。「未知なるエネルギー」である〈気〉の作用を客観主義的に計測する以前に、気功の実践家自身が〈気〉を「エネルギーのような何か」ではなく〈気〉そのものとして意識しながら自らの「からだ」の動作や呼吸に働きかけ、それによってもたらされる変容のプロセスを明らかにすることが必要なのだ。

そのためには〈気〉を未知のエネルギーではなく、「エネルギーの、よ、う、な、も、の、」という一種のメタファーとして理解し、このメタファーを身体運動や呼吸、内的イメージの誘導に使いながら、浮かび上がる身体感覚を現象学的に記述していく、といった手順が必要である。こうした手順を図1のようになるが、どのようなメタファーをもとにした身体技法で身体に働きかけるかによって、私たちが感じる感覚や動きのあり方は変わってくる。例えば、西洋近代医学ではモニターを見ながら遠隔で行う外科手術などにみられるように解剖学に基づいた機械というメタファーで人体を捉え医療を進めているが、こうした医療実践を通じて医療者だけでなく患者も自らの身心を物体として因果論的、機械論的に捉えるように強化されていく。一方気功や東洋医学では身心を「流動する生命としての〈気〉」というメタファーで捉えて実践が行われてきたが、因果論的な「(未知なる)エネルギーとしての〈気〉」に基づいた実践を行う場合、そこで培われる感覚は流動や感応よりも、因果論的機械論的なものになってしまう。こうしたメタファーと身体技法の実践によってどのような感覚経験が育まれるか(その感覚経験が翻ってそのメタファーを強化する)についてはフーコー以来の身体の社会学的研究によって明らかにされてきたが、大事なのはそれぞれのプロセスをできる限り詳細に感知し、かつ体験的な理解が進むように記述していくことである。このようにエネルギーではなく流動し感応する生命という〈気〉をメタファーとして自らの身体に一定の働きかけ（意識の集中、身体動作、呼吸の調整）を行うことで、「セネステーシス（全身内部感覚）の底から顕現してくる一種の力感」［一四：四六二］を直感的に感得し、その作用を「日常的な二人称的観点を基盤にして、一人称的な主体的身体と三人称的な客観的身体の見方を統合する新しいパラダイム」［一五：五九四］で記述していくことが湯浅のいう〈気〉の「主体的経験の科学」の方法の出発点であると考える。[12]

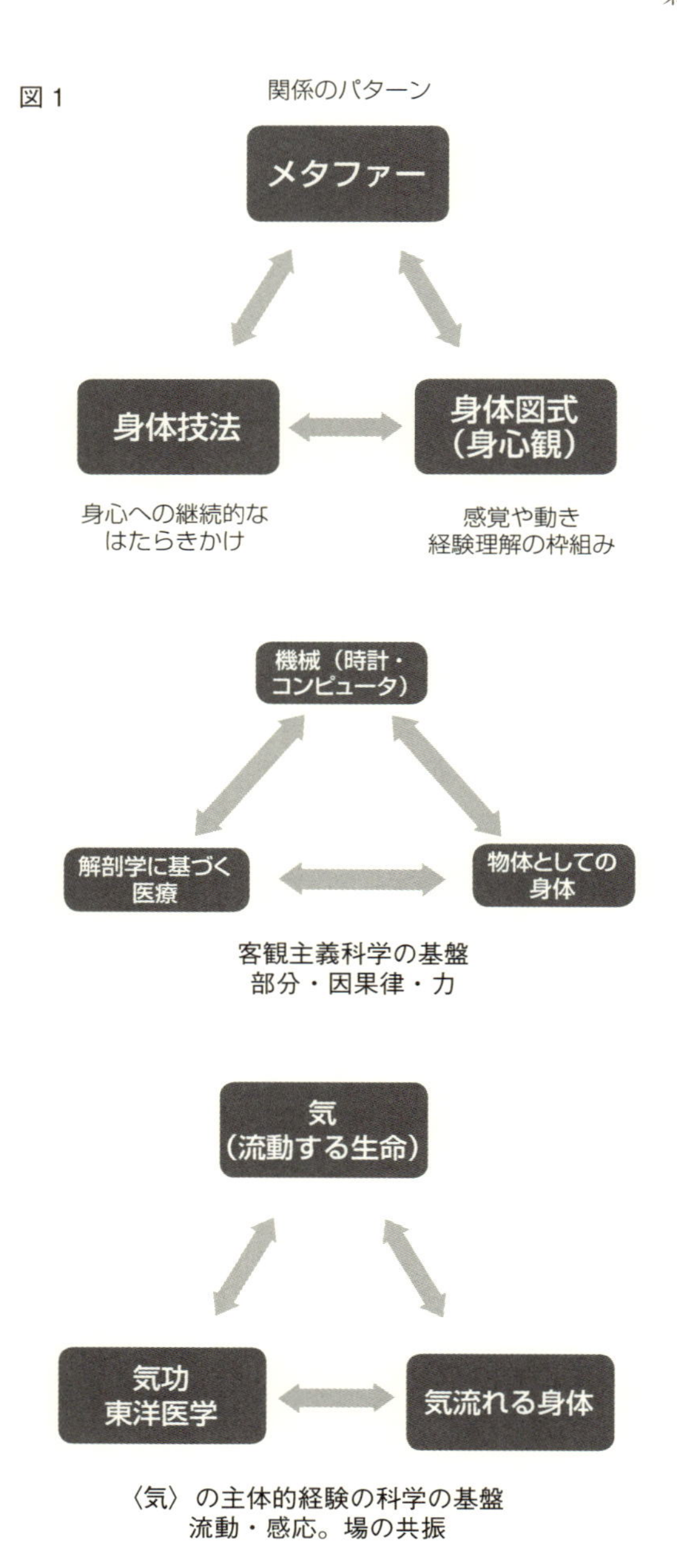

注

1　一九七〇年代までの思索の集大成である「身体――東洋的身心論の試み」（一九七七）において〈気〉はまったくといってよいほど言及されていない。わずかに東洋医学の身体観を論じるなかで「経絡は外界の陰陽の〈気〉が出入りするみえざる脈管系であるといわれる」［一五：三四九］と述べている箇所と、インドのプラーナについて論じるなかでプラーナ＝〈生命の気〉として東洋思想に共通する呼吸を「みえざる形而上的次元につながる〈気〉にふれる」［一五：三三七］方法として呼吸について述べた箇所など数カ所にとどまる。

2　この〈気〉を「生命体に特有の未知のエネルギー」とする見方は、湯浅にとって基本的なものであり、『宗教経験と身体』（一九九七年）のなかでも「一般的に言えば、〈気〉とは、生体と環境の間につくり出されるエネルギー性の相互作用である。〈気〉は体外の環境から受動されると同時に、主体の内部から発して体外へと流れる「見えないはたらき」である」［一五：六一〇］と述べている。

3　「人間を始めとする宇宙の万物が「道」のはたらきの容器とみなされているということである。そしてこの場合の「道」のはたらきがやがて「〈気〉」とよばれるようになるのである。万物は形をこえた、つまり感覚にはとらえられない「道」の源泉から発する流れてやまないはたらき、すなわち「〈気〉」のエネルギーを受け入れる容器であるという考え方である。「〈気〉」とは、その（理）陰陽のパターンがたえず変化しつつ作用する、みえないエネルギーであると考えられている」［一六：三六〇］

5　「〈気〉や超心理の研究が近代以来の科学の原則を修正ないし変革するような思考方法の転換（彼らのいう「科学革命」）を要求しているとすれば、中国の科学者たちの考え方は一種の自己矛盾におちいるのではないかと思われる。というのは、それは従来の科学の原則を守りながら科学の変革をとなえているからである」［一六：三四六］

6　中国哲学者の坂出祥伸は「中国の学者たちは、物質だということで唯物論的な考え方で計測をやっているのですが、大事なことは、先ほどらい申していますように、感応するということです。〈気〉というものは、それだけでとらえられるというものではなくて、それを認識するといいますか、見るといいますか、そういう側の主体的な意識の問題にかかわってくるのです」（坂出祥伸『中国思想における身体・自然・信仰』二七頁）と述べている。〈気〉の思想における「感応」の重要性については、坂出祥伸（二〇〇四、二〇一四）石田秀実（二〇〇四）山田慶児（二〇〇二）等中国思想の研究者たちが詳細に検討している。

7　広辞苑によれば、エネルギーは、①物事をなしとげる気力・活力。精力。「仕事で―を消耗する」「若い―」②物体が物理的な仕事をすることのできる能力。力学的エネルギー（運動エネルギーと位置エネルギー）のほか、光・電気・熱・化学・原子などの各エネルギーがある。さらに相対性理論によれば、「質量そのものもエネルギーの一形態である」と定義されている。日常世界では前者の定義が広く流布しているのに対し、学問世界、特に物理的計測に関する場合、エネルギーは②の定義として理解され、それは、〈気〉を物理的な因果関係や量として扱うことを示唆し、〈気〉が本来もっている「感応」的性質や自然観・人間観の広がりを見失わせてしまうことになる。

8　Kevin Chen, "Update on Qigong Practice and Qigong Research in the United States." 2007.

9　"ch'i comes to embrace properties which we would call psychic, emotional, spiritual, numinous, and even 'mystic.' It is precisely at this point that Western definitions of 'matter' and the physical which systematically exclude these properties from their definitions do not at all correspond to ch'i." "To the extent that the word 'energy' is used in the West to apply exclusively to a force that relates only entities described in terms of physical mass, it is as misleading as 'matter', I think, as an over-all name for ch'i." (Schwartz, *The World of Thought in Ancient China*, p.181)

10　このような気功の実践による身体感覚の変容については、"Phenomenology of the Experience of Qigong :A Preliminary Research Design for the Intentional Bodily Practices"（Murakawa, 2002）で記述した。

11　ここでいうメタファーは、単なる文章の修飾ではなく、Lakoff and Johnson（*Metaphors We Live By*, 1980）が認知意味論のなかで明らかにした意味形成の基盤にあるプロセスそのものである。

引用文献

『身体――東洋的身心論の試み』創文社、一九七七年。
「現代科学と東洋的心身論」一九八四／一九八六年。［一五：四―七二］
『気・修行・身体』平河出版社、一九八六年。［一四：三九八―六〇七］
『気と人間科学』平河出版社、一九九〇年。［三：六八九―七一六］
『身体論――東洋的心身論と現代』講談社、一九九〇年。［一四：一三六―三九七］
「宇宙と交感する」一九九一年。［一六：三五九―三七四］
『気とは何か』日本放送出版協会、一九九一年。［一六：一九九―三五八］

「東アジアの哲学と科学における気の身体観」一九九一年。［一五：九九—一二八］
『身体の宇宙性』岩波書店、一九九四年。［一五：二一五—四六五］
『共時性の宇宙観』人文書院、一九九五年。［一六：四六五—五八五］
『宗教経験と身体』岩波書店、一九九七年。［一五：五二八—六六五］
Kevin Chen, "Update on Qigong Practice and Qigong Research in the United States." http://www.qigonginstitute.org/html/papers/Update_on_Qigong_and_Qiresearch_in_US_070910R.pdf (2007)
石田秀実『気のコスモロジー』岩波書店、二〇〇四年。
G. Lakoff and M. Johnson, *Metaphors We Live By*, University of Chicago Press, 1980.
Haruhiko Murakawa, "Phenomenology of The Experience of Qigong: A Preliminary Research Design for The Intentional Bodily Practices," CIIS, 2002.
村川治彦「経験を記述するための言語と論理」『看護研究』第四五巻第四号、二〇一二年、三二四—三三六頁。
坂出祥伸『中国思想における身体・自然・信仰』東方書店、二〇〇四年。
坂出祥伸『響きあう身体——「気」の自然観・瞑想法・占術』関西大学出版部、二〇一四年。
Benjamin I. Schwartz, *The World of Thought in Ancient China*, Cambridge, Harvard University Press, 1985.
山田慶兒『気の自然像』岩波書店、二〇〇二年。

メタプシキカの探究——湯浅泰雄のユング受容とその展開

渡辺 学

はじめに

湯浅泰雄がC・G・ユングの著作を初めて手にしたのは、東京大学文学部倫理学科の助手となった一九五六年であり、「宗教と修行の問題」に関心を深めていたときであった［一：四九八］。湯浅は、ユングを日本で本格的に研究しはじめた最初期の研究者の一人と言っても過言ではないだろう。

湯浅は、一九六〇年の著作「宗教経験と倫理の問題」において宗教経験の諸問題を扱う研究方法として「ユングのいわゆる現象学的理解（了解）の方法」に従ったとして、すでに以下のように書いている。

宗教経験の世界で見出される種々の現象は、さしあたり一つの心理的事実として承認しながらその意味を考えてゆき、その理解の仕方が正しいかどうかという判断は下さない。一般的に言えば、宗教心理的現象の研究に当っては右のような意味での現象学的理解の態度は不可欠の出発点であって、これなしにはわれわれは一歩も進むことができない。たとえば奇蹟は存在せぬという判断を最初から下すとすれば、奇蹟の存在を前提して理解され組織されている倫理の体系は、単に研究することさえも無意味になってしまうか、現代的にこじつけた解釈でゆがめられるかであろう。［二：七］

ユングは、『心理学と宗教』（一九三八年）などにおいて、自らの立場が「現象学的な立場」であると述べている。ただし、これは、フッサールにはじまる現象学の立場とは別個のものである。ユングは、これを「心的現実の立場」とも言いかえていて、それは、奇跡や宗教体験がいかに不合理であっても、それらが体験されたという事実は否定できず、それらを心的現実として理解しようとする立場のことを意味している。ユングは以下のように述べている。「実のところ、どんな思考も、どんな感情も、またどんな知覚も心的イメージから成り立っている。世界はわれわれがそのイメージを産出できるかぎりにおいて現存している」[1]。

湯浅が当初受容したユングの立場とは、このような「現象学的な立場」、もしくは、「心的現実の立場」であった[2]。ここで、あらかじめユングの分析心理学の概要について述べておきたい。ユングは、スイスの精神科医であり心理学者であった。ユングは、『いわゆるオカルト現象の心理と病理』（一九〇二年）と題する学位論文において若い女性の霊媒を夢遊症の症例として扱い、無意識の中に自立的人格が存在することを明らかにした[3]。その後、言語連想実験を行って、無意識の中に「感情的に色づけられたコンプレックス」が存在することを指摘した[4]。さらに、個人的無意識の中にある経験的に獲得されたコンプレックスだけではなく、集合的無意識の中にあるさまざまな元型の存在を明らかにした。主な元型には、影、アニマ／アニムス、太母、老賢者、自己などが挙げられる。そして、ユングは、個人が無意識のさまざま元型との対決を通じて、個人が心理学的な個体となる個性化過程というものが存在することを明らかにした[5]。最後に、心的現象と物理的現象が意味において同時的に一致する非因果的連関の原理として、共時性の存在を指摘した[6]。

以下において、私は、湯浅によるユングの分析心理学の受容について論じることにしたい。そして、湯浅のユング受容の要点として、メタプシキカの概念を挙げ、それがどのように成立して、さらに展開されていったのかを明らかにすることにしたい。

一　メタプシキカの成立——ユングの目から見た東洋の再考

湯浅は、一九八九年に『ユングと東洋』と題する二巻本を刊行した。[7] これは、彼が『ユングとキリスト教』[8]（一九七八年）と『ユングとヨーロッパ精神』[9]（一九七九年）を執筆してからほぼ一〇年が経過していた。本書は、ユングと湯浅の研究に興味を抱いている人々にとって待望の書であった。『ユングと東洋』は、ユングの深層心理学思想がいかに道教と東洋思想の研究によっているかということを示した点で重要であった。実際、それらは湯浅の著作においても主要なテーマであった。

湯浅は序文で以下のように書いている。「本書は、C・G・ユングの生涯にわたる思想形成の過程を追いながら、その心理学と東洋思想の関係をさぐってみる試みである。東洋との関係に重点をおいてはいるものの、それだけを問題にしたわけではない。もっと一般的に、ユングの思想形成史をさぐるという興味から本書をよんでいただければ幸いである」［六：四］。

湯浅は、思想史においてユングの再評価にたずさわってきた。湯浅は彼自身のユニークな視点に大きな価値を見出したが、それは、西洋的な視点からではなく東洋的な視点から深層心理学を解釈することを可能にした。湯浅によれば、そのようなアプローチの利点は、東洋的な伝統が深層心理学と哲学を首尾一貫した全体に統合することにある。

ユングの無意識概念は、特定の文化的背景をもった自我意識から見て周縁的なものを含んでいるように思われる。[10] その意味で、現代の西洋人にとって周縁的なもの、宗教、錬金術、卜占術、東洋、超自然現象などはすべて、無意識の問題として扱われる可能性がある。これらはまさしくすべてユングが扱ったテーマであり、本書のテーマとも重なっている。

そして、それらを東洋の側から見るとどうなるか、というのが湯浅の問題関心である。しかしながら、この場合も、現代の西洋人と同じく西洋化された現代の東洋人との比較ではうまくいかない。われわれ現代の東洋人にとってさえ、道教の練丹術もヨーガも易も、すでに文化の周縁に追いやられていて、再発見の対象となっていると言っても過言ではないからである。その意味で、ユングを通じて、われわれ東洋人が自らの伝統文化を再発見する手がかりを見出す可能性があると言っても過言ではないだろう。

1　ユングと東洋をめぐる基本的テーマ

ユングの思想が西洋人に対して持っていた意義の一つは、西洋文化の自己相対化、あるいは、西洋文化の脱中心化にあったのではないかと思われる。湯浅は、このことをユングが幼児期に読んだ絵本の思い出を出発点として、フロイトとの決別によって体験した情動的な混乱をヨーガによって鎮めようとしたこと、また、マンダラを自ら描いたことなどを絡めて描き出している。

なかでも重要なのは、帰国したリヒャルト・ヴィルヘルムとの出会いである。彼は、宣教師として中国に渡りながら、一人の中国人もキリスト教徒に改宗しなかったことを自慢していたという。彼はむしろ、中国文化の生徒として、中国学者として自己を規定するとともに、その文化に深く同化していたものと考えられる。ユングは、彼が訳した『易経』や『太乙金華宗旨』に注釈を付けることによって、それらを深く学び、共時性や中国の瞑想法に目を開かれていったのであった。

しかしながら、ユングが東洋文化などの異文化に対する態度はむしろ、アンビヴァレントなものであった。湯浅が指摘するように、ユングは、「東洋によって魂を奪われることなく、しかも東洋のなかにある精神的伝統と内的に出会い、それをわがものにすること」こそ、現代ヨーロッパが必要としていると考えた。つまり、そのことがわれわれにも通用するような普遍化した形で述べるならば、われわれは、自らの伝統文化を大切にしながら、異文化との出会いをはたして、それを深いレベルで同化することが重要なのである。なぜなら、自文化とのアイデンティティを喪失して根こぎ状態になることは、深いレベルでの自己疎外に他ならないからである。

2　「変容」概念の変容

湯浅は次に、ユングにおける変容概念の問題に目を向ける。彼がフロイトと別れるきっかけとなった大著、『リビドの変容と象徴』[11]（一九一二年）は、四〇年後に改訂されて、『変容の象徴』[12]（一九五二年）として出版される。湯浅は、これら二著の間にどのような「変容」が生じているかに関心を抱くのである。

『リビドの変容と象徴』は、テオドール・フルールノアの患者であったミス・ミラーという仮名の女性患者の空想体験の手記に基づいて、患者の分析を試みた著作である。しかしながら、実際にはそれを土台にして、手記に現れてくるイメージの普遍人間的なレベルでの敷衍もしくは増幅が行われている。ユングは、ひたすら患者の空想とそれにまつわる連想についての手記を頼りにして、分析と敷衍とを繰り返しているが、このような手法は後年の『心理学と錬金術』[13]（一九四四年）にも見出される。

ユングは、「われわれ自身のうちにある歴史的な層」が再活性化する可能性を考えていた。これが集合的無意識におけるさまざまな元型の概念へと展開していったのである。われわれの心には「太古の遺産」ともいうべきものが存在するというわけである。フロイトも同じような発想を持ったが、彼の場合には生物学的還元主義に陥っている。他方で、ユングの場合には、それがさらに創造的に展開するものとしてとらえられているところに特徴がある。湯浅が指摘しているように、ユングは、本書でリビド概念をフロイトの性欲の概念から解き放ち、性的には中立な「心的エネルギー」の意味で用いている。このようなリビドは、抽象的な状態から個々の現象へと変容を遂げて具体化する。例えば、リビドがイメージとなって現れるといった具合である。

湯浅は、旧版と新版との間には三つの大きな相違点があることを指摘する。新版において、第一に、「無意識の本性が示す目的論的性格が改めて強調されていること」［六：九一］、第二に、「リビドの自然な変容が、たましいを低いレベルから高いレベルへと向かわせる性格をもっているという主張」［六：九四］がなされていること、第三に、「人は人生の午後において内面からの要求に適応するのをせまられる、という主張」［六：九七］がなされていることである。

湯浅は、無意識の「自動的変容」に言及しながら、それを明恵の「あるべきようわ」、親鸞の「自然法爾」などと結びつけるとともに、さらには新プラトン主義やグノーシス主義、空海の『十住心論』との類似性を指摘する。湯浅によれば、「たましいの変容の体験においては、人間が神になるのではない。それは逆に、神が人間となり、人間を通して変容（Verwandlung）を経験することなのである」［六：一〇〇］。このような思想はキリスト教文化圏においては、イエス・キリスト以外に認めることは異端となろうが、東洋文化においてはむしろ親和性が高いといえよう。

3　集合的無意識と自己性

湯浅はさらに、『心理学的類型』、『自我と無意識の関係』などの著作を通して、ユングの理論形成にせまっていく。『心理学的類型』[14]（一九二一年）は、ユングがアカデミズムの世界からもっとも認められた著作である。この著書は、社会的偏見からかつては病的性格の代名詞とされていた内向型を、外向型と対等な一つの心理学的類型として認知させるという社会的使命を担っていた。また、ユングは後年、この枠組を使って西洋文化と東洋文化を対比し、前者が外向的であるのに対して、後者が内向的であると指摘しているが、湯浅は、東洋文化といってもインドと中国でも大きなちがいがあり、ユングが一概に東洋文化が内向的といっているのは、おおざっぱな分類であると批判する。

湯浅がむしろ、本書のなかでとりわけ注目するのは、ユングが東洋的思考の特徴を「対立からの自由」(nirdvandva) ととらえたことであり、以下のように高く評価している。「この〈対立からの自由〉という考え方は、ユングが東洋の倫理学の特性として、のちに大変重要視するようになる考え方である。西洋の倫理観の伝統はいわば論理的傾向をもち、真―偽の知的区別に対応する善―悪の二項対立から出発するのに対して、東洋の倫理観の伝統はそういう対立そのものをこえてゆく心理的変容過程を重視している、と彼は考える。これはなかなか鋭い着眼である」[六：一一二]。

次に、湯浅は、『自我と無意識の関係』[15]（一九二八年）に「いわば《ユング心理学の成立》」を見出す。本書は、一九一六年にフランス語で発表された「無意識の構造」を土台として、何度も書き改められ、ユング心理学の理論的な枠組をまとまった形で明らかにした重要文献である。湯浅は、ユング自身が本書の序文に記しているようにユングの学位論文（『いわゆるオカルト現象の心理と病理』一九〇二年）に見られる「無意識の自立性」の展開を本書に見る。とりわけ、ユングが「心の対象性」の概念を取り上げ、それが伝統的に「霊界」として描かれてきたと指摘していることに注目する。要するに、ユングは、「霊界」を無意識の世界と読み替え、霊をコンプレックスと読み替える解釈の枠組を確立したのである。ユングにとって、客観的な日常的現実と、霊界などの非日常的な現実のいずれも、われわれに同じように訴えかけてくる力を持っているかぎり、等しく心的現実である。なぜなら、「働くものこそ現実である (was, das wirkt, ist wirklich)」（ヘーゲル）からである。

『自我と無意識の関係』は、とりわけペルソナの問題に力点を置きながら、アニマ／アニムス、さらにはマナ人格と呼ばれる老賢者や太母を通過して「内なる神」としての自己にいたる個性化過程を描いている。

湯浅は、ユングの「クンダリニ・ヨーガの心理学的注解」（一九三二）を引きながら個性化／個体化について明らかにする。彼によれば、個体とは、生物学的個体を表す言葉である。しかしながら、むしろ、それよりはるか以前にアリストテレス以来の西洋形而上学の流れにおいて、「個体化の原理とは何か」、つまり、普遍（概念）はいかにして個となるかという問題提起があり、それに対してアリストテレスが質料こそ個体化の原理であると答えた経緯があることを忘れてはならないだろう。つまり、普遍は個物（個々の物体）となることにおいて個体化しているのである。ところが、心理学的個体の場合には、個々人であるだけでは足りない。レヴィ＝ブリュールの「神秘的融即」の概念が指摘しているように、未開人だけでなくわれわれ文明人もまた、心理的には集合性に参与している。そのような集合性の中から心理学的個体を産み出すのが個性化と言えよう。

湯浅は、Selbst の訳語として、自己と自己性を使い分けることを提唱する。そのことの意味は、個性化過程の終局に位置する Selbst というものが、必ずしも人格的なものとは限らないからであろう。「それは無意識にかくれた潜在的可能性を意味する」［六：一三三］。その場合には、「自己性」の方がふさわしい。それに対して、「そういう意識と無意識を合わせた全体としての〈たましい〉Psyche の状態を示す場合には、〈自己〉と訳した方が適切であろう」［同］。このように、Selbst を訳しわけることの必要性が指摘されるが、そのことは、湯浅が経験的現実にいかに忠実であろうとしているかという証であろう。

4　東洋宗教と深層心理学

次に、湯浅は、二つの章にわけて主として『黄金の華の秘密』[16]（一九二九年）と「クンダリニ・ヨーガの心理学的注解」（一九三二年）について扱っている。

とりわけ、前著はユングとリヒャルト・ヴィルヘルムの出会いを抜きにしては考えられない。彼は、ヴィルヘルムを通じて「東洋との出会い」を見出したのであった。ヴィルヘルムは、キリスト教宣教師として中国に赴いたものの、中国文化に魅了され、むしろ中国精神の使徒としてヨーロッパに戻ったのであった。そして、ユングは、ヴィルヘルムがドイツ語訳した『太乙金華宗旨』［黄金の華の秘密］と『易経』に解説を書くという大役を務めたのであった。

ユングは、中国哲学に対して無知であったが、注目すべきことに、患者の心的発展過程に生き生きとした対応物を見出した。とりわけ、『黄金の華の秘密』は道教における練丹の書である。これは、外丹から区別される内丹を扱ったものであった。外丹が「薬物の処方を主とした前近代的な医学的化学の技術」であるのに対して、内丹は「瞑想や身体的訓練を主とした修行法（ないし健康法）つまり身心訓練の技術」であった。

練丹は、西洋の錬金術に対応すると言われているが、後者の場合、「内丹に当る医学的心理学の領域と外丹に当る科学的冶金術の領域の区別があいまい」であった。ユングは、後年、錬金術の内丹に当たるものを『心理学と錬金術』（一九四四年）において展開した。これは、ある患者の一連の夢をさまざまな錬金術のイメージとの関連において分析した大著である。実際のところ、従来、物理化学的な技法に基づく魔術と考えられていた錬金術を西洋的な「内丹」として理解するというのが、ユングの錬金術研究の画期的な特徴と言えるだろう。そのことがまた、湯浅のメタプシキカとも密接に関連してくるのである。

湯浅がとりわけ強調しているのは、西洋哲学の伝統においてはなかなか評価されがたい修行体験という「内向的実践」を、ユングが評価する視座を有していた点である。その視点は、東洋の形而上学的な伝統を、存在論的にではなく、深層心理学的に読み替える戦略を内包していた。つまり、これは、東洋の形而上学に深層心理学との密接な関係を見出す立場である。湯浅は、この立場を「アリストテレス的なメタフィジカ（すなわち物理の彼岸）

ではなくて、メタプシキカ（すなわちたましいの彼岸）と呼ぶ」［六：一六二］ことを提唱している（この点に関しては、後程詳述する）。例えば、朱子の理気哲学は、「主体的・実存的な実践による体験的認識を通じてのみ直観的に知られる」理を前提としていることが指摘される。

そして、湯浅は、『黄金の華の秘密』の前提が、無意識の創造的な展開可能性という、当時のユングが到達しつつあった考え方と共通していたことを明らかにするのである。

他方で、ユングは、インドのヨーガに対してもただならぬ関心を寄せていた。一九三二年には、インド学者のヴィルヘルム・ハウアーとクンダリニ・ヨーガについて共同セミナーを開いている。これは、講義録として一部の人々の間で流布し、後年、ユング派の機関誌の一つ、『スプリング』誌に一九七五―七六年にわたって掲載されたが、一九九六年になってようやく単行本として刊行された。[17]

湯浅が指摘するように、ユングはヨーガを「アジアの諸宗教に共通した普遍的な基礎体験を指す言葉」として用いていて、「仏教的ヨーガ」、「道教的ヨーガ」、「中国的ヨーガ」（道教の内丹のこと）などといった言い方をしている。ユングによれば、ヨーガとは、「その深い意味においては、単なる健康法のようなもの」ではなく、「意識を客観と主観というすべての束縛から究極的に解放し、離脱することを目指している」[18]ものである。

ユングの「クンダリニ・ヨーガの心理学的注解」は、一九三二年に心理学クラブ（ユング研究所の前身）でなされたハウアーのチャクラに関する一連の講義に引き続いてなされた講義である。チャクラとは、サンスクリット語で車輪を表す言葉であるが、ここではクンダリニ・ヨーガにおける特異な観念、尾てい骨から頭頂に至るまで脊椎に沿って存在すると考えられる六つないし七つの「瞑想の中心」を意味する。クンダリニは、語源的には「巻かれたるもの」を意味し、もっとも下のチャクラであるムーラダーラの中に潜在していると考えられる霊的なエネルギーであり、「とぐろを巻いて眠っている蛇」に象徴される。クンダリニ・ヨーガは、会陰にあると考えられるムーラダーラ・チャクラから頭頂のサハスラーラ・チャクラまで、このクンダリニのエネルギーをいわば押し上げることを目標としている。

　ユングは、このような展開の過程を「自己性」の発展として理解している。いわば、われわれの日常的な意識がいかにして神秘的な合一に到達するかという筋道を、ユングはそこに見出したのである。

　湯浅は、そのことの理解を深めるため、イグナチオ・ロヨラの「霊操」や『観無量寿経』における「浄土の瞑想」などを用いて敷衍している。さらには、禅の悟り、道教や真言密教の身体観や宇宙観、『チベットの死者の書』、ユングの臨死体験などを明らかにすることによって、「生の彼岸」の問題にまで考察を進めている。

5　共時性

　共時性とは、ユングが提唱した非因果的連関の原理のことであり、同時性、非因果性、意味の一致をその特徴としている。ユングは、大学生時代にとりわけ強い関心を抱いていたオカルティズムやスピリチュアリズムや心霊現象の問題を、晩年にいたってふたたび共時性の問題として取り上げ、新たな世界観の創出にまで高めようとしている。

　湯浅によれば、共時性の理論は、一つには、「集合的無意識の考え方に対してこれまでとは全く別な角度からアプローチするという問題」、もう一つには、「デカルト以来の近代哲学がよりどころにしてきた物心二元論と、ガリレイ、ニュートン以来の近代科学がよりどころにしてきた因果性の原理の二つに挑戦し、近代的人間観と世界観にとって代るべき新しい理論的パラダイムを求めようとする企て」である〔六：三七四—三七五〕。

　湯浅は、ユングとオカルティズムや超自然現象とのかかわりについて概観するとともに、それがJ・B・ラインを通じて、超心理学の成立にも関与していることを明らかにしている。ユングの考えでは、超心理現象は、時間と空間を相対化していると考えられるところにその重要性が存在している。つまり、その意味で因果律が相対化されるというのである。

そして、ユングは、ドルネウスの「一なる世界」（unus mundus）の概念に新たな命を吹き込み、たましい（Psyche）と世界を統一する視点を提供する。彼はある書簡の中で以下のように述べている。「そこでわれわれは、たましいの中には空間・時間の法則に従わない要因があって、逆にそれらをある程度抑えることができると期待しなくてはなりません。この要因は、無時間と無空間、すなわち《永遠》と《遍在》という性質を示すものと期待されるわけです。心理学的経験は、そういう要因を知っています。それは私が元型とよぶもので、空間と時間の中に遍在します」[19]。ここにおいて、元型は、心理的な要因であるばかりではなく、宇宙論的な要因としてさえ考えられているのである。

ここでくわしく述べることはできないが、ユングは、超心理現象、占星術や易などの卜占、幽体離脱現象についても、共時性の問題圏に収めている。そして、その際、彼の『易経』との出会いの重要性を過小評価することはできないだろう。

このように、湯浅が『ユングと東洋』で扱っている内容はきわめて壮大であり、変容や東洋という概念を媒介として、著者がユングと対峙しているのが窺える。長年、これらの問題に取り組んできた湯浅であればこそ、はじめて可能となった偉業であろう。

二　メタフィジカとメタプシキカ――比較思想の方法としての深層心理学

湯浅は、『ユングとキリスト教』（一九七八年）や『ユングとヨーロッパ精神』（一九七九年）を著して、ユングの研究の再評価を行っている。そして、ユングの功績として以下の点を挙げている。「ユングは古代以来西洋精神史の底流に存在しつづけていた影の哲学ともいうべきメタプシキカの流れを再発見することによって、ヨーロッパ精神に魂の平衡をとり戻させることを企図している。なぜなら、人間の自我は、デカルトとちがって、意識によってのみ存在するものではなく、身体と無意識という根底の上にはじめて存在するものであるからである」［四：八三］。つまり、西洋精神史の表面流をメタフィジカであるとすると、グノーシス主義や錬金術などの秘教の伝統は、メタプシキカとして再発見されたというのである。

それでは、メタプシキカとは何なのか。

湯浅は深層心理学――具体的にはユングの分析心理学を指す――のことを比較思想の方法とみなしていた［五：五一―一〇二］。湯浅は、「メタ・プシキカ」という用語を導入して、西洋の伝統における「メタ・フィジカ」（形而上学）と比較されうるものとした。湯浅は、「東洋の形而上学の伝統的思考様式の特徴は、人間の内面的な「魂」（プシュケー）の根底を探求することを通じて、その彼岸（メタ）を目指そうとするところにあったのではないか」［五：五二］と指摘する。つまり、メタプシキカとは、究極の実在としての心の彼岸を探求する学問である。彼はまた、メタプシキカとユング心理学の類似性を見出した。

湯浅のメタプシキカには二つの用法がある。一方で、それは西洋の秘教的伝統であり、他方で、東洋の正統な伝統である。『ユングとキリスト教』（一九七八年）の終わりで湯浅が指摘しているのは、ユングが注意を払っていたものが、キリスト教の正統な伝統からは隠されていたがグノーシス主義や錬金術などには明らかにされていた人間の心の深層の強力な底流であったことである。

湯浅は以下のように述べている。

私は［西洋精神史の］この表面流と底層流をメタ・フィジカとメタ・プシキカという言葉であらわしてみたい。メタ・フィジカという言葉が西洋における形而上学の伝統をさすことは、あらためて説明する必要もないであろう。メタ・プシキカという言葉は私の造語である。メタ・フィジカという言葉が外なる「自然（フィシス）」の彼岸（メタ）を目指す形而上学であるとすれば、メタ・プシキカという言葉は、人間の内面的な魂（プシュケー）の根底を探究することを通じて、その彼岸を目指そうとする形而上学を意味する。［三：三四二―三四三］

われわれはここで、メタプシキカという用語の二重の側面を見ることができる。

メタプシキカは、西洋の秘教的伝統と東洋の伝統のいずれにもある。湯浅は、東洋の伝統では形而上学と心理学がいつも一体化される傾向にあると主張した［五：六一］。彼によれば、心理学は、この文脈では個人の人格的な発達過程において経験される心理学的事実の考察を意味する。

ユングもまた、これが適切な観察であると考えていた。ユングは、「『チベットの大いなる解脱の書』への心理学的注解」において東洋思想について以下のように記している。「東洋的な思考を表面的にしか知らなくても、根本的な相違が東洋と西洋を分離していることがわかるだろう。東洋は、心的実在、つまり、主要で唯一的な存在条件としての心（Psyche）に基づいている。東洋的な認識は、哲学的推論の結果というよりもむしろ心理学的な現象であるかのようである」[20]。

湯浅が東洋の伝統において注目するのは、仏教における瞑想などの修行である。湯浅は、ユングの「東洋的瞑想の心理学」における『観無量寿経』解釈に啓発される[21]。湯浅は、ユングがいわゆる定善観を字義通りにとらえて、西方浄土を心に焼き付けるための瞑想法として理解していることに新鮮な驚きを覚えるのである。そこで、「称名念仏」に対する「観想念仏」の再評価を試みる[22]。そして、「日想観」、「水想観」、「地想観」など、浄土の有様を具体的なイメージに即して思い浮かべる方法として理解するのである［五：五七］。

ユングは、このような観法を能動的想像と呼んでいる[23]。また、これは、キリスト教の伝統では、イグナチオ・ロヨラの「霊操」（exercitia spiritualia）に匹敵することを指摘している[24]。

湯浅は、さらに、マンダラ、仏教とグノーシス主義の比較へと進んでいくのである。

おそらく、イスラーム学者のアンリ・コルバンならば、これらのイメージの世界を「想像界」（mundus imaginalis）と呼んだだろう。[25]想像界とは、知性によって把握される知性界、そして、感性によって把握される物質界から区別され、想像力によって把握される第三の世界である。これは、ユングの言う「心的現実」に対応する世界――「心における存在」の世界――と言っても過言ではない。

それに対して、湯浅は、「視覚的イメージを喚起する」観法をとらえて、心の彼岸を明らかにするメタプシキカと考えたのである。

湯浅は、観経の第十二観の「普観」について「自分自身が西方浄土に生まれる様を瞑想する」［五：六〇］と述べている。

「普観」の現代語訳は以下のようになっている。

心の想像力を奮い起こして、自分が西方の極楽世界に生まれ、蓮華の中で両足を組んで静座して、蓮華の華が閉じるときの観想を行い、蓮華の花が開くときの観想を行っているのを思い浮かべるがよい。蓮華が開いたときには、五百の色の光があって、それが集まってきてわが身を照らすと思え。またそれによって仏を見る眼が開けたと思え。[26]

それに対して、湯浅は以下のようにコメントしている。

観経の瞑想法では、このような瞑想の深化に伴って修行者は仏陀（この場合は阿弥陀仏）を目のあたりに見る体験にまで進んでゆくわけである。この過程を通じて、仏陀とは修行者自身の魂の本性、つまり人間の魂の本来のあり方に外ならないことが体験されてくる。仏陀のイメージは魂の深層における深い思念から産出されてくるばかりでなく、そのようなイメージを産出する修行者の魂そのものの本来の姿が仏陀なのである。［五：六〇］

このような観法は、仏教などの東洋宗教に特徴的であり、キリスト教などの一神教の伝統とは大きなちがいがある。ユングは、キリスト教徒の体験と仏教徒の体験を比較してそこに相違を見出して、以下のように述べている。

キリスト教徒は、黙想の中であっても、私はキリストであるとは言わず、パウロとともに「私が生きているのではない。キリストが私の中に生きているのだ」（ガラテア人への手紙、二・二〇）と告白するであろう。ところがわれわれの経典［観無量寿経］は、「お前は、お前が仏陀であることを知るであろう」［是の心、仏となり、是の心、是れ仏なり］と言っている。根本的にいえば、この二つの告白は同じものである。なぜなら、仏教徒がこのような認識に達するのは、彼が「無我」つまり自我をもたないでいるときに、はじめて可能になることだからである。けれども、この二つの表現のしかたには非常なちがいがある。キリスト教徒は、キリストにおいて終わりに達する。これに対して仏教徒は、彼が仏陀であることを認識するのである。キリスト教徒の生は、たえず移りかわる自我中心的な意識から出てくるのに対して、仏教徒は今でも内的自然という永遠の根底の上に安らっている。[27]

西洋の場合、自我の確立が前提されているため、内なる自己――ここではキリスト――を自我と同一視することは、自らを神と同一視することになり、自我膨張になってしまう。しかしながら、仏教の場合、無我説を唱えているため、それが回避されるというのである。それならば、有我説を採りながら梵我一如を説くヒンドゥー教の場合はどうなのかということが、当然、疑問として浮かんでこよう。

湯浅は、ユングの東洋理解を以下のようにまとめている。「ユングは、東洋と西洋の思考様式のちがいについて、次のようなことをのべている。東洋の《心理学》というものは、西洋的（あるいは近代的）意味における心理学ではなく、むしろ哲学、あるいは形而上学ともいうべきものである。東洋思想の伝統では、「心」という言葉はいつも何か形而上的な意味合いを含んでいる。また東洋における「知」（認識）Erkenntnis, recognition は哲学的推理の結果と言うよりも、ある種の心理的経験の事実を指している。これに対して西洋の心理学は形而上学とは無関係であって、形而上的命題は心理体験によって肯定することも否定することもできない」［五：六一］。

そして、湯浅はこのようなユングの考えに基づいて、以下のように述べている。「東洋思想の伝統では、形而上学と心理学は常に一体化する傾向がある。ただしここでいう心理学は、自己の人格形成の過程で経験される心理的諸事実の考察という意味であり、したがって現代的観点からみれば、深層心理学や臨床心理学の問題に関係が深い」［同］。

湯浅は、このような観点から、「深層心理学的視点に立つ仏教思想の研究という課題」に関心を抱く［五：九四］。そして、「唯識論と深層心理学」の比較を試みている［五：三三一―五〇］。

三　メタプシキカの応用――日本思想史の歴史心理学

湯浅は、日本思想史の身体、もしくは、日本「情動」史を見ようとした。

ユングを研究しはじめたとき、必ずしも思想史研究に対する関心から取りかかったわけではなかったが、湯浅は、ユングの問題意識に即して西洋精神史を研究しているうちに、それが日本思想史研究の方法としても有効であると思われるようになった。その際、湯浅が注目したのは、主体の内面的体験において見出される情念である。人間の心の基本構造は、何百年も何千年も変わることがないのに対して、知的な意識の論理や思考様式は歴史的な状況から影響を受けて変化をする。湯浅は以下のように述べている。「そこで、心理学の視点や方法をとり入れながら思想の問題について考えてゆけば、過去の先人たちの内面的体験の世界に共感的に入りこめるであろうし、それによって従来見すごされていた問題点に新しい光をあて、過去を現在のわれわれの心のあり方と結びつけて考え直してゆくことができるであろう。そういう意味から、私は深層心理学に関心をもったのである。本書の中でも、若干、そういう方法的関心に立った試みをしてみた。近年欧米の学界で次第に用いられはじめた用語を用いて、自分勝手にこれを歴史心理学 psycho-history の方法と称している」［一〇：二九四―二九五］。

そして、湯浅は自らの歴史心理学を以下のように定義している。「歴史心理学とは、さしあたり、個人および集団の思念と行動の様式を基本的に決定し、方向づける内面的心理的諸要因を探求しつつ、ある思想が形成され、実践に移されてゆく歴史的な心理的諸過程に見出される観念的意味連関のメカニズムを問うものであると言っておこう。この場合、心理的要因といっても、重要なのは知的レベルにおける思考様式よりも、むしろ意識下から発動する情念や衝動やエクスタシーの体験であり、したがって歴史心理学は、精神分析学ないし深層心理学と親近性をもってくる」［一〇：二七〇］。

そこで、湯浅は、日本宗教史における畏怖、怨念、苦悩、無常、はかなさ、狂気のようなテーマを探求した。湯浅は、修験道の開祖とされる役小角（七―八世紀ごろ）の事例を挙げている［一〇：三二七以下］。彼の伝説は当時の民間信仰の典型のようであった。『沙石集』は以下のように記している。

昔、役ノ行者、吉野ノ山上ニ行ヒケルニ、釈迦ノ像現ジ給ヘケルヲ、「此ノ御像ニテハ此ノ国ノ衆生ハ化シガタカルベシ。隠レサセ給ヘ」ト申サレケレバ、次ニ弥勒ノ御形ヲ現ジ給フ。「猶是モ叶ハジ」ト申サレケレバ、其ノ時当時ノ蔵王権現トテ、オソロシゲナル御形ヲ現ジ給ケル時、「是コソ我国ノ能化」ト申シ給ケレバ、今ニ跡ヲ垂レ給ヘリ。釈尊劫尽ノトキハ、夜叉ト成テ無道心ノ者ヲ取リ食ヒテ、人ニ勧メテ道心を起サシメ給フモ此ノ心ナリ。[28]

ここで、簡単に現代語にしてみれば、以下の通りになろう。「昔、役行者が吉野山に行ったときに釈迦の像が現れたが、役行者は、「このお姿ではこの国の衆生を教化することはむずかしいでしょう。お隠れになって下さい」と釈迦の像に向かっていわれたところ、次に弥勒菩薩の姿を現されたが、「このお姿でも望みは叶いません」といわれたので、そのとき、当時の蔵王権現という恐ろしげなお姿をお現しになったとき、役行者は、「これこそわが国を教化する者」といわれたので、今に至るまでその姿を現されている。釈尊がお隠れになるときは、夜叉となって道心なき者を取って食って、人に勧進をして道心をおこさせになるのもこの心である」。

湯浅の図像学的な説明によると、「蔵王権現は三つの眼をもち、青黒色の忿怒相（怒りの表情）を示し、頭上に三鈷の冠をいただき、左手は剣印を結んで腰にあて、右手は三鈷杵を頭上にふりあげ、左足は磐石をふみ、右足は空中をふむ」［同］。

要するに、当時の民衆を教化するためには、釈迦や弥勒菩薩のようなやさしい仏の姿では勧進することができないので、恐ろしい姿、つまり不動明王のような忿怒相の蔵王権現が民衆教化にふさわしいということを、役行者は説いているのである。また、権現というように、仏が仮に神の姿をとって現れたということを示唆しているのであろう。蔵王権現は恐ろしい姿によって道心のないわが国の民衆を畏怖させて導くのである。

この点に関して、湯浅は以下のように指摘している。

ここには、修験道の背景にあった山岳信仰、つまり古代神道の神観念と信仰心理が重なり合っているように思われる。神話の神々は、ヤマトタケル伝説などにその一端が現われているように、元来は「山河の荒ぶる神ども」とよばれ、しばしば動物的な怪異な形態で出現する存在であった。またタケルが走水の渡りの神や伊吹山の神に苦しめられたように、神々は人間に対して苦しみや災厄を与える存在とみなされる傾向がつよかった。このような古い神観念と信仰心理にもとづいて仏教的観念を受け入れたところに、右のような「オソロシゲナル御形」の仏に関する伝説が生れてきたものと考えられる。［一〇：三二八］

つまり、湯浅によれば、土着の神道の荒ぶる神々と外来の仏教の仏菩薩のイメージが習合することによって蔵王権現のイメージが形成されたというのである。

さらに、湯浅は、蔵王権現について以下のように述べている。

右の金剛蔵王菩薩という尊名は密教の胎蔵界マンダラ虚空蔵院にみえるが、図像学的内容にかなりのちがいがあるので、起源的には別ものと考えられている。つまり、修験道の金剛蔵王菩薩は、いわば和製の仏だったわけで、本来は日本の山の神が仏教的観念の影響を受けて変容したイメージとみるべきものと考えられる。したがってわれわれはここで、仏教の土着（いわゆる日本化）の過程ばかりでなく、仏教の影響を受けて逆に日本の古い神観念が変容して行った過程をも合せ考えてゆく必要がある。［同］

また、奈良時代や平安時代には、救いを求めて仏典を読経するように人々に求める「苦しむ神々」の事例が見られる。これらの神々は、人間と同じように、輪廻にとらわれて苦しみから逃れられない衆生とみなされていた。覚者だけが転生の輪廻から逃れることができると考えられていたのである。

このようにして、湯浅は、日本思想史の情動的な側面の研究に意義を認めたのである。そして、湯浅はそれを歴史心理学と呼んでいるが、先の定義からすれば、日本精神史におけるメタプシキカの試みと言っても過言ではないだろう。

おわりに

われわれは、湯浅が東洋の知識人として、心理学における彼自身のあらゆる側面においてユングと対話しようとしていたことがわかる。そして、湯浅の生涯を通じてのユングとの対話が湯浅の思索を形成していたと言うことができよう。

その際、ユングと東洋が重要なテーマとなっていて、『黄金の華の秘密』において扱われていた東洋の錬金術と言われる練丹との出会いがユングにとって大きな転機となっていることがわかった。つまり、練丹には外丹と内丹があり、ユングはそのことを大きなヒントとして、西洋の錬金術をも内丹として理解するようになったのであった。それは、錬金術を観法や能動的想像に基づく修行法として理解することにつながっていた。そして、そのような解釈が確立されたとき、湯浅がメタプシキカというキーワードのもとにとらえた修行体験などの「内向的実践」を正当に評価する視座が確立されたと言えるだろう。

こうして、湯浅がメタフィジカに対してどのようなものをメタプシキカとして理解したのかが明らかになる。メタプシキカとは、「人間の内面的な魂（プシケー）の根底を探究することを通じて、その彼岸を目指そうとする形而上学」を意味したのであった。しかし実際には、観法などの瞑想法や能動的想像によって描き出された世界を分析するのがメタプシキカの大きな課題であったように思われる。日本思想史における役行者と蔵王権現の逸話も、このような枠組でとらえれば、歴史心理学に留まらず、メタプシキカの探究としてとらえることができよう。

このようなメタプシキカをいかに継承して展開していくかが、われわれの今後の課題と言えよう。[29]

注

1　C. G. Jung, "Psychological Commentary on 'The Tibetan Book of the Great Liberation,'" *Psychology and Religion: West and East, Collected Works of C. G. Jung*, Vol. 11, Princeton: Princeton University Press, 1975, p. 479, Cf. C. G. Jung, "Psychologischer Kommentar zu das tibetische Buch der großen Befreiung," *Zur Psychologie westlicher und östlicher Religion, C. G. Jung Gesammelte Werke*, Bd. 11, AG Ostfildern: Patmos Verlag, 2011, pp. 480-481.　C・G・ユング『東洋的瞑想の心理学』湯浅泰雄・黒木幹夫共訳、創元社、一九八三年、一〇三頁。

2　渡辺学『ユングにおける心と体験世界』春秋社、一九九一年、二三一頁以下参照。

3　C. G. Jung, "Zur Psychologie und Pathologie sogenannter okkulter Phänomene," *Psychiatrische Studien, GW*. Bd. 1, AG Ostfildern: Patmos Verlag, 2011, pp. 1-98.　C・G・ユング『心霊現象の心理と病理』宇野昌人、岩堀武司、山本淳訳、法政大学出版局、二〇〇六年。

4　C. G. Jung, *Experimentelle Untersuchungen, GW*. Bd. 2, AG Ostfildern: Patmos Verlag, 2011.　C・G・ユング『診断学的連想研究』高尾浩幸訳、人文書院、一九九三年。林道義訳『連想実験』みすず書房、一九九三年。

5　C. G. Jung, "Die Beziehungen zwischen dem Ich und dem Unbewußten," *Zwei Schriften über Analytische Psychologie, GW*. Bd. 7, AG Ostfildern: Patmos Verlag, 2011, pp.1 27-247.　C・G・ユング『自我と無意識の関係』野田倬訳、人文書院、一九八二年。C・G・ユング『自我と無意識』松代洋一・渡辺学訳、第三文明社、一九九五年。

6　C. G. Jung, "Synchronizität als ein Prinzip akausaler Zusammenhänge," *Die Dynamik des Unbewußten, GW*., Bd. 8, AG Ostfildern: Patmos Verlag, 2011, pp. 457-553.　「共時性：非因果的連関の原理」C・G・ユング、W・パウリ共著『自然現象と心の構造――非因果的連関の原理』河合隼雄・村上陽一郎訳、海鳴社、一九七六年、一―一四六頁。

7　湯浅泰雄「ユングと東洋」『湯浅泰雄全集』第六巻、白亜書房、二〇〇一年。

8　湯浅泰雄「ユングとキリスト教」『湯浅泰雄全集』第三巻、白亜書房、二〇〇三年。

9　湯浅泰雄「ユングとヨーロッパ精神」『湯浅泰雄全集』第四巻、白亜書房、二〇〇三年。

10　本節は、渡辺学「解説　湯浅泰雄著『ユングと東洋』（一九八九）をめぐって」（『湯浅泰雄全集』第六巻、五三五―五四八頁）に依拠している。

11　C. G. Jung, *Wandlungen und Symbole der Libido: Beiträge zur Entwicklungs- geshichte des Denkens*, Leipzig und Wien: Franz Deuticke, 1912.　英語版からの重訳に以下のものがある。C・G・ユング「生命力の発展」『世界の大思想全集』四四巻、中村古峡訳、春秋社、一九三一年。

12　C. G. Jung, *Symbole der Wandlung*, GW. Bd. 5, AG Ostfildern: Patmos Verlag, 2011.　C・G・ユング『変容の象徴――精神分裂病の前駆症状』野村美紀子訳、筑摩書房、一九八五年。

13　C. G. Jung, *Psychologie und Alchemie*, GW. Bd. 12, AG Ostfildern: Patmos Verlag, 2011.　C・G・ユング『心理学と錬金術』Ⅰ・Ⅱ、池田紘一・鎌田道生訳、人文書院、一九七六年。

14　C. G. Jung, *Psychologische Typen*, GW. Bd. 6, AG Ostfildern: Patmos Verlag, 2011.　C・G・ユング『心理学的類型』Ⅰ、佐藤正樹訳、『心理学的類型』Ⅱ、高橋義孝・森川俊夫・佐藤正樹訳、人文書院、一九八六・一九八七年。C・G・ユング『タイプ論』林道義訳、みすず書房、一九八七年。

15　Jung, "Die Beziehungen zwischen dem Ich und Unbewußten."　ユング『自我と無意識の関係』、『自我と無意識』。

16　*Das Geheimnis der Goldenen Blüte: Ein chinesische Lebensbuch*, übersetzet von Richard Wilhelm, München: Dornverlag, 1929.　C・G・ユング、R・ヴィルヘルム『黄金の華の秘密』湯浅泰雄・定方昭夫訳、人文書院、一九八〇年。

17　*The Psychology of Kundalini Yoga: notes of the seminar given in 1932 by C. G. Jung*, ed. Sonu Shamdasani, London: Routledge, 1996.　C・G・ユング『クンダリニー・ヨーガの心理学』老松克博訳、創元社、二〇〇四年。

18　C. G. Jung, "Yoga und Westen," GW. 11, p. 536.　C・G・ユング『ユングの文明論』松代洋一編訳、思索社、一九七九年、一四五頁。湯浅、全集六、二五四―二五五頁。

19　C. G. Jung, *Briefe III: 1956-1961*, hrsg. von Aniela Jaffé, AG Ostfildern: Patmos, 2012, p. 135.

20　Jung, "Psychologischer Kommentar zu das Tibetanische Buch der großen Befreiung," p. 482.

21　C. G. Jung, "Zur Psychologie östlicher Meditation," GW. Bd. 11, AG Ostfildern: Patmos Verlag, 2001, pp. 560-576.　C・G・ユング「浄土の瞑想―観無量寿経によせて―」『東洋的瞑想の心理学』〈ユング心理学選書⑤〉湯浅泰雄・黒木幹夫訳、創元社、一九八三年、二一八―二五〇頁。

22　湯浅自身は、「観察念仏」と呼んでいるが、一般的な用語法から考えて、「観想念仏」に置き換えた。湯浅、全集五、五五頁以下参照。
23　Jung, "Zur Psychologie östlicher Meditation," p. 567.　ユング「浄土の瞑想」二三一頁。
24　Ibid., p. 571.　同書、二三八頁。
25　Henry Corbin, "Mundus Imaginalis or the Imaginary and the Imaginal," *Spring*, 1972, pp. 1-19.
26　『浄土三部経』〈大乗仏典〉6、中央公論社、一九八一年、二二九頁。
27　Jung, "Zur Psychologie östlicher Meditation," pp. 575-576.　ユング「浄土の瞑想」二四五—二四六頁。
28　『沙石集』〈日本古典文学大系〉八五、岩波書店、一九六六年、六六頁。
29　メタプシキカの試みの例として以下のものを挙げることができる。渡辺学「宗教における修行と身体——宗教学の視点から」『宗教研究』第八一巻第四輯、日本宗教学会、二〇〇八年、七八五—八〇四頁。

超・身体論——光の存在論へ

永沢 哲

一　二一世紀の瞑想の科学とメタフィジク

二一世紀の瞑想の脳科学は、一九九〇年代から今世紀初頭にかけて起こった脳科学のパラダイムシフト——①神経可塑性、②自己組織系としての脳とトップダウン因果性、③身体・環境と脳——を土台に、急速な発展を遂げつつある。二〇〇四年に公刊されたチベット仏教の慈悲の瞑想をめぐるデーヴィッドソンたちの画期的研究、そしてその翌年のヴィパッサナ瞑想をめぐるラザーの研究を皮切りに、毎年発表される論文の数は、現在指数関数的な伸びを示している。[1]

こうした研究は、瞑想やそれが生み出す特定の意識状態に相関する脳活動のパターンに焦点をあて、瞑想が、身体のスキャン能力、慈悲や愛、創造性、ポジティヴな情動の増進をはじめ、大きな潜在的可能性を秘めていることを明らかにしつつある。さらには、たとえば、島の二重機能（内受容性＝ホメオスタシスと共感）、慈悲と共感に対応する神経ネットワークの区別といった新しい知見をつうじて、医療従事者やケア従事者の燃えつき防止、ビジネス、教育、刑法行政（再犯防止）をはじめとする、広い範囲に大きな影響を与えつつある。[2] それにくわえ、ヒトゲノム解析技術の急速な発達にともなって、瞑想やヨーガ、呼吸法、あるいは利他的な心のありかたが、免疫機能やＡＴＰ（アデノシン三リン酸）の産生、テロメア修復酵素にかかわる遺伝子発現と相関していることも、しだいに明らかになりつつある。[3]

けれども、わたしたちは、特定の意識状態と脳活動や遺伝子発現の「相関」（co-relates）に関心を集中している現在のトレンドの延長上に、バラ色の未来を描くことができるのだろうか？　一〇〇年あまり前に、ウィリアム・ジェームズは次のように述べている。

脳のある状態にたいして、ある識（sciousness）が対応するときには、はっきりと区別できる何かが起こっているはずである。それが何なのか、科学はいずれ真実を垣間見るだろう。その発見こそが科学的達成と呼ばれるべきなのであり、その前では、過去の科学的業績のすべてが色あせて見えるにちがいない。……心理学が現在置かれている状況は、ガリレオと運動の法則があらわれる前の物理学、ラボアジエと質量保存則があらわれる前の化学、と言わねばならない。心理学のガリレオやラボアジエがあらわれた暁には、さぞかしその名が広く知れ渡ることだろう。……いつかきっと彼らはあらわれる。そしてその時期彼らは、形而上学的な思考を迫られるだろう。……わたしたちが出発点とした自然科学の推論はあくまでも暫定的であって絶対的なものではない。変更されうるのだと肝に銘じておくことである。[4]

このジェームズの言葉は、現在急速に進行しつつある脳科学や遺伝学による瞑想研究のありようを、はるかに先がけて透視したもののように思われる。わたしたちは、一人称的に体験される意識状態と三人称的な計測の「相関関係」に、どのような意味があるのか、科学を超えた哲学的な考察を加える必要に、じょじょに迫られつつあるのである。

一九八七年に、湯浅泰雄が、「メタフィジク」と「メタサイキック」の統一に向けて、書きつけた次のような言葉は、こうした哲学的考察が進むべき方向について、きわめて明瞭な道しるべを示したものだといえる。

この道（人間のたましいの底からひらけてくる閉ざされた神秘な道）が科学との協力によってひらかれるとするならば、それは自然の隠された究極の秘密の領域へとわれわれをみちびいてゆくことであろう。ここから、伝統的意味のメタフィジクとはちがった新しい意味のメタフィジク——形をこえた世界についての知——が現われてくるであろう。それは、たましいの内面的世界を超え出た形而上学となって、人間存在の基本的条件である生きた自然へと立ち向う。ここにおいて、メタフィジクとメタサイキックは、新しい意味において一つになる。それはおそらく、新しい哲学への道をひらき、また宗教と科学を調和する地平へとわれわれをみちびいてゆくであろう。[5]

「メタフィジクとメタサイキック」の統一を予言するこの湯浅泰雄の言葉は、「形而上学」の必要について語るジェームズの言葉と響きあいながら、現在の脳科学や遺伝学の先端的研究の蓄積の後に起こる人間理解の根源的変化の行き先を、予言的に示すものだったと思われる。

こうしたウィリアム・ジェームズや湯浅泰雄のすぐれた洞察を引き継ぎながら、思考をさらに大きく、深くおしすすめていく。そうした作業を始める前に、わたしたちは、ここで一歩立ち止まって、まず人間の精神をめぐるウィリアム・ジェームズと湯浅泰雄の思考をへだてている時間の距離、そして両者の体験と文化のちがいについて、はっきりさせておく必要がある。

ジェームズも湯浅も、変性意識状態に大きな関心を抱き、高度に精密で柔軟な思考と研究をおしすすめた。けれども、その背景にある体験と文化は、たいそう異なるものだった。

ジェームズは、青年期、深刻なうつ病を発症し、そのために医学・生理学から、心理学に転向した履歴を持っていた。それだけではない。当時流行した笑気ガスの吸入も体験していた。そうしたこともあって、ジェームズの心理学においては、脳科学との接点や、物理法則と精神の関連が、その思考のとても重要な通奏低音となっている。また、こうした本人の体験は、後年、世界のさまざまな宗教的伝統にあらわれる神秘体験をテーマにして書かれた『宗教的経験の諸相』の重要な土台の一つにもなったと考えられる。

晩年のジェームズは、有名な霊媒レオノーラ・パイパーとの出会いをつうじて、死後の霊魂の存在をめぐるパラサイコロジーの心霊研究に没頭した。けれどもその一方で、ヨーガや瞑想といった、東洋ではぐくまれた心身の変容技法への関心はほとんど見られない。それは、ジェームズが生まれ育った文化伝統の特徴を、そのまま反映しているといえる。

これにたいして、湯浅泰雄は、本山博を師としてクンダリニーヨーガを学んだ実修者だった。そのこともあって、ヨーガ、瞑想、気功といった東洋の伝統の中で継承されてきた身心を変容させるための技法、そして鍼灸とも密接に関連して発達した、プラーナや気の運動性からなる微細な身体の理論にたいして、たいそう深い関心を抱き続けていた。主著である『身体論』は、こうした東洋の身体技法やその背景にある微細な身体の理論と、近代西欧で発達した生理学、さらにそれを土台にして展開されたベルクソン、メルロ＝ポンティの思考との対話の中から、身体をめぐる新しい哲学を生み出そうという息吹に満ちている。強靭で精緻な思考につらぬかれた世界のどこにも、ほかに類例のない試みだったと言える。

では、東洋の身体技法を重要な土台にし、湯浅泰雄が開いた地平をさらに押し広げ、意識と存在をめぐる、新しい思考のパラダイム（「形而上学」）を創造し、「メタフィジクとメタサイキック」の統一に向かうにはどうしたらいいだろうか。ここでは、そのための準備作業として、チベットで最も高度な密教とされる「ゾクチェン」（rdzogs chen「大いなる完成」）の体系における究極の悟りである「虹の身体」、そしてその背景にある「光の存在論」と身体イメージを明らかにすることにしたいと思う。

二　「虹の身体」とゾクチェン

ゾクチェンは、チベット仏教ニンマ派と土着の宗教であるボン教のなかで相承されてきた密教の教えであり、ほかとは隔絶した哲学と修行法を持っている。

「虹の身体」は、このゾクチェンに特有の悟りである。修行を究極にまで完成したゾクチェンの修行者は、死の時、心臓も呼吸も止まり、しかし瞑想の姿勢は保たれる「トゥクタム」の状態に、一週間から数週間にわたってとどまる。[6]その間、ヨーギの肉体は、純粋な光に溶けいり、あとには爪と髪だけが残されるのである。

この「虹の身体」の実例は、チベットにゾクチェン密教が移植されてから現代にいたるまで、千年あまり、各地で目撃されてきた。[7]そのもっとも最近の例としては、一九九八年に東チベット・ニャクロン地方で示寂したケンポ・アチューや、二〇一一年末に、アメリカおよびブータンであいついで示寂したティンレー・ノルブ・リンポチェ、ラマ・セルポ、さらに二〇一四年に示寂したカンサル・トゥルク、ラマ・カルマなどを挙げることができる。

ここでは、そのなかから、ケンポ・アチュー（「ケンポ」は「僧院長」の意）について、「虹の身体」の悟りにいたるプロセスを、簡単に見ておくことにしよう。[8]

ケンポ・アチューが示寂して数年後、弟子の一人だったロサン・ニェンダクが著わした『虹の身体から自然に鳴りわたる金剛のうるわしき太鼓の音』と題された伝記によると、ケンポ・アチューは、一九一八年に東チベット・ニャクロン地方（現在の四川省新龍地方）のルモラプに生まれた。一四歳の時、生まれ故郷にあったニンマ派のルモラプ寺に入門し、六年間にわたって、ニンマ派で用いられる仏教経典の学問に邁進した。

二〇歳で、ニンマ派の典籍を学びつくすと、今度は、中央チベットにあるゲールク派の重要な学問寺であるセラ寺に移った。この時期は、経典の学問をつづけるとともに、二六歳からは、ニンマ派の偉大な密教行者として令名の高かったドゥジョム・リンポチェを師として、密教の教えを学んだという。

長期にわたる中央チベットでの顕密の勉強を終えたアチューは、生まれ故郷のルモラプにもどり、ルモラプ寺に付設されていた僧院大学の僧院長となり、後輩の教育にいそしんだ。引退後は、寺から五〇〇メートルほど離れた小さな家で、三人の弟子といっしょに暮らしながら、瞑想修行をつづけたという。

死に先立つ数年間、ケンポ・アチューの周囲では、不思議な出来事がしばしば起こった。

数人の知り合いが訪ねた時のことだ。彼らは、ケンポ・アチューを家の中に残したまま、外から扉の錠をかけ、用事をすませに外出した。戻って驚いたのは、ケンポ・アチューが、庭に出てたたずんでいたことだった。

ケンポ・アチュー（1998年、死の数か月前）

「どうやって外に出たのですか？」とたずねられたケンポ・アチューは、「扉からだよ」とこともなげに答えた。だが、扉はしっかり外から錠がかかったまま、窓も閉まったままだった。
死の数日前、地元の人々は、ケンポ・アチューの家の左右から、二つの虹が、天空に向かって垂直に立ち上がるのを見た。それだけではない。毎日、若い女の美しい歌声が鳴り響くのが聞こえる。家の中に誰かいるのだろうか、と思って入ってみると、誰もいない。その声は、今度はまるで上空で鳴り響いているかのように、聞こえてくる。

一九九八年のチベット暦七月七日の午後、ケンポ・アチューは示寂した。

病をしめす兆候は何もなく、数珠を繰り、観音菩薩の真言を唱えながらの最後だった。

夜の七時、近しい弟子が、服を着替えさせようと部屋に入ってみると、驚いたことに、肌のしわは消え失せ、まるで子供のようにピンク色に輝いている。それだけではない。少し体が小さくなっているように見える。

翌日、仏壇に供えるバター・ランプを替えにいった。さらに小さくなっている。

三日後、困り果てた弟子は、近くの別の僧院長のところに相談に出かけた。答えは「一週間、誰にも言わず、秘密にしておきなさい」というものだった。

八日目、ごく親しかった四人の弟子と他に二人が、いっしょに見に行くことになった。ベッドにまっすぐ立っている法衣を取り除いてみる。

なにもない。爪も、髪も、なにひとつ残されていない。

チベットでは、高い悟りを得たラマが亡くなると、生前身につけていた服や、荼毘に付した時に姿をあらわす仏舎利を大事にして、仏像の中に入れたり、新しくそれをおさめるための仏塔を建立する。それによって、あとにのこされた自分が修行を続けるための心のよすがとするのである。

それができないことに気づいた弟子は、頭を床に打ちつけ、大声で泣き始めた。そもそも遺体が姿を消したなどと、誰が信じてくれるだろう。六人は、茫然として立ちつくしたのだった。

ケンポ・アチューの後も、チベットの内外で「虹の身体」の悟りに関連する報告は、続いている。

その中で、たいへん大きな画期となったのは、二〇一一年末にアメリカで遷化したティンレー・ノルブ・リンポチェ（「リンポチェ」はすぐれた高僧にたいするチベット語の尊称）の場合だった。すでに述べたように、虹の身体を悟ったゾクチェン修行者の肉体は、完全に光になって消えてしまう。けれども、多くの弟子たちをもつ導師の場合、完全には消えず、子供くらいの大きさの遺体が残されることがあるとされている。

ティンレー・ノルブ・リンポチェは、ネパール、インド、ブータン、アメリカにたくさんの弟子を持っていた。そのこともあったのだろうか。アメリカのアップステート・ニューヨークで一週間のトゥクタムに入ったティンレー・ノルブ・リンポチェのからだは、完全には消えず、八歳の大きさくらいの遺体が残されたのである。この遺体は、アメリカからブータンに飛行機で運ばれ、ブータンで最も重要な聖地の一つであるパロで荼毘に付された。そのさい撮影された写真やビデオが、インターネット上で公開されたのである。[9]

さらに二〇一四年、東チベット・カム地方の洞窟で、孤独な瞑想修行を続けていたラマ・カルマや、仏教経典

生前のティンレー・ノルブ・リンポチェ

荼毘のために運び出されるティンレー・ノルブ・リンポチェの遺体（2012年、パロ）

の広く深い知識とゾクチェンの高度の悟りで知られたゴロク地方の高僧カンサル・トゥルクの場合、収縮した遺体を撮影した画像が、インターネットをつうじて世界中に転送され、拡散されることになったのである。

生前のカンサル・リンポチェ（2012年、ゴロク・チクディルのカダク・トゥデルリン寺）

収縮後、法座の上に安置されたカンサル・リンポチェの遺体（2014年、カダク・トゥデルリン寺）

三 「光の存在論」——メタフィジクとメタサイキックの統一へ

「虹の身体」の悟りは、ゾクチェン密教に特有の「光の存在論」を土台にしている。このゾクチェンの「光の存在論」は、湯浅泰雄の言う「メタフィジクとメタサイキック」を統一した哲学に、最も近い性格を持っているようにみえる。「メタフィジクとメタサイキック」を統一し、新しい思考のパラダイムを作り出す、わたしたちのこれからの作業をみちびくための導きの糸として、どうやら、たいへん大きなヒントを与えてくれそうだ。

そこで、ここでは、ゾクチェンの中で最も高度な「ニンティク」(snying thig「心の精髄」)の最古層に属する十七のタントラ経典群(snying thig rgyud bcu bdun)をもとに、そのエッセンスを明らかにする試みに取り組むことにしよう。

ゾクチェン・ニンティクの「光の存在哲学」においては、すべての生命の土台は、「空性と光」あるいは「法界と明知」の二重性を帯びたものだと考えられている。

まず、空性の側面から見ていくことにしよう。

人間の実存を作りなす「からだ」、「ことば」、「こころ」(身、口、意)のうち、最も根本的なのは「こころ」である。その「こころ」を吟味していくと、どこにも実在しない「空」であることがわかる。そうした存在の土台の「空性」ないし「法界」としての性格について、ゾクチェン・ニンティクの最も古い十七タントラの一つである「文字のないタントラ」には、次のように書かれている。

するると、師をもたない明知が、顕現することのない原初の空間から次のように語った。

「みずからうまれた原初の智慧であるわたしには、過去もなければ、これからうまれる未来もまたない。現在において、今この瞬間、なにひとつ顕現することもない。わたしにはカルマもなければ、習気もなく、無明もなければ、こころも、また意識もない。般若の智慧もなく、輪廻もなく、またニルヴァーナもない。明知そのものもまた存在しないのだ」と。[10]

このタントラは、さらに続けて次のように述べている。


キエマ！

わたしには、生もなければ死もない。滅すべきすべての現象は（わたしの中に）完成している。

わたしには、内部も外部もない。それゆえすべての光のあらわれは完成している。

わたしは空性であり、なんら実体をもたない。それゆえ、自然に顕現するすべてのあらわれは完成している。

わたしには、「自己」と「他者」の区別がない。だから明知の五つの特徴が完全にそなわっている。

わたしには、方向も部分もない。だから、かがやきに満ちた原初の智慧が完全にそなわっている。[11]

こうした、すべての局在性を超えた空なる「法界」のありようについて、ゾクチェンの哲学を高度に洗練された表現に磨きあげた一四世紀の天才的哲学者、ロンチェンパは、さらに次のように表現している。


はじまりも、終わりも、中間もない法性なる真如。

一にして、あまねくいきわたり、虚空に等しい、清浄なる自性は、はじまりも終わりもなく、過去、未来の境界を超えている。

生じることも、滅することもなく、物質でもなく、特性をもたない。
行くことも、来ることもなく、「これだ」といってたとえることもできない。（中略）
方向性も、部分も、中心もない、真如の土台。（中略）平等なる界。
上も、下も、中間もない、広々とした原初の法界の城。[12]（『法界の宝蔵』）

法界には、部分も、方向も、時間も、存在しない。それらをすべて超えた高度の対称性が支配している。存在の土台は、そういう空なる「真如」として、まずは表現することができる。

けれども、「心の本性」あるいは存在の土台は、たんなる「空」なのではない。心の本性は輝きをはらんでおり、「空」であるとともに、そこから無限の光とともに、さまざまな心の現象を生み出す潜在的なポテンシャルが内蔵されている。十七タントラの一つである「真珠の首飾り」は、次のようにのべている。


その本体は原初から清らかであり、自性は自然なままで完成している。それは、特定の位置をもたず、方向性や部分性を超えている。有でもなく、無でもなく、なにものとしてもあらわれることはない。あらゆる言語表現や、量的表現を超えている。[13]

ここで、「真珠の首飾り」が語るとおり、ゾクチェンの哲学において、存在の土台は、「原初から清らか」（ka dag）な空性であるだけではない。もう一方で、あるがままに「自然状態で完成している」（lhun grub）光としての側面を内蔵していると考えられている。存在の土台は、「空性と光」、「法界と明知」の不二なる統一として存在しているのである。

ゾクチェン哲学は、さらにそうした土台のもつ性格について、男性性と女性性、法身サーマンタバドラとサーマンタバドリが深々と抱き合い、交合しあう姿で象徴的に表現している。

この潜在状態にある「土台」、すなわち存在の母胎から、自発的な対称性の破れによって、物質と心の両方の領域にまたがる現象の世界が生成する。そのプロセスについて、ゾクチェン哲学は、仏教の三身論を格段に深めた「光の存在論」によって、表現している。「無礙なる音のタントラ」には、次のように書かれている。


原初の土台は、本体、自性、慈悲のエネルゲイアという三つの側面を持っている。（土台の）本体は、ブッダの身体として、存在している。それゆえ、法身、報身、変化身の三つの側面を分離することはできない。ブッダの三つの身体は、あるがままの自然状態において完成している。……（この原初の土台の）自性の側面から、白、赤、黄色、緑、青といった異なる色が顕現するのである。[14]

ここでは、さらに存在の土台は、「本体」(ngo bo)、「自性」(rang bzhin)、「慈悲のエネルゲイア」(thugs rje)の三位一体の構造をそなえたものとして表現されている。「本体」は空であり、「自性」は光明（輝き）であり、「慈悲のエネルゲイア」はすべてに遍満し、浸透している。空なる「本体」は法身、純粋な「自性」の光のあらわれは報身、「慈悲のエネルゲイア」は変化身に、それぞれ対応することになる。

さきほどのロンチェンパの引用からはっきりわかるように、法界は高度の対称性によって貫かれている。ところが、自発的な対称性の破れ（ゾクチェンのテキストは、それを「内部空間が破れる」と表現している）によって、「法界」に特異点が生まれ、この「明知」(rig pa)の特異点から、純粋な原初の光の放射が起こる。それは、土台にもともとそなわっている「光明」としての性質によるのだと、タントラは述べているのである。

重要なのは、この光の放射が、ブッダの五智に対応するマンダラ的な構造をそなえていることだ。「明知」の特異点を中心として、その周囲になだらかに広がる「智慧」（原初の智慧、ye shes）が、五色の光の幾何学構造としてあらわれるのである。

この純浄な光の現出を、「対象」としてあやまって認識し、「内部」と「外部」、「主体」と「客体」の二元論に陥ったとき、はじめて輪廻は始まる。それにともなって、土台から放射される潜在的ゲシュタルト構造をそなえた純粋な光である「純粋な原質」('byung ba chen po)は、その輝きを失う。水が凍って氷になるのと同じ相転移によって、「純粋な原質」から「粗大な原質」へ、叡智を帯びた純粋な光から物質へ、すなわち古代原子論における五大への下向きの変成が起こる。わたしたちの肉体は、そうした下向きの変成によって生じた「粗大な原質」によって作りなされているのだと、ゾクチェン哲学は語るのである。

こうして、「法界と明知」が不二である存在の土台において、「意識」と「物質」、「内部」と「外部」の二元論は、軽々と乗り越えられる。それとともに、認知、情動をふくむ人間の精神活動とその対象のすべては、「明知」に内蔵されている「力」(rtsal)、あるいは大楽の中で深々と抱き合う男女の神々のマンダラとして、あらためて、とらえなおされることになるのである。

このゾクチェンの「光の存在論」から見ると、輪廻する六道の世界に住むどんな生命であれ、同時に、無限のエネルゲイアを内蔵し、高次の対称性が貫いている「法界」と純粋な叡智の光の輝きを、その根底にかかえもっていることになる。たとえ輪廻であっても、そこには法界から放たれる光が、つねにかすかに浸透しているのである。

「虹の身体」は、そうやって二元論の無明から生まれてきた鈍重な肉体や輪廻のありようを逆転し、純粋な光に満ちた存在の土台に還帰することだと考えられているのである。

四　明知の光と風の光――『身体論』を超えて

湯浅泰雄は、『身体論』の中で、深層心理学の探求の先に、心理、生理、物質の境界が崩れ去り、新しい科学が生まれるだろうこと、そのプロセスにおいて、ヨーガを典型とする東洋の身体技法の伝統や、その中から生じるパラサイコロジカルな現象の研究が決定的な役割を果たすだろうことを強く示唆している。湯浅泰雄にとって、「メタフィジク」と「メタサイキック」を統一した「新しい哲学」は、東洋の身体技法の豊かな伝統にしっかり根ざすものでなければならなかった。

こうした観点から見た時、人間の精神と物質のプロセスを、「法界と明知が不二」である統一的な根源空間から考えようとするゾクチェンの「光の存在論」は、湯浅泰雄のいう「新しい哲学」と、とても近い関係にあるということができる。

けれども、その一方で、両者の間には、はっきりしたちがいもある。

湯浅泰雄の考えていた東洋の身心変容の技法は、おもに日本の禅、真言密教、そして呼吸法によるプラーナや気の制御、クンダリニーの生命エネルギーの覚醒にかかわるものだった。湯浅泰雄がよく知っていたヨーガの理論は、身体を「原因身」、「微細身」、「粗大身」（肉体）の三つのレベルに分けて考えている。湯浅泰雄の関心は、そのうち、中間の微細身の変容に焦点を置く哲学と技法の体系に、ほぼ集中していたといえる。

ところが、ゾクチェンは、こうした技法とはまったく異なる原理と技法にもとづいているのである。

ロンチェンパは、両者のちがいを、瞑想の体験という点から、明知から直接に放射される光と、プラーナの持つ輝きという言葉で表現し、こんなふうに区別をしている。

意識とむすびついている瞑想体験は、喜び、楽、光明、無分別の体験であり、強まったり弱まったりする。その究極のものは、ほたる、雲、太陽、煙、蜃気楼、星、月の光、バターランプのごときヴィジョンだ。それらもまた不安定で変化する。これにたいして、顕現の体験は、「無礙なる音のタントラ」に述べられているように、秋の上弦の月のように、増大し、生長する。ヴィジョンは、いやましに成長する[15]（『言葉の意味の宝蔵』）

ここで「意識と関係している究極の体験」と呼ばれているのは、プラーナの生命エネルギーをコントロールする「脈管とプラーナのヨーガ」、すなわち仏教的クンダリニーヨーガによって生みだされるものをさしている。それにたいして、「顕現の体験」というのは、ゾクチェンに特有の深々とした光の瞑想体験のことだ。この両者のちがいについて、ロンチェンパは、さらに次のように述べている。

原初の輝きに満ちた光のビンドゥと、プラーナ＝こころ（rlung sems）を止めることによって生まれる虹色の光のビンドゥは、いずれも「空なるかたち」である点においては似ている。けれども、まったく別ものだ。完全に清らかな自性のビンドゥ（前者）は、法界と明知が不二である統一体からあらわれてくる顕現であり、それゆえに澄みきっており、全体的なマンダラのヴィジョンへと成長する。また、保息によって生じるものではない。（このヴィジョンがあらわれるときには）煩悩と分別は自然にとまる。それゆえ、静寂に満ち、澄みわたり、自然に生じる静慮によって飾られているのである。それに対して、「脈管とプラーナのヨーガ」における清らかな十のしるしは、努力して風をコントロールすることによって生みだされ、強まることも、弱まることもある。不安定でまた透明さにかけ、部分的にぼやけることもある……。両者の違いは、大きい。

ちょうど金と真鍮のようなものだ。[16]（『至高の乗り物の宝蔵』）

ここでロンチェンパが言おうとしているのは、「脈管と風のヨーガ」とゾクチェン・ニンティクは、それぞれプラーナを中心にしているのか、それとも明知を中心にしているのか、という点で、根本的にちがうということだ。

こうしたちがいをはっきり意識しながら、湯浅泰雄の構想を統合し、「メタフィジク」と「メタサイキック」を統一した「新しい哲学」を、これから創造していく必要がある。そう、わたしは考えている。

注

1 永沢哲『瞑想する脳科学』講談社、二〇一一年。T. Nagasawa, "The meditative neuroscience of the 21st century and the paradigm of 'self-transformation,'" *Journal of Traditional Tibetan Medicine*, vol. 4, 2013, pp. 30-35.

2 同書、第六章、七章。こうした理解は、現在、一般社会に急速に広がりつつある。

3 T. Jacobs et al., "Intensive meditation training, immune cell telomerase activity, and psychological mediators," *Psychoneuroendocrinology*, 36, 2011, pp. 664-81. M. Bhasin et al., *Relaxation response induces temporal transcriptome changes in energy metabolisms, insulin secretion and inflammatory pathways*, PLOS ONE, 8(5), 2013. P. Kaliman et al., "Rapid changes in histone deacetylases and inflammatory gene expressions in expert meditators," *Psychoneuroendocrinology*, 40, 2014, pp. 96-107.

4 『心理学』（原著一九〇四年）。W. James, *Psychology: the briefer course*, University of Notre Dame Press, 1985, p. 335.

5 湯浅泰雄『身体論』講談社学術文庫、一九九〇年、三三九頁。この一節は、一九八七年の英語版にはじめて書きこまれた。

6 トゥクタムとその科学的計測については、永沢哲、前掲書第八章を参照。なお、トゥクタムのさいには、意識を頭頂から抜き出す「意識の転移」（pho ba）を行じることもある。「意識の転移」については、永沢哲「こころといのち—チベット仏教の意識—生命論」『こころの未来』一〇号、二〇一三年、二〇—二三頁、参照。

7　この点については、ドゥジョム・リンポチェ『ニンマ仏教史』。bDud 'joms ye shes rdo rje, bDud 'joms chos 'byung. Si khron mi rigs dpe skrun khang, 1996　他を参照。

8　この点については、すでに述べたことがある。永沢哲「虹の身体」『身心変容技法研究』四号、二〇一五年、八二—八八頁。「虹の身体」およびゾクチェン・ニンティクの光の存在論の詳細と形成過程については、T.Nagasawa, Rainbow Body, Garuda Verlag (forthcoming) で論じられている。

9　https://www.youtube.com/watch?v=kISUNaoL6gw

10　ニンティク十七タントラの引用は、古タントラ全集ツァムダク版による。rNying ma rgyud 'bum/mtshams brag version 1982, Paro: National Library of the Royal Government of Bhutan（以下、NGBM と略記）。ここの引用は、Yi ge med pa'i rgdyud, in NGBM, vol. 11(da), p. 299.

11　Yi ge med pa'i rgyud, ibid., pp. 301-302.

12　ロンチェン・ラプジャム『法界の宝蔵』（原著、一四世紀）。kLong chen rab 'byams dri med 'od zer, Chos dbyings rin po che'i mdzod, 1983, Sherab Gyaltsen and Khentse Labrang, pp. 5-6.

13　Mu tig phreng ba chen po'i rgyud. in NGBM, vol. 12(na) , p. 331.

14　Rinpoche snang bar byed pa sgra thal 'gyur chen po'i rgyud, in NGBM, vol. 11(da), p106.

15　ロンチェン・ラプジャム『言葉の意味の宝蔵』（原著、一四世紀）。kLong chen rab 'byams dri med 'od zer, Tshig don rin po che'i mdzod , 1983, Sherab Gyaltsen and Khentse Labrang, p. 390.

16　ロンチェン・ラプジャム『至高なる乗の宝蔵』（原著、一四世紀）。kLong chen rab 'byams dri med 'od zer 1983. Theg pa'i mchog rin po che'i mdzod, Sherab Gyaltsen and Khentse Labrang, pp.103-104.

＊この論文の土台となる研究の一部は、科学研究費「チベット医学と仏教の生命論」（研究代表者、永澤哲。研究課題番号26370073。平成二六～二八年度）にもとづいて行われた。

あとがき

人体科学会会長　鮎澤　聡

刺激的な本となった。

収められている論文を読んでいると、様々な考えが湧いてくるが、それが次に読む論文で深められ、あるいはまた新たな論点が浮かび上がり、さらにその次へと受け渡されるという、何かリレーでもしているようでもある。また、全てを読み終えてから全体を俯瞰すれば、幾重にも重なりあって咲いて広がる花がイメージされる。「花」というのはもちろん、湯浅先生が生前に蒔かれた種から咲いた花である。

湯浅先生の仕事は多岐にわたっている。今回の出版を通して、あらためてその広大な思索に触れることができたが、それと共に、学会が、先生により蒔かれた種をしっかりと受け継いでいることを感じることができた。私としては、すぐにでもこの本を抱え外に出て、学会の仲間とディスカッションをしたい気持ちになるが、そのような営みがこれからもサロンや合宿、そして年次大会といった学会の活動で行われていくにちがいない。

本書は、まず序盤は、比較的年長の三名により総論的な問題、特にテオーリアとプラクシスの知についてギリシャ哲学・身体論・日本思想などの観点から論じられている。中盤では若き三名が、スペインの思想家であるペドロ・ライン＝エントラルゴや西田幾多郎、メルロ＝ポンティをひきつつ、身体性や宗教について勢いのある論述を行い、終盤において中堅の面々が新たに他者論・自我論から心身二元論を掘り下げ、それと関連して学会のメインテーマでもある「気」の問題を論じ、最後にメタプシキカへ向かっていくという構成をとっている。読者は、シンポジウムの会場にでもいるような臨場感を持って読むことができる。また、多方面から論じられている本書によって湯浅哲学のエッセンスを知ると共に、これらの論文を何回か行き来することで、自らが新たな問いを持つことになるだろう。

本書は、「湯浅哲学の批判的継承」をテーマにして纏められたが、誰もが、結論じみた批判は行っていない。これはもちろん、基本的には著者らが湯浅哲学の親派であることもあろうが、それ以上に、湯浅哲学自体が「自らを問う」ことに根拠をおいているからに外ならない。

また本書は、学会の会員により書かれたものであるが、著者らは必ずしもいわゆる哲学を専門とするものではない。しかし、それ故にこそ、自由闊達な論調と展開が実現している。こうした学際的な研究を可能にする自由な雰囲気、これが人体科学会の持ち味である。

「まえがき」にもあるように、本書は、学会創設二五周年にあたる二〇一四年一一月、京都大学で行われた人体科学会第二四回年次大会でのシンポジウムを契機にして企画されたものである。そして本年の第二五回年次大会という節目にあわせて本書を発刊できることを嬉しく思う。また、湯浅先生が亡くなられて今年でちょうど一〇年になる。私達は、いつまでも先生に頼ってばかりではいけない。私達自身が、また新しい種を蒔けるようになっていきたいと思いつつ、先生に本書を捧げたい。

最後に、本の編集に尽力された愛媛大学名誉教授黒木幹夫先生、京都大学こころの未来センター教授鎌田東二先生、ならびにビイング・ネット・プレスの野村敏晴氏に深謝する。

二〇一五年一〇月

湯浅泰雄 年譜（下段　人体科学会年表）

一九二五　大正14年

◆6月5日、福岡県に生まれる。

一九四九　昭和24年　24歳

◆3月、東京大学文学部倫理学科を卒業。

一九五四　昭和29年　29歳

◆3月、東京大学経済学部を卒業。

◆「倫理学と経済学の接点」（『倫理学年報』第3集、日本倫理学会）

◆「自由と事実性」（金子武蔵編『サルトルの哲学』弘文堂）

◆「自由と責任」（金子武蔵編『サルトルの哲学』弘文堂）

一九五六　昭和31年　31歳

◆3月、東京大学大学院社会学研究科理論経済学専攻を修了。4月、東京大学文学部助手。

◆「経済の論理と倫理」（『倫理学年報』第5集、日本倫理学会）

一九五七　昭和32年　32歳

◆「西洋倫理思想史概説」（金子武蔵編『倫理学事典』弘文堂）

◆「新カント学派の倫理思想」（金子武蔵編『倫理学事典』弘文堂）

◆「インド叙事詩の倫理思想」（金子武蔵編『倫理学事典』弘文堂）
◆「墨家の倫理思想」（金子武蔵編『倫理学事典』弘文堂）
◆「法家の倫理思想」（金子武蔵編『倫理学事典』弘文堂）
◆「古代人の道徳感情」（金子武蔵編『倫理学事典』弘文堂）
◆「上代国家の理想」（金子武蔵編『倫理学事典』弘文堂）

一九五九　昭和34年　34歳

◆「ヘーゲルにおける倫理の問題」（『理想』３１０号、理想社）

一九六〇　昭和35年　35歳

◆「宗教経験と倫理の問題」（『宗教心理研究』第1巻第2号、宗教心理学研究所）
◆「空海における神秘思想と倫理」（『理想』３２９号、理想社）

一九六一　昭和36年　36歳

◆4月、学習院高等科・中等科教諭。
◆「神秘主義と倫理に関する問題点」（『宗教心理研究』第2巻第1号、通巻第3号、宗教心理学研究所）
◆「はじめに」（一般倫理学研究会編『一般倫理学』理想社）
◆「徳とは何か」（一般倫理学研究会編『一般倫理学』理想社）
◆「現代生活と倫理――科学・経済・政治・宗教」（一般倫理学研究会編『一般倫理学』理想社）

一九六二　昭和37年　37歳

◆「気分と宗教心理」（『実存主義』24号、理想社）
◆「職業の倫理について」（『理想』３４６号、理想社）
◆「現世利益と宗教心理」（『理想』３５５号、理想社）

一九六三　昭和38年　38歳
◆「ロベルト・アサジオリの精神統合について」(『宗教心理研究』第3巻第2号、通巻第7号、宗教心理学研究所)
◆「科学・技術」(金子武蔵編『新しい倫理』河出書房新社、『現代倫理学事典』)
◆「職業」(金子武蔵編『新しい倫理』河出書房新社、『現代倫理学事典』)

一九六四　昭和39年　39歳
◆『宗教と人間性』理想社

一九六六　昭和41年　41歳
◆4月、山梨大学教育学部助教授。
◆「経済人のモラルをめぐって」(『理想』402号、理想社)
◆『古代国家の倫理思想』理想社

一九六七　昭和42年　42歳
◆「倫理学と存在論の関係について」(『山梨大学教育学部研究報告』18号)
◆「無と空の間――和辻・西田・サルトル・ハイデガー」(『実存主義』40号、理想社)
◆「新しい時代の経済倫理」(「サンケイ新聞」4月13日)
◆「実力主義のモラル」(「サンケイ新聞」、連載記事)
◆「変革を迫られる伝統的経済倫理」(『週刊東洋経済』3501号臨時増刊「現代経済思想」東洋経済新報社)
◆『経済人のモラル』塙書房

一九六八　昭和43年　43歳

◆「宗教・道徳と社会生活」(『岩波講座哲学』第15巻『宗教と道徳』岩波書店)

一九七〇　昭和45年　45歳

◆『近代日本の哲学と実存思想』創文社、東京大学に提出された学位請求論文

一九七二　昭和47年　47歳

◆『神々の誕生――日本神話の思想史的研究』以文社

一九七三　昭和48年　48歳

◆4月、山梨大学教授。

◆「倫理思想史研究の根拠について」(日本倫理学会論集8『歴史』理想社)

◆「聖なるものと人間の生」(山本信他編『講座哲学』第4巻、東京大学出版会)

◆「クリング『聖母出現の現象学と心理学』」(『宗教と超心理』第1巻第2号、国際宗教・超心理学会)

一九七四　昭和49年　49歳

◆10月、大阪大学文学部教授。

◆「新渡戸稲造博士と超心理研究」(『宗教と超心理』第二巻第2号、通算第5号、国際宗教・超心理学会)

一九七六　昭和51年　51歳

◆「世界宗教の経済倫理と深層心理学――ウェーバーの近代化論をどうみるか」(日本倫理学会論集11『マックス・ウェーバー』以文社)

一九七七　昭和52年　52歳

◆『身体――東洋的身心論の試み』創文社

一九七八　昭和53年　53歳

◆『ユングとキリスト教』人文書院

一九七九　昭和54年　54歳

◆「東洋宗教と深層心理学――東西文明の融合に向けて」(『季刊アカデミー』第13号、世界平和教授アカデミー)

◆『ユングとヨーロッパ精神』人文書院

一九八〇　昭和55年　55歳

◆インドネシア大学文学部日本・中国学科客員教授。

◆『古代人の精神世界』ミネルヴァ書房

◆『黄金の華の秘密』人文書院（ユング、ヴィルヘルム共著、定方昭夫と共訳）

一九八一　昭和56年　56歳

◆4月、筑波大学教授。

◆「『元の理』の深層心理学的解釈」(『G-Ten』第5号、天理やまと文化会議)

◆『日本人の宗教意識』名著刊行会

◆『和辻哲郎――近代日本哲学の運命』ミネルヴァ書房

一九八二　昭和57年　57歳

◆「心身関係論と修行の問題」(『思想』６９８号、岩波書店)

◆『東洋文化の深層』名著刊行会

一九八三　昭和58年　58歳

◆「東洋の身体論をめぐる諸問題」（『理想』６０４号、理想社）
◆『自然』東京大学出版会、相良亨他編「講座日本思想」第1巻、共著
◆『日本神話の思想』ミネルヴァ書房、河合隼雄、吉田敦彦と共著
◆『東洋的瞑想の心理学』創元社（ユング著、黒木幹夫と共訳）

一九八四　昭和59年　59歳

◆日仏協力に基づく筑波国際シンポジウム「科学技術と精神世界」企画委員長。
◆「深層心理学と密教の哲学の現代的意義」（佐藤隆賢、吉田宏皙、福田亮成編『弘法大師と現代』筑摩書房）
◆「密教の自然観と修行論をめぐる断章」（『現代思想』7月臨時増刊号、青土社）
◆『歴史と神話の心理学』思索社

一九八六　昭和61年　61歳

◆4月から翌年年三月まで日本学術振興会審査委員。
◆『気・修行・身体』平河出版社
◆『科学の逆説』青土社（竹本忠雄共編「科学技術と精神世界」第一巻）
◆『生命と宇宙』青土社（竹本忠雄共編「科学技術と精神世界」第二巻）

一九八七　昭和62年　62歳

◆3月から7月まで北京外国語学院日本学センター（大学院）客員教授。
◆「精神修養法の心理学と哲学」（季刊『アーガマ』第七九号、阿含宗総本山出版局）
◆*The Body: Toward an Eastern Mind-Body Theory*, State University of New York, 1987（長友繁法訳、トマス・カスリス編集）
◆『ニューサイエンスと気の科学』青土社（竹本忠雄共編「科学技術と精神世界」第3巻）
◆『身体から精神への架橋』青土社（竹本忠雄共編「科学技術と精神世界」第4巻）

◆『科学と宗教の回路』青土社（竹本忠雄共編「科学技術と精神世界」第5巻）
◆『共時性とは何か』山王出版
◆『タオ心理学』春秋社（ボーレン著、渡邉学・阿内正弘・白濱好明と共著）

一九八八　昭和63年　63歳

◆11・4〜8：日中平和10周年記念シンポジウム「気と人間科学」実行委員長（日中友好会館、全電通会館）
◆「たましいをどう考えるか――科学とオカルティズム」（『季刊仏教』第3号、法藏館）
◆「気と人間科学」（日中協力シンポジウム実行委員会編、湯浅泰雄監修『気と人間科学』日中平和友好10周年・国際シンポジウム実行委員会編）
◆「宇宙神話としての「元の理」――道教との関連もふまえて」（『G-Ten』第29号、天理やまと文化会議）

一九八九　平成1年　64歳

◆3月、筑波大学教授を定年退官。4月、桜美林大学教授。
◆この年、姫路市・和辻哲郎文化賞審査委員に就任。
◆「倫理とライフサイクル」（ハイメ・カスタニエダ、長島正編『ライフサイクルと人間の意識』金子書店）
◆*Science and Comparative Philosophy*, E. J. Brill, 1989（デヴィッド・シェイナー、長友繁法と共著）
◆『宗教経験と深層心理』名著刊行会
◆『日本思想』岩波書店（共著）
◆『密儀と修行――仏教の密儀性とその深層』春秋社（井上光貞他監修「大系日本人と仏教」第3巻、編集、共著）
◆『ユングと東洋』（上・下）人文書院

第１回大会。門脇佳吉会長

一九九〇　平成2年　65歳

◆『深層心理学と密教の哲学の現代的意義』智山文庫第18集、真言宗智山派宗務庁

◆『気と人間科学』平河出版社（編著。日中シンポジウムの記録。共著）

◆『身体論——東洋的心身論と現代』講談社（『身体』（創文社）の改訂版）

◆『日本古代の精神世界——歴史心理学的研究の挑戦』名著刊行会。

一九九一　平成3年　66歳

◆人体科学会設立に参加、副会長に就任。

◆日本臨床気功医療研究会（現・気の医学会）顧問。

◆「家庭倫理の自然的基礎——伝統と現代」（『倫理』461号、倫理研究所）

◆「宗教と人間」（『比較思想研究』第17号、比較思想学会）

◆『「気」とは何か』日本放送出版協会

◆『玄奘三蔵』名著刊行会

◆11・3：人体科学会設立総会　設立発起人代表：湯浅泰雄（上智大学）

◆12：『人体科学』創刊号発刊

◆7・27：会合同会議　上智大学（事務局代表：田中朱美）

◆6・15：合同会議（人体科学会会長に門脇佳吉を選出）

◆9・18：事務局移転（上智大学東洋宗教研究所内）

◆11・1、2：第1回大会「人体科学の形成をめざして」大会委員長：門脇佳吉（昭和女子大学）

◆12・15：第1回公開講演会「人体科学会のめざすもの」門脇佳吉、「心理療法における気について」河合隼雄、「小説と気」遠藤周作（上智大学）

第１回大会。青木宏之氏

第１回公開講演会。左から河合隼雄、遠藤周作、湯浅泰雄の各氏

一九九二　平成４年　67歳

◆第３回国際気功科学会議大会会長。

◆４：『人体科学』第１巻第１号発行

◆７・12：第２回公開講演会「気と日本人」南博、「身体の変容」山折哲雄（上智大学）

◆９：『ニュースレター』No.１発行

◆12・４、５：第２回大会「息と心」大会委員長：春木豊（早稲田大学）

一九九三　平成５年　68歳

◆*The Body, Self-cultivation, and Ki-Energy*, State University of New York, 1993（長友繁法、モンティ・ハル共訳）。

◆『宗教と科学の間』名著刊行会

◆４：『人体科学』第２巻第１号発行

◆７・４：第３回公開講演会「霊性における東と西」中沢新一、「ホリスティックな人間観」本山博（上智大学）

◆９：『ニュースレター』No.２発行

◆11・27、28：第３回大会「気の思想」大会委員長：藤波襄二（東京医科大学、上智大学10号館講堂）

一九九四　平成６年　69歳

◆人体科学会会長就任（平成10年まで）。

◆「日本人の宗教観――民衆宗教の神話から」（『Ａｚ』第30号、新人物往来社）

第３回公開講演会。左から佐々木雄二、本山博、竹本忠雄、清水博、湯浅泰雄の各氏

第３回大会。寺山旦中氏

◆『身体の宇宙性――東洋と西洋』岩波書店
◆2・1：事務局長交代
◆5：『人体科学』第3巻第1号発行
◆6：役員改選選挙
◆7・10：第4回公開講演会「日本社会の身体観の変遷」養老孟司、「身体と認識」村上陽一郎（上智大学）
◆11・13：第5回公開講演会「身の癒し―医学における東洋と西洋の統合を目ざして」（上智大学）
◆11：役員交代（会長：湯浅泰雄）
◆11：人体科学会編『「心」とは？』発行
◆11・26、27：第4回大会「臨死体験」「武術と気」大会委員長：浅見高明（筑波大学）
◆12：事務局移転（早稲田大学文学部石井康智研究室内）
◆12：『ニュースレター』No.3発行

第3回大会。藤波襄二大会委員長（中央）

一九九五　平成7年　70歳
◆『共時性（シンクロニシティ）の宇宙観』人文書院
◆『和辻哲郎』筑摩書房（『和辻哲郎』（ミネルヴァ書房）の改訂版）
◆5：『人体科学』第4巻第1号発行
◆7・21：第6回公開講演会「現代におけるいのち・やまい・いやし」（東京電機大学）
◆11・18、19：第5回大会「心の時代」「気の日中文化史」大会委員長：湯浅泰雄・久保田圭伍（桜美林大学）

一九九六　平成8年　71歳

◆3月、桜美林大学を定年退職。4月、桜美林大学大学院教授。

◆『古代人の精神世界』ミネルヴァ書房（新装版）

◆『ユングとキリスト教』講談社（『ユングとキリスト教』（人文書院）の改訂版）

◆『日本神話の思想』ミネルヴァ書房（新装版、河合隼雄、吉田敦彦と共著）

◆3：『ニュースレター』No.4発行

◆5：『人体科学』第5巻第1号発行

◆6・8：講演会「〈心と気〉への取組み」町好雄 他（東京電機大学）

◆7・7：第7回公開講演会「超心理学研究」（上智大学）

◆9：『ニュースレター』No.5発行

◆11・9：第8回公開講演会「東洋医学の可能性を探る」（早稲田大学大隈講堂）

◆11・16、17：第6回大会「術と気」大会委員長：町好雄（東京電機大学）

◆11：日本学術会議学術研究団体（哲学部門）に登録

一九九七　平成9年　72歳

◆「遠藤周作氏の晩年の信仰と倫理」（『倫理』第536号、社団法人倫理研究所）

◆「現身とドッペルゲンガー」（『倫理』第537号、社団法人倫理研究所）

◆「魂の「深い河」の底から」（『倫理』第538号、社団法人倫理研究所）

◆『宗教経験と身体』岩波書店

◆3：『ニュースレター』No.6発行

◆5：『人体科学』第6巻第1号発行

一九九八　平成10年　73歳

◆3月、桜美林大学大学院教授退職。4月、桜美林大学名誉教授。

◆「瞑想と哲学」（人体科学会『NEWS LETTER』第8号、人体科学会事務局）

◆7・19：第9回公開講演会「気をパフォーマンスする」（早稲田大学）

◆8：役員改選選挙

◆9・28：第10回公開講演会「瞑想の人間学」（早稲田大学国際会議場）

◆11・1、2：第7回大会「気とは何か?」大会委員長：定方昭夫（長岡短期大学）

◆12：『ニュースレター』No.7発行

◆3：『ニュースレター』No.8発行

◆4：新役員任期開始（会長：藤波襄二）

◆5：『人体科学』第7巻第1号発行

◆9・19：第11回公開講演会「癒し―ヒーリングとは?」（早稲田大学大隈講堂）

◆11・14、15：第8回大会「病は語る」大会委員長：池田士郎（天理大学）

一九九九　平成11年　74歳

◆『東洋精神史Ⅲ』白亜書房（「湯浅泰雄全集」第7巻）

◆『心身論Ⅰ』白亜書房（「湯浅泰雄全集」第14巻）

◆『日本人の宗教意識』講談社（『日本人の宗教意識』（名著刊行会）の改訂版）

◆『日本哲学・思想史Ⅲ』白亜書房（「湯浅泰雄全集」第10巻）

◆2・11：韓国人体科学学会との交流（リーガロイヤルホテル早稲田）

第８回大会会場風景 -

第１０回公開講演会。左から定方昭夫、春木豊、安藤治、湯浅泰雄の各氏

◆3：『MIND-BODY SCIENCE』（ニュースレター改め）No.９発行
◆5：『人体科学』第８巻第１号発行
◆7・3：第12回公開講演会「死と生の心理学」（早稲田大学小野講堂）
◆10：『人体科学』第８巻第２号発行
◆11・6、7：第９回大会「氣・こころ・からだ・いのち」「生きる」大会委員長：湯浅泰雄・宮本知次（中央大学）

二〇〇〇　平成12年　75歳

◆「心理学から宗教を考える」（『大法輪』第67巻第３号、大法輪閣）
◆『日本哲学・思想史Ⅱ』白亜書房（「湯浅泰雄全集」第９巻）
◆『宗教哲学・宗教心理学』白亜書房（「湯浅泰雄全集」第２巻）
◆『日本哲学・思想史Ⅰ』白亜書房（「湯浅泰雄全集」第８巻）

◆2：『MIND-BODY SCIENCE』No. 10発行
◆5：『人体科学』第９巻第１号発
◆7・8：第13回公開講演会「若者の行動病理を探る―家族システムと生物的システムの交差するところ」（早稲田大学国際会議場）
◆8：役員改選選挙
◆10：『人体科学』第９巻第２号発行
◆11・18、19：第10回大会「現代医療の光と影」大会委員長：阿内正弘（淑徳大学）

二〇〇一　平成13年　76歳

◆『東洋精神史Ⅰ』白亜書房（「湯浅泰雄全集」第五巻）
◆『東洋精神史Ⅱ』白亜書房（「湯浅泰雄全集」第六巻）

第11回大会。三上賀代＆湘南舞踏派公演の舞台稽古

◆『ユング心理学と現代の危機』河出書房新社、共著

◆3：『MIND-BODY SCIENCE』No. 11発行

◆4：新役員任期開始（会長：春木豊）

◆5：『人体科学』第10巻第1号発行

◆7・7：第14回公開講演会「日本人の身体技法と現代」（早稲田大学国際会議場）

◆10：『人体科学』第10巻第2号発行

◆11・23、24：第11回大会「いま、《氣》の世紀が始まる：《こころ・からだ・いのち》の危機と《触覚》の復権」大会委員長：坂出祥伸、人体科学フォーラム 2001in 吹田「社会・大学・学会の連隊」（関西大学、吹田市文化会館メイシアター）

二〇〇二　平成14年　77歳

◆『経済倫理・職業倫理　倫理思想史』白亜書房（「湯浅泰雄全集」第一巻）

◆『西洋精神史Ⅰ』白亜書房（「湯浅泰雄全集」第三巻）

◆3：『MIND-BODY SCIENCE』No. 12発行

◆3：人体科学会関西ワーキンググループ結成、会長：巖美稚子

◆5：『人体科学』第11巻第1号発行

◆10：『人体科学』第11巻第2号発行

◆11・23：東西いのちの文化フォーラム 2002in 関西大学（人体科学会関西ワーキンググループ）

◆12・13、14：第12回大会「人間性に迫る」大会委員長：春木豊（早稲田大学）

第12回大会。春木豊会長（左）と石井康智事務局長

第12回大会ポスター発表会場

二〇〇三　平成15年　78歳

◆『スピリチュアリティの現在』人文書院、共著
◆『西洋精神史Ⅱ』白亜書房（「湯浅泰雄全集」第4巻）
◆3：『MIND-BODY SCIENCE』No. 13発行
◆5：『人体科学』第12巻第1号発行
◆9：役員改選選挙
◆10：『人体科学』第12巻第2号発行
◆11・23：東西いのちの文化フォーラム2003in 関西大学（人体科学会関西ワーキンググループ）（関西大学千里山キャンパス）
◆12・13、14：第13回大会「気を認知する！」大会委員長：北出利勝（京都テルサ、明治鍼灸大学）

二〇〇四　平成16年　79歳

◆『哲学の誕生』人文書院
◆3：『MIND-BODY SCIENCE』No. 14発行
◆4：新役員任期開始（会長：田中朱美）
◆5：『人体科学』第13巻第1号発行
◆10：『人体科学』第13巻第2号発行
◆11・13：第15回公開講演会「子どもたちは今」（早稲田大学）
◆11・23：東西いのちの文化フォーラム2004in 関西大学（人体科学会関西ワーキンググループ）（関西大学千里山キャンパス）
◆12・4、5：第14回大会「身体の知」大会委員長：倉澤幸久（桜美林大学）

第15回公開講演会シンポジウムの田中朱美会長

第14回大会．甲野善紀氏

二〇〇五 平成17年 80歳

◆11月9日、呼吸不全により逝去。
◆『日本哲学・思想史Ⅳ』白亜書房（「湯浅泰雄全集」第11巻）

◆3：『MIND-BODY SCIENCE』No. 15発行
◆3：湯浅泰雄・春木豊・田中朱美監修、人体科学会企画『科学とスピリチュアリティの時代—身体・気・スピリチュアリティ』発行
◆5：『人体科学』第14巻第1号発行
◆10・22：第16回公開講演会「自然の響きあい—音・感性・コミュニケーション」（つくばグランドホテル東雲）
◆11・23：東西いのちの文化フォーラム2005 in 関西大学（人体科学会関西ワーキンググループ）（関西大学千里山キャンパス）
◆11：『人体科学』第14巻第2号発行
◆12・3、4：第15回大会「スピリチュアリティと倫理」大会委員長：黒木幹夫（愛媛大学）

二〇〇六 平成18年

◆『日本哲学・思想史Ⅴ』白亜書房（「湯浅泰雄全集」第12巻）

◆3：『MIND-BODY SCIENCE』No. 16発行
◆5：『人体科学』第15巻1号発行
◆10・21：第17回公開講演会「治癒力とスピリチュアリティ」（学士会館）
◆10：『人体科学』第15巻2号発行
◆11・23：第1回サロン「姿勢と心身の健康教育」春木豊

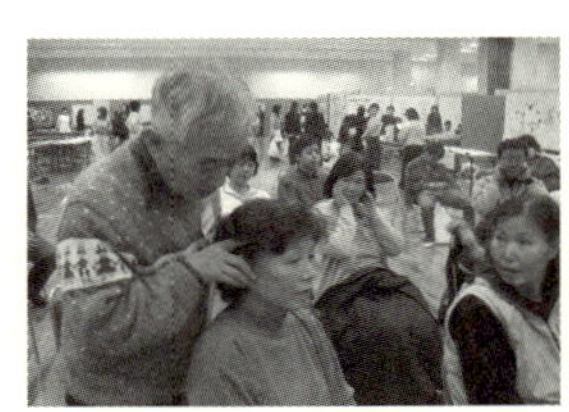

東西いのちの文化フォーラム2005。片桐ユズル氏のアレクサンダー・テクニーク

第15回大会．山岡傳一郎氏（左）と中村雅彦氏

二〇〇七　平成19年

◆11・23：東西いのちの文化フォーラム2006 in 関西大学（人体科学会関西ワーキンググループ）（関西大学千里山キャンパス）
◆11・25、26：第16回大会「代替医療の今」、大会委員長：定方昭夫（長岡大学）
◆12月：事務局移転（千代田区三崎町3‐1‐11瀬川ビル3階）
◆1・12：第2回サロン「近代知と心理療法」越智秀一
◆3・31：第3回サロン「生物コミュニケーションとその臨床応用」鮎澤聡
◆3：『MIND-BODY SCIENCE』No. 17発行
◆4：新役員任期開始（会長：田中朱美）
◆5・26：第4回サロン「道元、体験と言語、生ける自然をめぐって」倉澤幸久
◆7・14：第18回公開講演会「こころの姿勢、からだの気持ち」（東京女子医科大学）
◆8・25、26：第1回合宿研修「心と身体の健康を聞く・考える・実践する」、第5回サロン「精神疾患と東洋医学」田中朱美（25日）（菅平・ゾンタック）
◆8：『人体科学』第16巻1号発行
◆10・13：第6回サロン「モノの世界から意識の世界へ」河野貴美子
◆11・23：東西いのちの文化フォーラム2007 in 関西大学（人体科学会関西ワーキンググループ）（関西大学千里山キャンパス）
◆12・15、16：第17回大会「動きから身体・人間の可能性を探る」大会委員長：石塚正一（国際武道大学）

東西いのちのの文化フォーラム2006

第16回大会。チベット仏教的修法のワークショップ

◆12・16：第1回湯浅泰雄賞　論文賞：吉永進一「原丹山の心理学的全―その思想と歴史的影響」、著作賞：該当なし、実践活動賞：代表伴義孝「東西いのちの文化フォーラム―社会と大学と学会の連帯を求めて」（主催団体：人体科学会関西ワーキンググループ）

二〇〇八　平成20年

◆『日本哲学・思想史Ⅵ』ビイング・ネット・プレス（「湯浅泰雄全集」第13巻）

◆3・29：第7回サロン「認知能力の衰えた人とのコニュニケーション」大井玄

◆3：『MIND-BODY SCIENCE』No.18発行

◆6：『人体科学』第17巻第1号発行

◆7・5：第19回公開講演会「「境界」から「つながり」へ―皮膚感覚の可能性を探る」（東京女子医科大学）

◆8・30、31：第2回合宿研修（菅平・ゾンタック）

◆11・22、23：第18回大会「生き方の問題―その原点を問う」大会委員長：伴義孝、「東西いのちのフォーラム2008（関西大学）

◆11・22：第2回湯浅泰雄賞　論文賞：該当なし、著作賞：永沢哲『野生の哲学―野口晴哉の生命宇宙』、大井玄『痴呆老人は何を見ているか』『痴呆の哲学―ぼけるのが怖い人のために』

二〇〇九　平成21年

◆3：『MIND-BODY SCIENCE』No.19発行

◆5・23：第8回サロン「意思と気の科学」木戸眞美

◆5：『人体科学』第18巻第1号発行

第17回大会のシンポジウム

第18回大会東西いのちのの文化フォーラムの体験会場

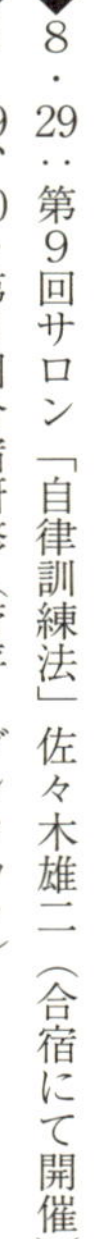

◆8・29：第9回サロン「自律訓練法」佐々木雄二（合宿にて開催）

◆8・29、30：第3回合宿研修（菅平・ゾンタック）

◆12・12、13：第19回大会「魂のありか」大会委員長：鮎澤聡（筑波大学大学会館）

◆12・12：第20回公開講演会「魂のありか」（年次大会と合わせて開催）（筑波大学）

◆12：第3回湯浅泰雄賞　論文賞：該当なし、著作賞：三浦清宏『近代スピリチュアリズムの歴史―心霊研究から超心理学へ』

二〇一〇　平成22年

◆3：『MIND-BODY SCIENCE』No. 20発行

◆4：新役員任期開始（会長：鮎澤聡）

◆5・29：第10回サロン「統合医療の紹介」班目健夫

◆5：『人体科学』第19巻第1号発行

◆7・31：第21回公開講演会「「交流する身体」から生み出されることば」（関西大学）

◆8・21、22：第4回合宿研修（菅平・ゾンタック）

◆11・2：第1回サロン講演会「統合医療・代替医療と人体科学の展望」帯津良一（桜美林大学四谷校舎講堂）

◆12・11、12：第20回大会「いのちとかたち」大会委員長・丸山敏秋（倫理文化センター）

◆12・12：第4回湯浅泰雄賞　論文賞：該当なし、著作賞：野村幸正『熟達心理学の構想』

二〇一一　平成23年

第4回合宿における高原での実修

第1回サロン講演会の帯津良一講師

◆『気の科学』ビイング・ネット・プレス（『湯浅泰雄全集』第16巻）

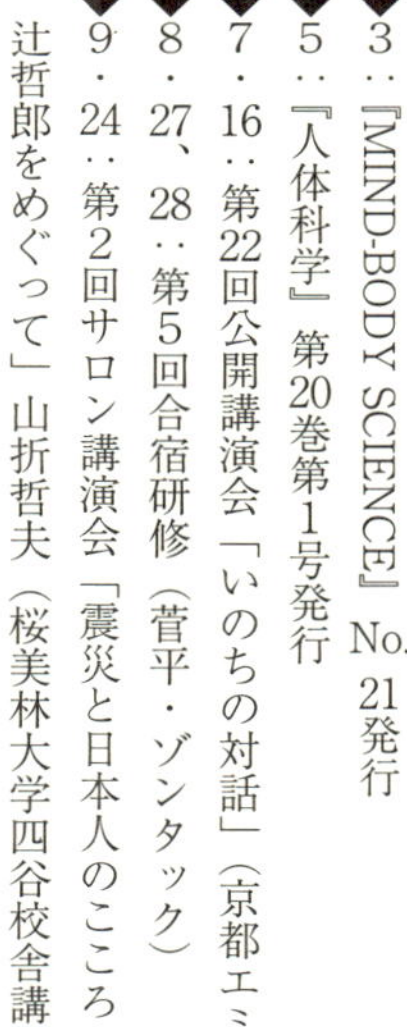

◆3：『MIND-BODY SCIENCE』No. 21発行
◆5：『人体科学』第20巻第1号発行
◆7・16：第22回公開講演会「いのちの対話」（京都エミナース）
◆8・27、28：第5回合宿研修（菅平・ゾンタック）
◆9・24：第2回サロン講演会「震災と日本人のこころ　寺田寅彦、和辻哲郎をめぐって」山折哲夫（桜美林大学四谷校舎講堂）
◆12・3、4：第21回大会「こころ、からだ、いのち―人体科学の回顧と展望」大会会長：渡邉学（南山大学名古屋キャンパス）
◆12：第5回湯浅泰雄賞　論文賞：該当なし、著作賞：該当なし

第22回公開講演会

二〇一二　平成24年

◆『心身論Ⅱ』ビイング・ネット・プレス（『湯浅泰雄全集』第15巻）
◆『ニューサイエンス論』ビイング・ネット・プレス（『湯浅泰雄全集』第17巻）
◆3：『MIND-BODY SCIENCE』No. 22発行
◆5：『人体科学』第21巻第1号発行
◆9・1、2：第6回合宿研修（菅平・ゾンタック）
◆7・29：第23回公開講演会「心の底力」（京都大学稲盛財団記念館）
◆11・24、25：第22回大会「心身の力―その秘めたる可能性」大会会長：石井康智（早稲田大学国際会議場）
◆11：第6回湯浅泰雄賞　論文賞：該当なし、著作賞：島薗進『日本人の死生観を読む』、奨励賞：大門正幸『スピリチュアリティの研究―異言の分析を通じて』

二〇一三　平成25年

◆『晩年の思索と補遺』ビイング・ネット・プレス（「湯浅泰雄全集」補巻）

◆3・30：第3回サロン講演会「ヒト血液結晶化法などによる形態形成場可視化への挑戦」芝田高志（倫理文化センター）

◆3：『MIND-BODY SCIENCE』No. 23発行

◆6：『人体科学』第22巻第1号発行

◆7・20：第24回公開講演会「医療現場から見る日本人の死生観」矢作直樹（京都市国際交流会館）

◆8・30、31：第7回合宿研修（菅平・ゾンタック）

◆11・30〜12・1：第23回大会「旅とスピリチュアリティ」大会会長：大賀睦夫（香川大学幸町南キャンパス）

◆11：第7回湯浅泰雄賞　論文賞：該当なし、著作賞：大橋健二『新生の気学―団藤重光「主体性理論」の探求』

二〇一四　平成26年

◆3月29：第4回サロン講演会「魂―いのちのエネルギー」川田薫（川田研究所）

◆3：『MIND-BODY SCIENCE』No. 24発行

◆5：『人体科学』第23巻第1号発行

◆8・30、31：第8回合宿研修（菅平・ゾンタック）

◆9・27：第25回公開講演会「生まれ変わり・ヒーリング・超能力」（倫理文化センター）

◆11・29、30：第24回大会「身心変容と人体科学」実行委員長：鎌田東二（京

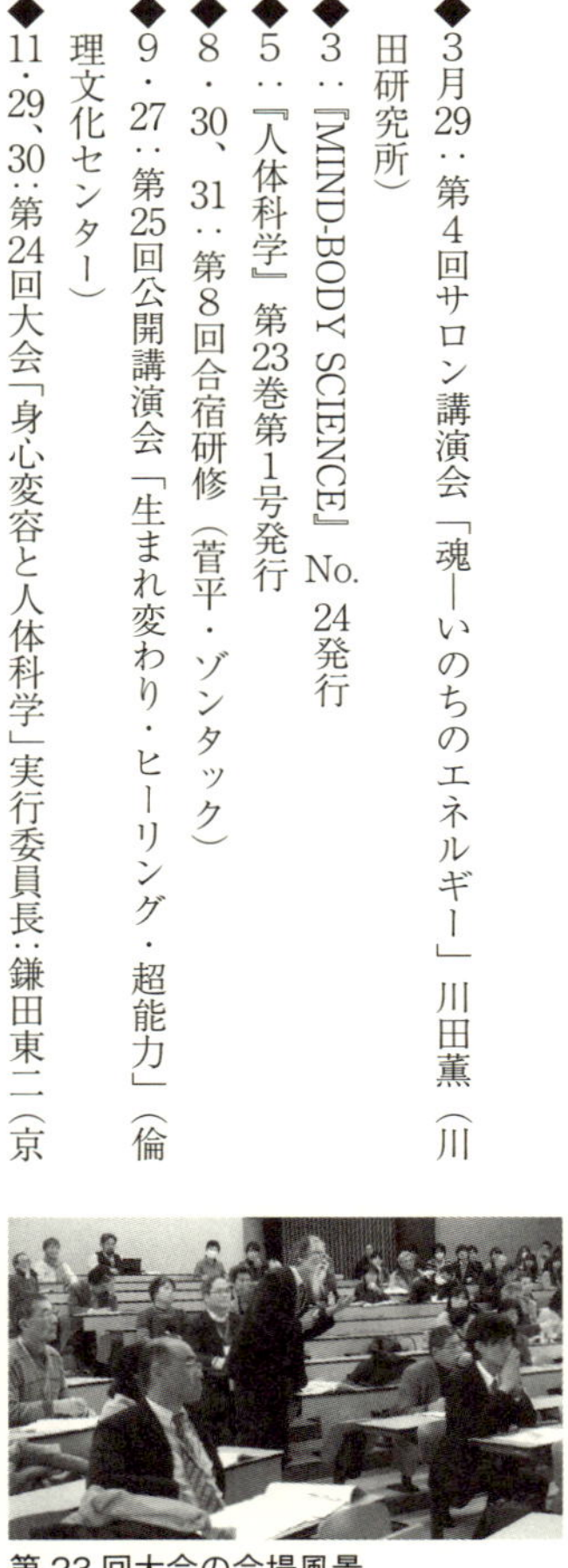

第23回大会の会場風景

都大学こころの未来研究センター）

◆11：第8回湯浅泰雄賞　論文賞：該当なし、著作賞：杉本耕一『西田哲学と歴史的世界―宗教の問へ』、実践活動賞：青木宏之「日本伝統武術の現代化と普及及び書道、奨学・教育等の国際的実践活動」

◆サロン勉強会「いのちの医療哲学研究会」

二〇一五　平成27年

◆3：『MIND-BODY SCIENCE』No. 25発行

◆5：『人体科学』第24巻1号

◆8・29、30：第9回合宿研修（菅平・ゾンタック）

◆9・12：第26回公開講演会「私のスピリチュァリズム」三浦清宏（倫理文化センター）

◆11・28、29：第25回大会「死と生と」「いま、湯浅泰雄を語る」、大会会長：宮本知次（中央大学多摩キャンパス）

◆サロン勉強会「気功の可能性を考える会」

◆サロン勉強会「いのちの医療哲学研究会」

◆サロン勉強会「手技療法研究会」

◆サロン勉強会「気とアートの世界を探る」

田中彰吾（たなか・しょうご）
2003年東京工業大学大学院社会理工学研究科博士課程修了。博士（学術）。現在、東海大学総合教育センター教授。専門は、現象学的心理学、および身体性哲学。メルロ＝ポンティの現象学的身体論にもとづく身体知の研究に従事。近年は身体性に基づく間主観性のメカニズムの解明に取り組む。人体科学会理事。主な論文に Tanaka (2013) The notion of embodied knowledge and its range. Encyclopaideia: Journal of phenomenology and education, 37, 47-66. などがある。

鮎澤　聡（あゆざわ・さとし）
1961年生まれ。筑波大学医学専門学群卒。筑波大学大学院博士課程医学研究科卒。博士(医学)。日本脳神経外科学会認定医、日本臨床神経生理学会認定医（脳波部門）。現在、筑波技術大学保健科学部准教授、附属東西医学統合医療センター医師。専門は脳神経外科学。秩序生成や自然治癒力などの生体の機能や機能的治療に関する学際的アプローチを試みている。2010年より人体科学会会長。

村川治彦（むらかわ・はるひこ）
1963年大阪生まれ。東京大学文学部宗教学科卒。カルフォルニア統合学大学院博士課程修了。統合学博士。関西大学人間健康学部教授。専門は身体運動文化論、身体性哲学、身体技法。日本ソマティック心理学会副会長。人体科学会常任理事。主な論文に「知の探求と統合医療におけるソマティックスの役割」(『ソマティックス心理学への招待』所収)、「経験を記述するための言語と論理」(『看護研究』第45巻4号）など。

渡辺　学（わたなべ・まなぶ）
1956年千葉県生まれ。筑波大学大学院博士課程哲学・思想研究科修了。文学博士。現在、南山大学人文学部教授。専攻は宗教学、宗教心理学。人体科学会理事。著書に『ユングにおける心と体験世界』(春秋社、日本宗教学会賞受賞)、『ユング心理学と宗教』(第三文明社)、『宗教心理の探究』(共著、東京大学出版会)、『オウムという現象』(晃洋書房)、訳書に『宗教的回心の研究』(共訳、ＢＮＰ）など。

永沢　哲（ながさわ・てつ）
1957年生まれ。東京大学法学部卒業。現在、京都文教大学准教授。専門は、宗教人類学（チベット仏教)、哲学、瞑想の脳科学。現在の主な関心は、ゾクチェン密教、スピリチュアル･ケア、「惑星総幸福」。著書に『野生のブッダ』(法蔵館)、『野生の哲学―野口晴哉の生命宇宙』(筑摩文庫)、『瞑想する脳科学』(講談社)、最近の論文として、T.Nagasawa, Dancing and Fighting for an "Enlightened Society", in Journal of Ritual Studies, 30(1) ,pp.35-44 などがある。

【執筆者プロフィール】

黒木 幹夫（くろき・みきお）
1948 年東京都生まれ。上智大学文学部哲学科を卒業後、ドイツ留学を経て、大阪大学大学院文学研究科（日本学）修了。湯浅泰雄の指導を受ける。文学修士。愛媛大学教授教養部を経て、愛媛大学教授法文学部に配置換え。愛媛大学法文学部長を歴任し、退職後は愛媛大学名誉教授。人体科学会理事。著書に、湯浅泰雄編集『密議と修行』（共著、春秋社）、翻訳に C. G. ユング著『東洋的瞑想の心理学』（湯浅泰雄と共訳、創元社）。

倉澤幸久（くらさわ・ゆきひさ）
1950 年長野県生まれ。東京大学文学部倫理学科卒。同大学院人文科学研究科修士課程（倫理学）修了。大阪大学大学院文学研究科博士後期課程（日本学）単位取得退学。文学修士。文部省教科書調査官を経て、現在、桜美林大学芸術文化学群教授。専門は倫理学、日本思想研究。鎌倉時代の仏教の思想を中心に日本人の理法観を研究している。人体科学会副会長。著書に『道元思想の展開』（春秋社）。

鎌田東二（かまた・とうじ）
1951 年徳島県生まれ。國學院大學大学院文学研究科博士課程単位取得退学。岡山大学大学院医歯学総合研究科博士課程単位取得退学。現在、京都大学こころの未来研究センター教授。宗教哲学・民俗学・日本思想史・比較文明学を研究。文学博士。NPO 法人東京自由大学理事長。人体科学会常任理事。著書に『翁童論』四部作（新曜社）、『宗教と霊性』『古事記ワンダーランド』（以上、角川選書）など。現在、『講座スピリチュアル学』企画・編（全 7 巻、ＢＮＰ）を刊行中。

桑野　萌（くわの・もえ）
2012 年スペイン Ramon Llull 大学哲学研究科博士課程修了。博士（哲学）。専門分野は、哲学的人間学、比較哲学。現在、Ramon Llull 大学外部研究員、宗教法人カトリック京都司教区職員。著作に Elena Barlés Báguena, Vicente David Almazán Tomás 編集、*Japón y el mundo actual* (共著、Universidadde Zaragoza)、論文に *La noción del Ki en la tradición china-japonesa* (CEIAP) など。

杉本耕一（すぎもと　こういち）
1977 年愛知県生まれ。京都大学大学院文学研究科博士課程（日本哲学史専修）修了。博士（文学）。専門は、近代日本の哲学・思想、日本倫理思想史、宗教哲学。日本学術振興会特別研究員などを経て、2013 年より愛媛大学法文学部人文学科准教授（倫理思想史担当）。著書に『西田哲学と歴史的世界―宗教の問いへ』（京都大学学術出版会）。論文に「西田における歴史的身体と身体を越えたもの」（『宗教哲学研究』第 33 号、近刊）など。

奥井 遼（おくい・はるか）
2012 年京都大学大学院教育学研究科研究指導認定退学。2014 年博士号取得（教育学）。現在、日本学術振興会海外特別研究員（パリ第五大学）。専門分野は臨床教育学・教育人間学。著作に『〈わざ〉を生きる身体―人形遣いと稽古の臨床教育学』（ミネルヴァ書房）。論文に、「身体化された行為者（embodied agent）としての学び手―メルロ＝ポンティにおける『身体』概念を手がかりとした学び」『教育哲学研究』（107 号）など。

執筆者
◉
黒木幹夫
倉澤幸久
鎌田東二
桑野 萌
杉本 耕一
奥井 遼
田中 彰吾
鮎澤 聡
村川治彦
渡辺 学
永沢 哲

身体の知——湯浅哲学の継承と展開

二〇一五年一二月一日　初版第一刷発行

企　画　人体科学会
編　集　黒木幹夫・鎌田東二・鮎澤 聡
発行者　野村敏晴
発行所　株式会社 ビイング・ネット・プレス
〒二五二-〇三〇三 神奈川県相模原市南区相模大野八-二-一二-二〇二
電　話　〇四二（七〇二）九二一三
装　幀　山田孝之
印刷・製本　株式会社ダイトー
ISBN 978-4-908055-10-2 C3010